JN143707

学校教育学の
Science of School Education
理論と展開

田沼茂紀
TANUMA, Shigeki

北樹出版

はじめに

　学校という場所は、とても不思議な所である。近代以前はともかく、近代教育制度が整った社会においては誰しもが学齢期になったらそれまでの家庭生活から一歩踏み出して疑うことなく学校へ行く。そして、学校生活を通じて授けられる善くも悪くも様々な社会体験を丸ごと受け止め、そこを出発点にして一個の独立した社会的存在として自らの一生涯を送るのである。言わば、学校は人間にとって自らの人生と決して切り離せない精神的拘束性をもった絶対的存在として君臨し続けるのである。

　ならば、もしその学校機能が適切に運用されていなかったらどうなるのであろうか。例えば、国家権力や特定思想に偏した学校教育が施されたとするなら、そこから育まれる子供の人格に歪みは生じないのであろうか。過去の歴史を辿れば、少なからず学校教育が時の為政者にとって政治権力を操る道具として巧みに利用されてきたことは否めない事実であろう。それゆえに教育は「国家百年の計」として尊重され、その営みは慎重かつ公平な一貫性が重視されなければならないのである。

　さて、子供たちが疑いもせずに日々通い続ける学校、そこで施される教育は善なるものという前提によって成り立っている。しかし、そこで展開される集団生活は個々の子供を選別し、差別を助長することもあるし、謂れないネガティブな感情を個々の内面に増幅させることもある。「こんなのも分からないの？」「へたくそだなあ」「そんなこともできないの？」「ちびだなあ」「ブス、あっち行け」等、学校へ行かなければ知らずに済む辛酸を舐めさせられ、打ちのめされ、憔悴し、人生の悲哀を味わうのである。相手に悪意はなくても個の尊厳や誇りをずたずたにされて不登校になったり、あるいはいじめに遭って自らの命すら絶たなければならなかったりすることもある。学校さえなければと思うことはないだろうか。

　冒頭から、なぜネガティブな学校教育の側面について語るのかを考えていただきたい。本書を手にする読者はおそらく教育関係者か、これから教職を志す

学生であろう。学校を語る時、教育を語る時、多くの人はその基底にいつも「善」を置いている。それゆえに、学級崩壊・いじめ・校内暴力・学習意欲喪失による授業放棄・子供の自殺・殺傷事件や違法行為といった反社会的行動・引きこもりや集団不適応等々、学校を軸に生ずる諸々の子供に関わるネガティブな現実としての「学校病理」が取り沙汰されると、それを受容するよりも否定する感情が先行するのではないだろうか。

しかし、昨今の学校教育を取り巻く現状に目を向ければ、そこには様々な学校病理現象が顕在化している。そして、その当事者となる子供がいる。その子供はいわゆる「問題児」あるいは「被害者」として見なされ、他の子供とは切り離して取り扱われる対象となる。このような本末転倒な現実こそ、今日の学校教育の根底を揺るがす大問題なのである。本来、問題児とは「問題を抱えてどうしてよいか分からず苦しんでいる子供であって、真っ先に手厚い指導によって救済されるべき対象」なのである。だが、今日の学校でそんな当たり前なことがどこまで機能しているのであろうか。そもそも子供にとって学校とは何？国家・社会にとって教育とは何？そんなことを学校教育学の視点から見つめ直したいと願って本書は企画された。

学校教育は教育課程によって適切にマネジメントされ、その教育課程を基底で支えているのが教育思想であり、その教育思想を教育課程として体現できる有為な逸材＝「人財」を求めて教師論が語られるのである。

学校とは、本来的に子供のために存在する場所である。ゆえに、学校教育の主人公は言うまでもなく子供であり、その主人公であるはずの子供自身がその小社会の中で生きにくさを感じたり、自らの学ぶ権利を放棄したりすることがあってはならないのである。一人一人の子供が尊重され、知育、徳育、体育というトライアングルを均衡に施して健全な人格形成を図っていけるように育み育てるのが学校である。家庭や地域と連携して実社会に巣立つまで健全育成を是とする小社会こそが学校であり、そんな理想の学校神話がいつの時代も求められてきたことを真摯に受け止めたい。

本書では教師教育の視点から、以下に学校教育充実方策としての教育課程、教育原理、教師論を平易かつ丁寧に述べていくこととする。 （著者記す）

目　　次

第Ⅰ部　学校教育課程の意義と機能

第1章　学校教育における教育課程の役割とその充実……………… 2
1. 学校教育学の学問的な考え方とは何か………………………… 2
2. 教育と学校教育の関係性について考える……………………… 6
   - （1）公教育と私教育　(6)
   - （2）学校教育における教育課程の意義と位置付け　(8)
   - （3）学校教育の内容としての学習指導要領　(12)
   - （4）「学校知」としての教育課程編成の考え方　(20)
3. 学校と教育委員会との関係性について考える ………………… 22
   - （1）教育委員会とは何か　(22)
   - （2）教育における外的事項と内的事項とは何か　(24)
4. なぜ学校では教育課程が必要なのか …………………………… 25
   - （1）「人が人を教育すること」の意味と学校の教育課程　(25)
   - （2）機能的概念としての学校教育課程の考え方　(28)
   - （3）教育課程をカリキュラム・デザインするという考え方　(39)

第2章　学校教育の理念と教育課程の基礎理論………………………… 47
1. これからの学校教育が目指す「生きる力」とは何か…………… 47
   - （1）知識基盤社会における学校神話の揺らぎ　(47)
   - （2）知識基盤社会における新たな学力観とは何か　(48)
   - （3）生きる力としての資質・能力をどう理解して育むか　(50)
2. わが国の学校教育における学力観の系譜と現在 ……………… 52
   - （1）学習指導要領改訂に見る学力観の変遷　(52)
   - （2）これからの学校教育で育む学びの力とは何か　(58)
3. 教育課程編成に向けた基本理論について考える ……………… 60
   - （1）教育カリキュラムの基本的な考え方　(60)
   - （2）カリキュラムの基本類型　(63)
   - （3）カリキュラム編成の基本型　(72)
4. 教育カリキュラムと教科書との関係を考える ………………… 75

（1）カリキュラムと教科書制度の在り方を捉える　(75)
　　　（2）教科書の利活用を巡る問題点と課題解決方法は　(82)

第3章　教育課程編成の実際とカリキュラム・マネジメント………… 86
　1.　学校活性化を実現する教育課程編成の在り方 ……………… 86
　　　（1）なぜ学校の教育課程が大切なのか　(86)
　　　（2）教育課程で「主体的・対話的で深い学び」を実現する　(87)
　2.　カリキュラムとしての教育課程編成の手順 ………………… 90
　　　（1）カリキュラムとして教育課程を編成する意図とは何か　(90)
　　　（2）「社会に開かれた教育課程」編成手続きとそのマネジメント　(91)
　3.　カリキュラム・マネジメントの実際とその充実 …………… 94
　　　（1）カリキュラム・マネジメントの進め方　(94)
　　　（2）教育課程を機能させる教育評価の考え方とは何か　(99)
　　　（3）教育課程における教育評価の考え方とその方法　(101)
　　　（4）学習指導評価記録としての「指導要録」の考え方　(104)
　　　（5）社会に対する説明責任としての学校評価の考え方　(106)
　4.　指導と評価の一体化を目指すカリキュラム開発の進め方 …… 108
　　　（1）教育活動評価を視座したカリキュラム開発の考え方とは　(108)
　　　（2）PDCA評価からPDS評価へ　(110)
　　　（3）「真正の評価」のためのカリキュラム開発とは　(110)
　　　（4）目標に準拠したパフォーマンス評価とルーブリックの考え方　(116)

第Ⅱ部　学校教育を基礎付ける理論的原理

第4章　学校教育の本質とその理解 ……………………………… 126
　1.　教育的関係と教育的必然性とは何か ………………………… 126
　　　（1）教育的関係について考える　(126)
　　　（2）教育的必然性について　(129)
　　　（3）子供にとっての学校とは何か　(130)
　2.　人間社会における教育の機能的役割とは …………………… 131
　　　（1）社会生活における教育の意味と学校　(131)
　　　（2）自律的主体者としての教育的人間　(133)
　3.　教育における人間発達と人格的成長の考え方 ……………… 134

（1）教育における発達の意味　(134)
　　　（2）発達の過程における発達課題とは何か　(136)
　4．教育的社会化という用語の意味と子供理解の考え方 ………… 140
　　　（1）教育的社会化とは何か　(140)
　　　（2）子供を理解するとはどういうことか　(141)

第5章　学校教育を支える教育思想を概観する …………………… 147
　1．学校教育で教育思想がもつ意味について考える ……………… 147
　　　（1）教育思想を学ぶことの意味を考える　(147)
　　　（2）今日の学校教育に影響を及ぼした教育思想の系譜　(148)
　2．わが国に影響を及ぼした教育思想の系譜を辿る ……………… 149
　　　（1）ソクラテスの教育思想　(149)
　　　（2）コメニウスの教育思想　(154)
　　　（3）ルソーの教育思想　(157)
　　　（4）ペスタロッチの教育思想　(160)
　　　（5）ヘルバルトの教育思想　(164)
　　　（6）フレーベルの教育思想　(168)
　　　（7）モンテッソーリの教育思想　(170)
　　　（8）デューイの教育思想　(173)
　3．教育思想を体現する教育カリキュラムの考え方 ……………… 178
　4．教育思想が体現された教育カリキュラムプラン ……………… 180
　　　（1）デューイの経験主義教育思想に連なる教育カリキュラムプラン　(180)
　　　（2）ヘルバルトの教育的教授思想に連なる教育カリキュラムプラン　(185)
　5．わが国における学校教育の変遷 ………………………………… 190
　　　（1）近代教育制度以降の学校教育の足跡　(190)
　　　（2）戦後教育草創期から現代に至る学校教育の足跡　(192)

第6章　今日の学校教育が向き合う課題とその解決 ……………… 196
　1．今日の学校教育が内包する諸課題 ……………………………… 196
　　　（1）現代の子供たちに立ちはだかる理想と現実　(196)
　　　（2）学校病理という視点から捉えた諸課題　(199)
　2．学校教育が向き合う現代的な課題 ……………………………… 204

（１）学校教育における現代的な課題とは何か　(204)
　　　（２）「現代的な課題」についての指導のポイント　(205)
　　3. 現代の学校教育が内包する諸課題 ･････････････････････ 209
　　　（１）ユニバーサル・デザインを基底にした教育　(209)
　　　（２）ユニバーサル・デザイン化した授業展開へ　(210)

第Ⅲ部　学校教育推進力としての教師論

第7章　「教育は人なり」の本質的理解と教職専門性 ･････････････ 216
　　1. 学校教育を支える教師の自覚とその立ち位置 ･･････････ 216
　　2. 学校教育を基底で支える教師文化 ･･････････････････････ 218
　　　（１）「教え込み型教育」と「滲み込み型教育」　(218)
　　　（２）顕在的カリキュラムに潜在的カリキュラムが及ぼす影響　(219)
　　3. 今日の学校に求められる教師像 ･･････････････････････ 223
　　　（１）教師であるということの要件　(223)
　　　（２）現代の教師に求められる資質・能力　(226)
　　4. 学校教育改革推進力としての教師力 ･･････････････････ 229
　　　（１）学校幻想論から自立する教師　(229)
　　　（２）個人プレーからチーム学校としての「協業」への転換　(231)

あとがき　(233)

索　引　(235)

第Ⅰ部

学校教育課程の意義と機能

第 1 章
学校教育における教育課程の役割とその充実

1. 学校教育学の学問的な考え方とは何か

　学校教育学（Science of School Education）という概念は、教育学（pedagogy：教育全般の学問体系）を基底にした学校教育全般を対象とする学問と説明される。よって、学校教育学の研究対象には学習者、施設・設備・スタッフ等の学習環境や教育行政システム、教育内容としての教育課程、教育内容を学習させるための教授法、教育成果を見取るための教育評価法、社会システムという大局的な見地からの教育制度、教育に関する権利・義務、教育に関する理念やその歴史について等々の広範に及ぶ。ただ、学校教育学は子供を対象とした具体的な営みであり、そこには指導理論と実践方法との往還を意図した具体性の伴う学問研究であることが前提となるのは言うまでもない。

　教育学と訳される原語 'pedagogy' は、ギリシャ語である。このペダゴジーは、元来「子供」を意味する 'paidos' と「導く」を意味する 'ago' から合成された 'paidagogike' に由来すると言われている。ただ、教育を哲学的に解明しようとした古代から時代を経ることでそこで取り扱われる研究対象領域は急速に拡大し、それに伴って科学的手法からその概念説明することが求められるようになってきた。また、それを重ねることによって、教育学の領域は拡大してきた。また、その過程で教育の研究が科学的な手法に基づくべきであるという教育科学の概念も生じている。すると、ペダゴジーは教授学や教授法といった限定的な内容を意味し、学校教育全般に関わることは 'education' や教育研究を意味する 'educational research' といった用語に置き換えられ、それが一般的に用いられるようになってきた。

　ここまでで理解されるように、教育学は哲学に基礎付けられ、基本的にはより善く生きることを目指す人間を育成する営みを第一義に研究対象とする学問

と説明されよう。例えば教育哲学や道徳教育学、あるいは人間形成論といった学問である。それに対し、学校教育学と称される学問の場合には、教育学よりもより具体的で、より実践的な意味合いが込められてくる。

ただ、「教育（education）」という用語はあまりにも日常生活の中に浸透しているため、その語義や在り方を巡っては相応に一家言もって語る人も少なくない。なぜなら、わが国の国民であれば義務教育をすべての人が経験しているからである。よって、自らの経験に基づく教育論は国民の数だけ存在すると言っても決して過言ではないのである。そこには、老若男女を問わず、一人一人にとっての自らの学校経験に裏打ちされた教育論への暗黙の了解関係が存在するからである。しかし、その本質な意味にまで遡って言及できる人となれば、それはごく少数であるに違いない。

広辞苑で「教育」という用語の意味を問うと、「教え育てること。人を教えて知能をつけること。人間に他から意図をもって働きかけ、望ましい姿に変化させ、価値を実現する活動」と記されている。これは、'education' という用語の語源であるラテン語の 'educere' を e + ducere に分解して解釈した時のe-は「外へ」という意味をもつ接頭語、'ducere' は「引き出す」という意味に拠っている。つまり、子供がその内面にもっている可能性を外へ引き出す、というのが「教育」という用語がもつ本来の意味となるのである。しかし、具体的な学校教育での学習活動場面を想定すると、ただ子供の内面にあるものを引き出すのみでは不十分であることが容易に理解される。つまり、「畑に蒔き時を確かめて作物の種子を蒔かなければ、そこからは何も逞しく生えてはこないし、豊かな実りを収穫することなどあり得ない」ということと同義なのである。

よって、教育という熟語には種蒔きとしての「教える」と、蒔いた種子の自己成長性を引き出す「育む」の両方の意味が含まれているのである。言わば、人間は成長・変化する存在である。時間の流れの中で絶えず身体を働かせ、頭脳を働かせ、心を働かせて移り動いていくのが人間なのである。その際の個の内的変化に着目するところからが、本来的な「教育」論は開始される。

わが国で「教育」という熟語が学校に関わる用語として用いられたのは、学

制頒布（1872年）から間もない近代教育制度黎明期にあった明治6（1873）年のことである。イギリスで刊行されたチェンバースの百科事典に1項目として挙げられていた'education'を法律家であり洋学者でもあった箕作麟祥（1846～1897年）が、教導という当時の学校の中心的営みをイメージして翻訳したことはよく知られたところである。

　もちろん、わが国にそれまで「教育」という用語がなかったわけではない。語義としては異なるが、中国の春秋戦国時代末期の古典『孟子』に「教育」という漢語が登場する。しかし、それは天下の秀才を門人として教育し、優れた人材として育成することを語意としている。その点で、今日意味する公的制度かつ意図的営みとしての「教育」との整合性は見いだせないと言われている。

　また、わが国の江戸期には多くの教育指南書が刊行されているが、そこにおいても今日的な意味での「教育」という直接的用法は見られない。例えば、「人倫のおしえなければ、人の道をしらず」[1]と、子供の成長段階に沿ってその躾や生活習慣形成の方法、学問への導き方、社会性や道徳性の形成等々、教育のあらゆる分野を網羅した江戸期の指南書でもある貝原益軒（1630～1714年）の『和俗童子訓』（1710年）においても、やはり今日的な語意での「教育」という用語活用は見いだせない。しかし、前掲書も含めた当時の教育指南書において、子供を善くするための働きかけという意味では「教へる」、「訓（おし）へる」といった表現、子供自身の学ぶ働きを前提に善くしようとする場合は「勧（すす）め」、「奨（すす）め」、「諭（さと）し」といった表現、さらには、子供自身の学ぶ働きそのものを意味する場合は「学問」、「学習」、「養心」、「養生」、「修身」、「修養」、「修業」、「修行」、「修練」等といった表現が多方面にわたって用いられている。

　それが箕作によって、「おしえる（語源は愛おしむ）」や「そだてる（語源は副え立つ）」、さらには「やしなう」、「しつける」、「おそわる」、「ならう」といった和語の文脈に沿った「教える」と「育む」という人間力の豊かさを前提とした概念的意味をもつ翻訳熟語「教育」として新たな息吹を得たのである。

　「教育」という言葉は文字通り、「教」と「育」から構成される熟語である。この熟語について村井実（1993年）は、「教育ということばを人々が新しく作っ

たとき、人々は、『教』では言い足りない、また『育』でも言いたりない、何か新しいことを言おうとしたにちがいない」[(2)]と、意味深長な表現をしている。そこには、豊かに生きる人間を育てるという願意が込められていよう。

　村井は、ソクラテスの「無知の知」という主張を引用しながら、それを「子供を善くしたい」と願う人々の心情に思いを馳せた。誰しも、わが子を善くしたいと願いながらも、そう容易くはならないのが子育てである。子供を善くすること、つまり、「子供が善く生きること」ができるようにするなど不可能ではないのかという人々の疑心暗鬼な不安や悩みにソクラテスは共感し、その体現として「善さ」を公に問うたと村井は説明するのである。それは、今日的な言い回しをするなら、わが国の学校教育における初等教育、中等教育の公的国家基準として文部科学省が告示している「学習指導要領」の目的概念である「生きる力の育成」という究極的目的に収斂されるべき事柄である。ちなみに、小・中学校学習指導要領（平成29年3月告示）の前文には「学習指導要領とは、こうした（著者註：これからの時代に求められる教育）理念の実現に向けて必要となる教育課程の基準を大綱的に定めるものである」と述べられている。そして、学習指導要領が果たす役割の一つは、公の性質を有する学校における教育水準を全国的に確保することである。また、その「各学校がその特色を生かして創意工夫を重ね、長年にわたり積み重ねられてきた教育実践や学術研究の蓄積を生かしながら、児童（生徒）や地域の現状や課題を捉え、家庭や地域社会と協力して、学習指導要領を踏まえた教育活動の更なる充実を図っていくことも重要である」と、その目的達成に向けた活用意義が述べられている。

　そのようなことから、学校教育は学校教育法施行規則という法的根拠（学校教育法、学校教育法施行令の下位法として定められた文部科学省が所管する省令）を伴って告示される学習指導要領でその内容や方法が規定されており、各学校が特定の教育学理論や教育方法学理論を背景に教育活動を展開するといった性質のものではない。

　本来的に教育学は、哲学・歴史学・社会学・心理学・法学・行政学・経営学などの諸学問を基礎に据え、あるいは応用することで、さらなる発展と新しい視点を獲得して今日に至っている。そのため、学校教育学は個を対象とした

「学」としての理論的枠組みや手立てが不十分であるとか、学校教育を対象とした学問としてのアイデンティティ（identity：一貫的普遍性）が未完成であるといった指摘を受けることがある。例えば、哲学教育や心理学教育といった教育体系は成立し得るが、教育学に関する教育体系としての教育学教育といった学問の成立にまでは至っていないことも事実である。

　一方、学問的なアイデンティティが未完成な状態の中にこそ、学校教育学の特質を見いだそうとする捉え方もある。教育学では、教育という媒介項を基に学際的知見を成立させることも可能である。このような学際性こそが教育学の特徴的な個性であり、教育の現象を論じるためには不可欠な態度であるとも言えるのである。古来より時代性や民族性を問わず、どのような社会においても教育は必要不可欠な営みであり、その営みとしての教育に関する学問的知見は常に必須であったのである。その限りにおいて、教育学は不滅の学問でもある。ただ、教育学は不滅の学問として単に専門的知見や伝統を維持することが重要なのではなく、文化伝達と文化創造の継承という社会的要請に応えるべく術としての高度な知的生産性や探求性といった一貫した継続性が求められるのである。

　また、教授学、教材論、教育課程論といった主題分野においては、「教育学における共通事項」とも称される学問的知見が見いだされる。本書で唱える学校教育学という概念は、学習者を基底にした環境や教育行政システム、教育課程、教授法、教育評価法、教育制度といった多面的な見地から子供を対象とした具体的な営みとしての理論と実践との往還を意図した学校教育全般を対象とする学問と説明できる。よって、本書は「教育課程論」、「教育原理」、「教師論」という3主題領域を軸に構成している。

2．教育と学校教育の関係性について考える

（1）公教育と私教育

　「教育」という用語は、日常生活の中に溢れている。学校教育はもちろんのこと、習い事や資格取得のための場や施設でなされるのも教育であり、塾や予備校あるいは通信教育といった学校教育を補完する営みも教育の範疇である。

また、他者の生き方やその生きる態度等について介入するような事柄すら「△△となるように教育する」といった表現をするのが一般的である。このように「教育」と一括りにされる中には、幾つかの性格が混在していることが理解できよう。
　例えば、馴染み深い小学校、中学校での子供を対象とした教育もあれば、△△市健康作り教室といった成人・社会人を対象とした教育もある。また、塾や予備校、さらには茶道教室やドライビング・スクールといった教育機関もある。これらはどのような区分になっているのであろうか。図 1-1 を参照してほしい。

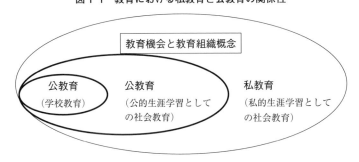

図 1-1　教育における私教育と公教育の関係性

　教育はその実施主体によって公教育と私教育に大別される。公教育は国や地方自治体等が運営主体となって公益性を前提として実施されるものである。それに対し、私教育は個々人のニーズに即して教育サービスを提供する営利目的を前提にして実施されるものである。
　また、公教育にあっても学校教育法に定められた運営組織であれば学校教育の括りで区別され、子供も含む地域住民や社会人全般を広く対象にして実施される公共教育サービスは社会教育として位置付けられている。ちなみに私立学校も、その運営は学校教育法に則って実施されるので学校教育である。
　教育実施主体によって公教育と私教育、あるいは学校教育・社会教育・家庭教育といった区分はなされるが、学び手の側からすればいずれも個として有意味で大切な「教育機会」となっている。

> （学校教育法）
> 第1条　この法律で、学校とは、幼稚園、小学校、中学校、義務教育学校、高等学校、中等教育学校、特別支援学校、大学及び高等専門学校とする。
> 第2条　(中略)
> 2　この法律で、国立学校とは、国の設置する学校を、公立学校とは、地方公共団体の設置する学校を、私立学校とは、学校法人の設置する学校をいう。
>
> （社会教育法）
> 第2条　この法律において「社会教育」とは、学校教育法（昭和22年法律第26号）又は就学前の子どもに関する教育、保育等の総合的な提供の推進に関する法律（平成18年法律第77号）に基づき、学校の教育課程として行われる教育活動を除き、主として青少年及び成人に対して行われる組織的な教育活動（体育及びレクリエーションの活動を含む。）をいう。
> 第3条　国及び地方公共団体は、この法律及び他の法令の定めるところにより、社会教育の奨励に必要な施設の設置及び運営、集会の開催、資料の作製、頒布その他の方法により、すべての国民があらゆる機会、あらゆる場所を利用して、自ら実際生活に即する文化的教養を高め得るような環境を醸成するように努めなければならない。
> 2　国及び地方公共団体は、前項の任務を行うに当たっては、国民の学習に対する多様な需要を踏まえ、これに適切に対応するために必要な学習の機会の提供及びその奨励を行うことにより、生涯学習の振興に寄与することとなるよう努めるものとする。

（2）学校教育における教育課程の意義と位置付け

① 教育の基本的な枠組み

　近年の学校教育は様々な学校病理現象が顕在化していて、その制度や組織運用システムの是非を巡っては社会的な批判に晒され続けている。昨今の学校教育を取り巻く現状に目を向ければ、そこにはいじめや不登校、校内暴力等々の問題行動のみならず、本来は新たなことを学んだり、同世代と共に日々成長したりする体験を満喫する場であるはずの学校本来の姿からかけ離れた消極的な学校病理現象が蔓延している。ここで言う学校病理とは、学級崩壊・いじめ・

校内暴力・学習意欲の減衰・授業放棄・子供の自殺・殺傷事件や違法行為といった反社会的行動・引きこもりや集団不適応等々、学校を軸に生ずる諸々の子供に関わるネガティブな現実の総称である。

　学校は本来的に子供のために存在する場所である。ゆえに、学校教育の主人公は言うまでもなく子供であり、その主人公であるはずの子供自身がその小社会の中で生きにくさを感じたり、自らの学ぶ権利を放棄したりすることが日常的に出現する現実は、極めて異常かつ深刻な事態であろう。それは、古くから健全な人格形成の基となる知育、徳育、体育というトライアングルを均衡に施して育み育てる学校、家庭や地域と連携して実社会に巣立つまでの小社会として子供たちを保護し、健全育成するという社会的機能としての学校神話が揺らぎ、歪な様相を呈していることの証左でもあろう。

　特に、いじめや学級崩壊、不登校、校内暴力等、子供の問題行動の顕在化、学力低下論に端を発した「学びからの逃走」[3]と揶揄される学びの質と意欲の低下に起因した子供間の学力格差拡大化傾向、教師の指導力に関わる資質・能力や人間力も含む教職専門性への不信感、学校という閉鎖性や事なかれ主義による隠蔽体質の露呈等々の問題から、社会の不満が噴出しているのが昨今の学校の状況である。

　しかし、それは先の戦争へ突き進んだ戦前教育の在り方の反省に立って構築された戦後教育体制が半世紀以上を経て制度疲労を起こしていることに起因するものとも説明できよう。同時に、学校教育に向けられる現代社会の「まなざし」が変質したことも大きな要因として挙げることができよう。様々な諸要因

図1-2　教育の基本的な枠組み

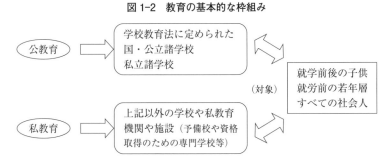

が複合的に作用することで、「教育」という枠組み、「学校」という枠組み、それぞれに社会が求め期待する事柄が変質していることを真摯に受け止めなければならないであろう。

② 教育課程の意義と位置付け

一口に「学校教育」もしくは、「公教育」といっても、その範囲は広範にわたる。学校教育法第1条に定められた幼稚園、小学校、中学校、高等学校、中等教育学校、特別支援学校、高等専門学校、大学等々の文部科学省所管の教育諸機関もあれば、他官庁所管の各種学校等も学校と総称されている。

さらに、幼児教育において幼稚園と同様に重要な機能を果たしている保育所は厚生労働省が所管し、児童福祉施設として「保育所保育指針」に則って就学前教育の実質的な部分を担っている。また、近年では文部科学省と厚生労働省とが協議・運用する「認定こども園」（平成18年10月より施行）も幼児教育の重要な役割を担ってきている。このように設置形態による差異はあるが、生涯教育の視点で捉えればいずれも個の人格形成にとっては不可欠な学びの場であり、それぞれの目的に応じた教育目標を達成するため、それに相応しい養成プログラムとしての「教育課程」が求められているのである。ここで言う専門用語である「教育課程」とは、「学校教育の目的や目標を達成するために、教育の内容を児童（生徒）の心身の発達に応じ、授業時数との関連において総合的に組織化した各学校の教育計画」[4]のことである。ちなみに、学校教育の目的・目標・役割等は教育基本法（第1条、第2条、第5条、第6条）によって定められ、義務教育の目標や小学校教育の目的および目標（第29条、第30条）、中学校教育の目的および目標（第45条、第46条）、その他幼児教育としての幼稚園の目的や目標（第22条、第23条）、特別支援学校の目的（第81条）等は下位法としての学校教育法によって定められている。

ここで言う特別支援学校とは、小学校、中学校、義務教育学校、高等学校および中等教育学校において、障害（①知的障害者、②肢体不自由者、③身体虚弱者、④弱視者、⑤難聴者、⑥その他障害のある者や疾病により加療中の者等）による特別の支援を必要とする児童・生徒が学習上または生活上の困難を克服する

ための教育を行う機関である。また、小・中学校等の機関内に設置された特別支援学級もある。

　幼児教育同様に、学齢期における児童・生徒の教育においてもそれは多様である。学校教育法に則って公教育として認可された国・地方自治体、学校組合、私立学校法人等々が主体となって運営している学校もあれば、予備校等の私塾やフリースクール、企業内人材養成や各種資格取得等の特定目的をもって私的経営で運営されている私教育もある。

　なお、私立学校については、公的な目的性や公法に基づく私学助成金等の財政支援・組織管理等の規制を受けることもあって、その基本的な立場は公教育として位置付けられる。ただ、公教育であろうと、私教育であろうと、いずれにあっても、その教育目的を達成するためには施設・設備の確保、教育活動をするための人的な裏付け、教育内容を構成する枠組みとしての教育課程を編成することが重要な点であるのは変わりない。

③　公教育としての学校教育の目的と意義

　ここまで述べたように、日常的に総称される「学校」とか「教育機関」といった組織体の目的、意義等は実に様々であり、それらは教育基本法や学校教育法、学校教育法施行規則等々の法律によって定められている。ただ、学校教育と呼称する場合は一般的に公教育としての義務教育を指し示していることが多い。ここでは義務教育としての学校教育について、日本国憲法第26条や教育基本法の趣旨を踏まえてその役割と在り方について明確にしておきたい。

> （日本国憲法）
> 第26条　すべて国民は、法律の定めるところにより、その能力に応じて、ひとしく教育を受ける権利を有する。
> 2　すべて国民は、法律の定めるところにより、その保護する子女に普通教育を受けさせる義務を負ふ。義務教育は、これを無償とする。

《教育基本法における義務教育の役割とその在り方》
　A．教育の機会均等（教育基本法第4条「教育の機会均等」）
　　すべての国民に、その能力に応じた教育機会を提供されることの保証。

B．教育水準の担保（教育基本法第5条「義務教育」、第6条「学校教育」）
　国家・社会の形成者として必要とされる基本的な資質の育成保証。
　C．無償制（教育基本法第5条「義務教育」）
　　皆教育保証のため国・地方自治体が設置する義務教育学校はすべて無償。
　教育関係者の間では、子供の主体的な学び尊重の視点から、従前より「押し付け教育」を忌避する風潮がある。しかし、国家や社会の維持・発展という視点から学校教育の重要な役割である「文化の継承」および「文化の創造」という設置目的を前提とした国民皆教育システムとしての公教育制度は、そもそも成立段階から「押し付け」によって成り立っていることを是認しなければ説明できない性質のものである。文化継承と文化創造は国家・社会の発展を視座するなら、義務教育は必要不可欠な要件であることをしっかりと押さえておきたい。

（3）学校教育の内容としての学習指導要領

①　学習指導要領の目的とその意義

　公教育としての学校教育には一貫性と継続性、普遍性といったものが常に求められる。それを担保するのが文部科学省によって定められた学習指導要領である。学習指導要領（course of study）は言うまでもなく、学校教育法施行規則に基づくわが国の学校教育の教育課程に関する国家基準（national standard）であり、学校知を構成する大本でもある。

　学習指導要領は、小学校、中学校、高等学校、特別支援学校と学校種ごとの教育課程におけるスコープ（scope：学びの内容・範囲）、シークエンス（sequence：指導の順序性・体系性）として文部科学大臣によって告示される。また、幼稚園にあっては幼稚園教育要領が同様に定められている。その目的と意義は以下の要件を国家的要請として各学校が編成するその教育課程において実現するためである。

《学校教育における教育課程編成の必須要件》
　A．公的枠組みとしての学習指導要領遵守

全国均一の教育水準を確保するため、教育課程の枠組みや学年別学習内容を国家基準として定めた学習指導要領に準拠することが前提である。
B．学校が担う社会的機能としての教育内容と学びの質的担保
　知の体系の全体から「価値あるもの」として選択され、公的なものとして正当化された内容が教育計画である。そして、それらは国家や地域の社会的、文化的、経済的な礎となるものであり、その質的担保は必須である。なぜなら、学校は構造的再生産を可能にするための社会的機能を担うものであるからである。

　②　スコープとシークエンスの構造

　学校教育の営みは、一般的に国語科、社会科、算数・数学科といった教科教育と特別活動のような教科外教育（領域教育）、小学校中学年における外国語活動や総合的な学習の時間（高等学校では「総合的な探究の時間」と呼称）といった教科外教育（時間の設定）とによって教育課程が編成される。そして、そこでの教育内容は法的根拠（学校教育法施行規則第50条（小）、第72条（中））を有する学習指導要領という教育の国家基準に基づいて具体的に編成されることとなる。また、子供の学校生活の視点から捉えると、このような教育課程内教育活動と朝の会や帰りの会、業間休憩、給食、清掃、部活動等々といった教育課程外教育活動とが調和的融合性をもって学校生活を形作っていることになる（図1-3参照）。

　図1-3のように、教育課程内教育活動と教育課程外教育活動とが相互に機能し合って学校の教育活動は日々展開されるのである。ただ、それは無意図的なものではない。各学校が掲げる学校教育目標、校是や校訓に至るまで、それが具現化されるには学習者の学びとなる具体性を伴う詳細な内容事項、次の新たな学びを引き出したりする具体的な学習課題や学習体験が用意されていなければならないからである。よって、活動展開まで見据えた教育内容選択原理が働かなければ、各学校で具体的に機能する教育課程編成など叶わないのである。

　また、スコープとシークエンスについてさらに踏み込んで述べれば、各学校が具体的な教育活動を伴って機能するための教育計画は、対象校種・対象学年

図1-3 教育課程編成の構造

```
《各学校における教育課程編成》

 (教育課程内教育)
 ■教科教育・・・各教科（国語科、社会科等）、特別の教科 道徳。

 ◆教科外教育
   ○特別活動（学級活動、児童・生徒会活動、小のクラブ、学校行事等）
   △総合的な学習の時間、小学校中学年外国語活動（時間の設定）。

(教育課程外教育)
●学校の時間割（日課表）には明示されているものの、学習指導要領には示されていない有意味な教育活動。
  朝の会、帰りの会、業間休みや業間活動、給食、清掃活動、部活動等
＊教育課程外教育が子供に及ぼす効果は大きいが、それらの活動は学校裁量に委ねられて各学校独自の学校文化を形成している。
```

に応じた学びの範囲、学びの体系性や順序性、さらには学習者である子供の発達段階や実態に即した活動欲求、用いる教材や指導方法等まで考慮して決定されなければならないのである。

　もちろん、公教育としての学校教育である限り、その編成過程では国や地方教育行政機関が示す教育方針に従うのはもちろんのこと、学校が置かれている地域性や子供の実態、保護者や地域住民の思いや願い等も反映されたものとなるよう配慮した編成となるのは言うまでもないことである。

　このように、各学校の学校教育全体教育計画立案の第一歩は、その教育目的を具現化するために設定した目標に従って、学習者である子供たちが発達段階等に即して身に付けるべき学習内容を学年別、教科教育・教科外教育別、学期や月別に各教育内容を構造化していくことにある。当然、そこには内容を的確に定着させるための教材や指導方法等も視野に置かれているのである。

　その基本構造は、教育課程編成のための内容構成とその順序の確定である。それが先にも触れた通りに前者はスコープと呼ばれ、後者はシークエンスと呼ばれるものである。このスコープとシークエンスとで教育課程は構造化され、より具体化されて各学校での指導の前提となる教育計画として機能するのであ

る。望ましい集団活動を通して個人的な資質と社会的な資質を培いつつ、自律的・実践的な態度を育むことで自己の在り方や人間としての生き方への自覚化、自己を生かす能力の育成につなげるという学校教育の前提があればこその、全体計画、各内容・学校行事の年間指導計画立案なのである。

　スコープとシークエンスが重なり合う部分が学習指導要領で規定された共通の学び内容、つまり、学校教育として全国のどの子供も共通して学ぶ資質・能力形成のための共通領域部分である。そして、スコープとシークエンスの重なりから突出している範囲が共通的な学びから発展（個としての興味・関心に基づく先行的な学びや個別的な学習経験、発展的な学習経験）して学ぶ個人領域の部分となる。その点で、共通領域部分となる学校の教育活動をどのように計画、作成するのかという創意工夫によって子供一人一人の個別な学びの可能性も拡大されたり、発展されたりすると考えられるのである。

図1-4　各学校の教育課程編成における基本構造

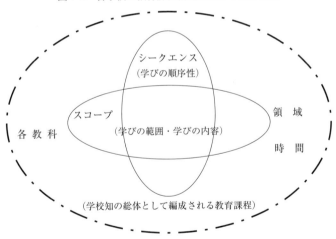

　各学校では学習指導要領を前提として、教育課程外教育も視野に置きながら各学校における校是や校訓、学校教育目標等を体現するために独自の指導計画である教育課程を編成するのである。そして、その基本要素こそがスコープとシークエンスである。よって、各学校の教育課程編成にあっては、学習指導要

領の内容を踏まえてスコープとして何を盛り込み、シークエンスとして何をどのように体系付けていくのかと熟考かつ創意工夫していくことが必要なのである。そのような努力を積み重ねることで、その教育課程の先にある学習者への「学習転移（transfer of learning：ある学習が後の異なる学習促進へ及ぼす影響）」という新たな視点が見いだせるのである。

③ 学校種別学習指導要領の目次構成とその内容

学習指導要領は学校教育法施行規則に基づくわが国の学校教育の教育課程に関する国家基準であり、学校知（school knowledge：学校で学ぶすべての事柄）を構成する大本となるものである。

学習指導要領は、研究と教育の両面で独自の専門性が追求・展開される高等専門学校、短期大学、大学、大学院を除く小学校、中学校、義務教育学校、中等教育学校、高等学校、特別支援学校と学校種ごとの教育課程におけるスコープ、シークエンスとして文部科学大臣によって告示される。また、幼稚園にあっては「幼稚園教育要領」が同様に定められている。

図1-5　学習指導要領各教科と教科書の関係

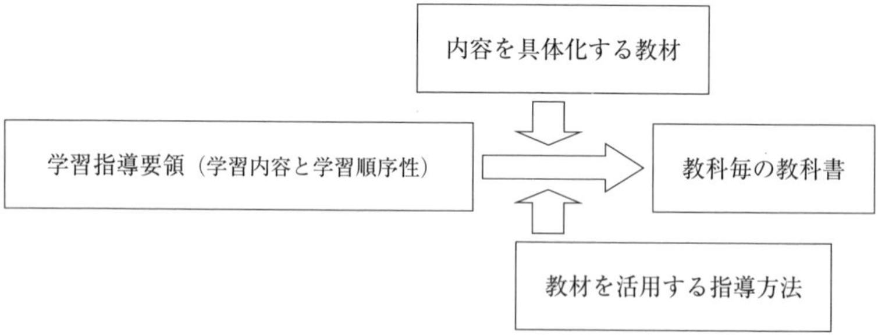

```
                    ┌─────────────────┐
                    │ 内容を具体化する教材 │
                    └────────┬────────┘
                             ↓
┌──────────────────────────┐   ┌──────────────┐
│学習指導要領（学習内容と学習順序性）│ ⇒ │ 教科毎の教科書 │
└──────────────────────────┘   └──────────────┘
                             ↑
                    ┌─────────────────┐
                    │ 教材を活用する指導方法 │
                    └─────────────────┘
```

後でも述べるが、教科教育にあっては、学習指導要領で示されたスコープとシークエンスを基に教材と指導方法および学習のまとまりとしての単元配列を明確にした各教科毎（「特別の教科　道徳」も含む）の教科書が編纂され、教科書採択手続きを経て各学校の子供たちに届けられる。

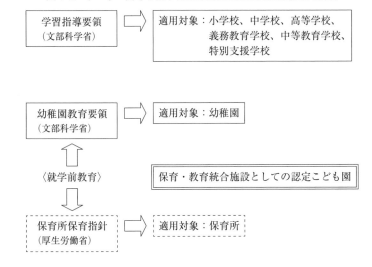

図1-6 小・中・高等学校学習指導要領と幼稚園教育要領の関係

《学校・園種別「教育要領」・「学習指導要領」の章立て》

〈幼稚園教育要領の構成〉

　前文

　第1章　総則

　第2章　ねらい及び内容（健康、人間関係、環境、言葉、表現の各領域）

　第3章　教育課程に係る教育時間の終了後等に行う教育活動などの留意事項

〈小学校学習指導要領の構成〉

　前文

　第1章　総則

　第2章　各教科（国語、社会、算数、理科、生活、音楽、図画工作、家庭、体育、外国語の各教科）

　第3章　特別の教科　道徳（道徳科）

　第4章　外国語活動

　第5章　総合的な学習の時間

　第6章　特別活動（学級活動、児童会活動、クラブ活動、学校行事）

第1章　学校教育における教育課程の役割とその充実

〈中学校学習指導要領の構成〉
　前文
　第1章　総則
　第2章　各教科（国語、社会、数学、理科、音楽、美術、保健体育、技術・家庭、外国語）
　第3章・・・特別の教科　道徳（道徳科）
　第4章・・・総合的な学習の時間
　第5章・・・特別活動（学級活動、生徒会活動、学校行事）

〈高等学校学習指導要領の構成〉
　前文
　第1章　総則
　第2章　各学科に共通する各教科（第1節　国語、第2節　地理歴史、第3節　公民、第4節　数学、第5節　理科、第6節　保健体育、第7節　芸術、第8節　外国語、第9節　家庭、第10節　情報、第11節　理数）
　第3章　主として専門学科において開設される各教科（第1節　農業、第2節　工業、第3節　商業、第4節　水産、第5節　家庭、第6節　看護、第7節　情報、第8節　福祉、第9節　理数、第10節　体育、第11節　音楽、第12節　美術、第13節　英語）
　第4章　総合的な探究の時間
　第5章　特別活動（ホームルーム活動、生徒会活動、学校行事）

　また、従前は障害種別に盲学校、聾学校、養護学校と呼称されていた各学校は、平成18（2006）年6月に「学校教育法等の一部を改訂する法律」が公布され、現在では「特別支援学校」と名称が一本化されている。この特別支援学校の教育課程にあっては、平成29（2017）年3月および平成30（2018）年3月告示の「特別支援学校幼稚部教育要領」「特別支援学校小学部・中学部学習指導要領」「特別支援学校高等部学習指導要領」として学校教育法に基づいて別途定められている。

④ 学校教育法施行規則に定められた教育課程授業時数

　日本国憲法や教育基本法、学校教育法、学校教育法施行規則等の規定に則って、国や地方自治体は国民に対して全国的規模で義務教育機会の無償提供、教育水準の維持向上を図ることが義務付けられている。その教育施策の範囲は広範で、実に多岐にわたっている。それらを統一的に教育計画として策定し、滞りなく実施しなければ、学校教育は1日たりとも立ちゆかないのである。

　特に、学校教育の実際的運用を考える時、ついその教育具体として日々展開される教育内容や学校施設・設備、教員配置等の物的・人的な教育条件整備といった部分のみに目を奪われがちである。しかし、教育活動が実効性をもって

表1-1　学校教育法施行規則第51条別表第1

① 小学校

区　　分		第1学年	第2学年	第3学年	第4学年	第5学年	第6学年
各教科の授業時数	国　語	306	315	245	245	175	175
	社　会			70	90	100	105
	算　数	136	175	175	175	175	175
	理　科			90	105	105	105
	生　活	102	105				
	音　楽	68	70	60	60	50	50
	図画工作	68	70	60	60	50	50
	家　庭					60	55
	体　育	102	105	105	105	90	90
	外 国 語					70	70
特別の教科である道徳の授業時数		34	35	35	35	35	35
外国語活動の授業時数				35	35		
総合的な学習の時間の授業時数				70	70	70	70
特別活動の授業時数		34	35	35	35	35	35
総 授 業 時 数		850	910	980	1015	1015	1015

注1　この表の授業時数の1単位時間は、45分とする。
　2　特別活動の授業時数は、小学校学習指導要領で定める学級活動（学校給食に係るものを除く。）に充てるものとする。

営まれるためには、それを意図的かつ計画的に指導時間を維持していくという年間授業時数等の諸条件整備も不可欠なものである。

表 1-1 と表 1-2 に示した授業時数は学校教育法施行規則に定められた「標準時数」と呼ばれるものである。これらの各教育活動別授業時数を各学校がしっかりと踏まえて教育課程を編成し、通年的に適切な管理・運用を行うことで「教育の機会均等」および「教育水準の担保」が実現されるのである。

表 1-2　学校教育法施行規則第 73 条別表第 2

② 中学校

区　　　分		第 1 学年	第 2 学年	第 3 学年
各 教 科 の 授 業 時 数	国　　語	140	140	105
	社　　会	105	105	140
	数　　学	140	105	140
	理　　科	105	140	140
	音　　楽	45	35	35
	美　　術	45	35	35
	保 健 体 育	105	105	105
	技術・家庭	70	70	35
	外 国 語	140	140	140
特別の教科である道徳の授業時数		35	35	35
総合的な学習の時間の授業時数		50	70	70
特 別 活 動 の 授 業 時 数		35	35	35
総　授　業　時　数		1015	1015	1015

注 1　この表の授業時数の 1 単位時間は、50 分とする。
　 2　特別活動の授業時数は、中学校学習指導要領で定める学級活動（学校給食に係るものを除く。）に充てるものとする。

（4）「学校知」としての教育課程編成の考え方

学校の教育活動はまさに具体的な営みである。よって、それは意図的かつ計画的であることが必須条件である。この意図的かつ計画的な視点から編成された教育課程の敷衍こそが学校教育の目的であり、活動内容そのものなのである。言わば、教師が授業等の教育活動を通じて学習者である子供たちに伝える知識や技能、さらには多様な経験や価値観、態度に至るまでの文化伝達内容そ

のものが学校教育の範疇で扱う内容なのである。これを「学校知」と総称している。

各学校が学習指導要領に従って教育課程を編成し、日々の教育活動によって「学校知」を具体化するためには、教育計画編成方法論を明確に修している必要がある。この教育課程編成方法論については、①「教育課程構成論」、②「教育課程編成論」、③「教育課程開発論」といった幾つかの立場を異にする視点がある。

① 教育課程構成論

ここで言う「構成論」という考え方は、学校や教師の主体性にすべて委ねられた教育計画作成法である。一見すると学校教育としては理想的である。ただ、この作成方法は眼前の子供の学びを創るという視点に立って計画されるがゆえに、各学校の教師の力量に左右されるため指導内容のばらつきが生じやすく、公教育としての基準性を担保することが難しい問題も同時に内包している。

② 教育課程編成論

今日の学校で広く行われているのが、この「編成論」である。この立場は学習指導要領という国家基準に照らしてそれを忠実に具体化して再現する教育計画作成方法である。従って、その運用に学習指導要領に則った教科書に基づいて忠実に作成される傾向が強く、各学校の教育環境や教育実態を十分に反映した教育課程とはなりにくい。反面、学校間格差が生じにくく、子供や地域の実態との乖離が生じやすいものの教育内容の均一化という点では担保しやすい。

③ 教育課程開発論

この「開発論」は、学習者個々のそれまでの「学びの履歴（学習経験の蓄積）」といった視点を重視して教育計画を立案する立場に立つものである。この教育課程開発論は「カリキュラム開発論」とも呼ばれ、各時間における子供の学びの拡大や発展的な蓄積を重視するため、常に「授業評価分析」や教師の指導力

量向上のための継続的な「現職研修」が不可欠な前提要件となっている。しかし、個の学びのニーズに即応した教育カリキュラムを実現しようとする点においては理想の教育課程編成法である。

もちろん、学校全体としての高度な教師の指導力維持、子供の学びの継続的評価という煩雑さが普及を阻む難点でもある。

以上のように、学校教育の教育計画編成においては様々な立場の異なる方法論が試行錯誤されてきたが、そこには次のような共通する必須要件が含まれることを見逃してはならないであろう。

《教育課程編成における必須要件》
① 公的枠組みとしての学習指導要領遵守
全国均一の教育水準を確保するため、教育課程の枠組みや学年別学習内容を国家基準として定めた学習指導要領に準拠することが前提である。
② 学校が担う社会的機能としての教育内容と学びの質的担保
知の体系の全体から「価値あるもの」として選択され、公的なものとして正当化された内容が教育計画である。そして、それらは国家や地域の社会的、文化的、経済的な礎となるものであり、その質的担保は必須である。なぜなら、学校は構造的再生産を可能にするための社会的機能を担うものであるからである。

3．学校と教育委員会との関係性について考える
（1）教育委員会とは何か

「教育委員会」という名称は、老若男女を問わず日常的によく耳にする教育に関する行政機関名である。しかし、その教育委員会の組織的な構成や教育行政に係る役割等についてはあまり正しく認知されていないのが実態であろうと考える。

教育委員会は都道府県及び市町村等に置かれる合議制の執行機関であり、生涯学習、教育、文化、スポーツ等の幅広い施策を展開し、各学校における学習指導要領の基準性担保を行政的な立場から指導する役割を担う。教育委員会

図 1-7　教育委員会の仕組みと構成

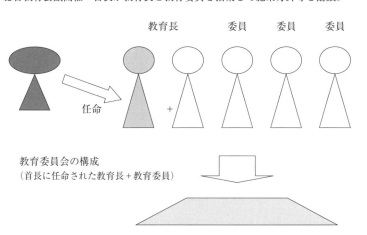

- 生涯学習、教育、文化、スポーツ振興等の施策を委員会として合議執行。
- 教育長および教育委員は、地方公共団体の長が議会の同意を得て任命。
- 任期については、教育長3年、教育委員は4年でいずれも再任可。
- 委員数は原則4名。但し、条例で定めるところにより都道府県や政令都市では5名以上、町村においては2名以上にすることが可能。
- 教育委員会事務局には、指導主事、社会教育主事、事務職員、技術職員等を配置して具体的な実務を遂行する。

は、「地方教育行政の組織及び運営に関する法律」によって制度として規定されており、地方公共団体の組織に置かれる独立行政委員会である。教育委員会制度は、教育行政の政治的中立性に基づいて具体的運営を担う公的組織（国立諸学校は文部科学省が所管し、私立学校は都道府県教育委員会が所管する）である。

　また、教育委員会は、各都道府県・政令都市レベルと特別区も含めた各市町村レベルの地方公共団体に二重の枠組みで設置されている。

　本来の教育委員会とは、法律に定められた教育委員（定数基準は、首長に指名された教育長も含めて5名で構成されるのが標準であるが、各地方公共団体であ

る都道府県・政令都市の場合は6名以上、町・村の場合は3名となっている）で構成される委員会を意味するが、通常は教育委員会の下に教育委員会事務局が置かれ、そこで公立学校を管理し、教育予算執行、教職員人事、児童生徒の入・退学、学校の組織編制、教育課程、学習指導、教科書採択やその他の教材の取扱い等に関する行政事務を行っている。また、社会教育その他教育、学術および文化に関する事務等も管理、執行する役割も同時に担っている。

そのため、教育委員会と呼称する場合、本来は地域住民の民意を反映させ、その都度交替する首長の教育行政への不当介入等で学校教育に混乱を生じさせないための独立委員会制度を意味するが、多くの国民にとっては日常的に行政機能として実際的な実務を行う教育委員会事務局を「教育委員会」と認知して呼称する場合も少なくないのが実情である。

本来的機能として教育委員会を構成する教育委員（国籍条項を満たし、被選挙権を有する25歳以上の者、なお、委員の中に地域の保護者が含まれなければならない）は、議会の承認を得て首長より任命される。同様に、教育長も首長によって任命される。教育長は教育特別公務員であり、教育委員会事務執行責任者である。教育委員会は行政からの関与を避け、その独立性を維持するよう定められている。教育委員会においては行政からの独立性を保ちつつ、原則的に合議によって職務が遂行されるようなシステムとなっている。

（2）教育における外的事項と内的事項とは何か

教育の国家基準としての学習指導要領を巡って、教育行政側としての教育委員会事務局側と各学校で日々子供たちと対峙する教師側とでは、どのような役割を双方が担って円滑に運用されているのであろうか。この点については、学校の主体的な教育課程編成という面での課題も含まれていることも視野に置きながら述べていきたい。

教育行政側である教育委員会と各学校で具体的な教育活動を行う教師側とに分け、その機能的役割を検討していくと以下のように区分できる。

《教育行政と学校の機能的役割分担》
　教育行政：学校で教育すべき「教育目標・内容」を定め・管理する。

各 学 校：教育目標・内容を具体的に「教育活動」として指導実施する。

　教育行政と各学校との関係については、教育基本法第16条第2項に「国は、全国的な教育の機会均等と教育水準の維持向上を図るため、教育に関する施策を総合的に策定し、実施しなければならない」と規定されている。その前提に立って教育委員会は学校の施設や設備、教員配置等の物的・人的な諸条件整備を教育行政施策として行うのである。一方、各学校では学習指導要領に基づいて自校の教育課程編成を行い、その教育計画を日々の教育実践において確実に実施することで内容担保の責任をもつのである。行政と各学校との関係は、一般的に教育の内的事項、外的事項と称されている。平易に述べれば、学校の施設・設備といったハード面は教育委員会が担い、日々の学習指導といったソフト面は学校の教師が責任をもって担うのである。そこには、行政による学校教育の内的事項への過剰な介入を差し控える意図がある。しかし、近年はその問い直しの世論が活発化していることは周知のところである。

《教育の内的事項・外的事項》
　教育の内的事項：学校の施設、設備、人的条件を用いて展開される教育課程編成や教育計画策定、教育方法改善等々、教師が行う総ての教育活動を意味する。
　教育の外的事項：学校の施設、設備、教職員配置等、教育行政側が責任をもって整備する物的・人的諸条件を意味する。

4．なぜ学校では教育課程が必要なのか
(1)「人が人を教育すること」の意味と学校の教育課程

　誰もが当たり前のように子供時代に体験し、懐かしい人生の一時代として共有する学校経験、そして教育経験、これらは人間にとってどのような意味をもつのであろうか。

　ドイツの著名な哲学者であり教育学者でもあったカント（I. Kant, 1724～1804年）は、著書『教育学講義』[5]の中で「人間とは教育されなければならない唯一の被造物である」「人間は教育によってはじめて人間となることができる」「人間は人間によってのみ教育される」という有名な言葉を残している。それ

がもつ意味を手かがりに教育課程について考えてみたい。

　いつの時代、いつの国家・社会においても、学校制度の有無は別として、人は誰しも様々な機会や場、様々な方法で一様に「教育（education）」を体験し、それを糧に成長し、その人生を全うすることとなる。言わば、教育なしに人間としての人格的成長はあり得ないし、教育なしで充実した人生を謳歌することなど叶わないと言っても過言ではないであろう。それゆえに、教育は継続的かつ形成的な経験としての性質をもつものである。確かに、その時々の教育的な学びは強烈なインパクトを伴って主観的かつ感覚的に全身で受け止める「体験（experience）」的要素が強い。しかし、体験した事柄に客観的要素を加えながら自らの内面で整理し、再度構成し直すことで自分なりの知見として意味付ける「経験（experience）」へと転化していく役割（この働きを「体験の経験化」と称す）を教育は有するのである。

　このような人間相互で教え合ったり、学び合ったりという経験の蓄積による知の形成を意図した教育的関係は、世界共通の誰しもが経験する事柄と説明することができよう。しかし、その教育的関係の中に「どんな目的」で、「どんな内容」を「どんな方法」で、という条件を付加すると様相は一変する。同じ教育的関係という入口は同一であっても、その出口では全く異質なものとなってしまうのである。この入口と出口との間に位置するのが学校教育で、その国の維持・発展を可能にする有為な人材育成を目指す機能的意図が見いだされるのである。そして、その意図を具体化するものこそ学校における教育課程である。

　教育課程とは、学習指導要領として学校の教科や教育活動をどの学年でどのように教育するかについて定めた国の教育基準に基づく教育計画である。ただ、一般的にはカリキュラム（curriculum）と称され、多くの人々にとってはイメージ的にはこの表現の方が馴染み深いであろう。

　解説的に述べると、カリキュラムとはラテン語で古代ギリシャ時代における戦車競馬場の走路を意味するクレレ（currere）が語源であり、「人生の来歴」といった意味である。その後、カリキュラムは16世紀頃より学校で教える教科目やその内容、時間配当といった学校の「教育計画」を意味する教育用語と

して用いられるようになってきた。

　この教育課程とカリキュラムという二つの用語を対比的に定義するなら、教育課程は教育目標を達成するために教育内容を一定の原理に基づいて系統的に配列した狭義な意味での教育計画であり、カリキュラムは学校における意図的・無意図的に学び手が学習するすべての教育経験の総体という広義の意味での教育計画である。

　戦前のわが国では「学科課程」とか「教科課程」と呼ばれ、戦後は「教育課程」と称されて同義語的に用いられている。そして、結果的に今日では、「公的枠組み」としての側面を意味する教育課程と、子供の「学習経験の総体」としてのカリキュラムの側面とをあまり厳密に区分せずに用いている現実もある。ただ、公的枠組みは主に「教育課程」という呼称が多用され、子供の学び経験の履歴に関しては「カリキュラム」という呼称を用いることが一般的である。

《教育課程と教育カリキュラムの比較的分類》
　A．構造化された教育計画としての教育課程
　　　学校教育という公教育の立場から、学習者である子供たちに公的な枠組みとして何を教えるかという指導する側、つまり、教育目的の達成という教師の指導観点から捉えた知識習得のための構造化された教育計画と捉える。
　B．子供の学習経験の総体としての教育課程
　　　子供の学びの到達点としての教育目標達成のためのカリキュラムという考え方で、学校におけるすべての人的・物的環境、学習内容、教材・教具、学習方法等も視野に入れた学習経験の総体として捉える。

　教育課程という用語は、ともすると堅苦しい無機質的なイメージがつきまといがちである。しかし、人と人との関わりの中で成立するのが「教育」である以上、教え合い、学び合うというその教育的営みにおいては、教師と子供、子供相互の教育的関係がなくてはならない。それを取り結ぶのが教育課程であり、教育カリキュラムである。

(2) 機能的概念としての学校教育課程の考え方

① 教育課程の機能的概念から捉える

　学校で日々展開される教育活動を通して教師が子供に施す学びの内容は、広義には「文化内容」と考えられる。もちろん、文化内容の伝達という視点から捉えた場合、公教育としての学校教育のみならず、カルチャー・スクールや各種専門学校、私塾等々での教育的営みもすべてこの中に包摂されることとなる。しかし、学校教育固有の機能的側面から捉えていくと、日常的な学校の教育的営みは文化内容の伝達のみではなく、学習者自身の価値創造的な側面も重要な要素であることをまず押さえておきたい。

　学校において日々実践される授業について、機能的概念という視点から捉えていくと以下のような二つの視点が含まれていることが思い起こされよう。

《授業のもつ意味概念的な二側面（P.W.Jackson, 1968 年による）》
　A．授業における模倣的様式（mimetic mode）
　　　模倣的様式とは再現（ミメシス）の伝統を概念に、知識や技能の伝達習得を授業様式にしている。近代化に伴う増大した学智（確かな知：エピスメーテ）を効率的に文化伝承（伝達）するための授業概念が、この模倣的様式である。
　B．授業における変容的様式（transformative mode）
　　　変容的様式とは、ソクラテスの問答法（産婆術）を起源にする授業概念である。ソクラテスは単に知識・技能を教えるのではなく、対話を通して学習者自身の偏見や教条（ギリシャ語：doxa）を吟味して知を愛すること（哲学すること：philosophy）を目標とした。知識の再創造という授業概念である。

　学校教育で取り扱う内容というと、絶対的に受け止められることも少なくないが、決してそんな普遍的なものではない。学校の教育課程は、模倣的様式と変容的様式という二つの機能的概念を踏まえながら学習指導要領に基づいて編成され、実践的指導への組織化がなされるのが一般的である。

しかし、学習指導要領自体はその時々の時代性を背景にした社会的要請によって学校に求める学力（培う資質・能力）が異なってくることからその時々の要請に基づいて方針転換してきたことは紛れもない事実である。
　この点については次章でも詳述するが、例えば、学習指導要領の時代的変容区分で第1期と位置付けられる「教育モデル提示期（学習指導要領が試案として示された戦後初期）」では、新たな民主主義国家の担い手としての人材育成を意図し、授業においては子供自身の問題意識や興味・関心に立脚して学習内容を構成していく経験カリキュラムとしての変容的様式が重視された。しかし、日本の社会が落ち着いてきて高度経済成長期に移行すると、それを担うための人材育成が求められるようになってきた。学習指導要領の時代的変容区分第2期の法的拘束力強調期では、当然のことであるが、学問体系で教科を分離する教科カリキュラム主体の模倣的様式が授業形式の主流となっている。
　カリキュラムの基本類型の詳細についても後述するが、ここで大切なのはどちらかのカリキュラムへ極端に偏した教育課程編成とならないよう配慮することである。公教育としての学校教育にあっては、それぞれの教育活動の特質を踏まえながらカリキュラム構成し、バランスの取れた人材育成に努めることが求められるのである。
　なお、各学校での教育課程編成の具体的内容を構成する学習指導要領では、教科毎に示された「目標」と「内容」が「教科教育学」の「教科内容学」に相当する。その各教科の内容はそれを具現化する指導方法を伴って「教科方法学」を構成する。それに対し、小・中学校等における「特別の教科　道徳」＝道徳科や「特別活動」は人格形成に比重が置かれているため、指導すべき内容は一律ではない。道徳科は教科書があって学習評価も伴うので「教科教育」の括りに制度上は位置付けられており、特別活動は目標と内容そのものが人格形成で求められる社会性や道徳性の育成が主であるため「教科外教育」と呼ばれている。さらに、小学校第3学年から高等学校まで設定されている「総合的な学習の時間」は教科外教育に位置付けられているが、本来的には「時間」として位置付けられたものである。よって、学習指導要領では「目標」のみが示され、具体的な学習をするための「目標」や「内容」設定といったことに関する

主体的裁量権は各学校に委ねられている。

このように「教科教育」と「教科外教育（領域教育）」、あるいは時間として設定されている各教育活動の境目が昨今はボーダーレスになってきている。

ただ、それぞれの教育活動が掲げる目標および内容によって模倣的様式としての要素が強いのか、それとも変容的様式としての要素が強いのかと各学校が学習指導要領の趣旨を的確に判断して教育課程編成に反映していく必要があろう。特に「特別の教科　道徳」は、その捉え方で教育活動そのものの意味付けが変わってしまうことを学校内で共有していく必要性があることを留意しておきたい。言うなれば、小・中学校学習指導要領第3章に第2章「各教科」と切り離して述べられている道徳科は教科教育学的要素を踏まえつつ教科外教育＝領域教育（教科以外の有意味な意図的教育活動）の要素も加味した教育活動と説明することができよう。

《各学校における教育課程の構成内容》
　A．教科教育内容・・・各教科（＊高等学校にあっては各教科・科目）
　B．教科外教育内容・・特別活動（中学校等の部活動は教育課程外教育で別）
　　　　　　　　　　　＊これらの教育内容は一般的に「領域」と称される。
　C．時間としての教育内容・・・総合的な学習の時間（＊内容は各学校一任）
　　　　　　　　　　　外国語活動（小学校のみ）
　◇総合的な学習の時間の活動内容に関する例示（学習指導要領より）
　ア．横断的・総合的な課題（例：国際理解、情報、環境、福祉・健康等）
　イ．子供の興味・関心に基づく探求的課題
　ウ．地域や学校の特色に応じた課題などについて、学校の実態に応じた学習

ここまで述べたように、学校の教育課程にはこのような模倣的様式による「文化伝承プロセス」としての教育活動、さらには学習者の自己変容を基底にした変容的様式である「文化創造プロセス」としての教育計画が盛り込まれる。
　A．主に模倣的様式としての「知識・技能・価値の文化内容」
　B．主に変容的様式としての「体験・経験等の活動内容」

これらの双方の活動内容要素が各学校の教育活動に含まれるのである。また、教育課程構成内容として挙げる教科教育、教科外教育ではその教育内容そのものも異なるが、決定的に異なる相違点はその教育活動における目標設定の在り方である。目標設定が異なれば、当然その教材や指導法、学習評価等手続きも変わってくるのは言うまでもない。

②　教育活動の特質を目標設定の相違点と捉える

　各教科等での教育内容は、それぞれの教科の特質に応じて系統的かつ体系的・発展的に配列されることで個としての知識やスキルを形成する。つまり、その教育活動の目標設定は教育内容の定着なのである。それに対して教科教育の例外である「特別の教科　道徳」＝道徳科も含めた教科外教育と呼ばれる教育活動は、その時間での指導成果というよりも学んだことが人間的な成長にどう寄与し、どう個の生き方に収斂させるのかといった長期的展望に立った教育活動である場合が多い。よって、その目標設定も人格的成長を視座した方向的目標設定である。

　このように、その教育活動を方向付けて有意味性をもたせていくための目標設定は教育課程上の位置付けの目的性によって差違が生じてくるのは当然なのである。もちろん、各教科・科目で身に付けた知識・技能をはじめとした思考力・判断力・表現力、さらには関心・意欲・態度といった学習を支える資質・能力が相互連環的に教科外教育で発揮されたり、教科外教育で培った資質・能力が教科教育へ敷衍されたりする関係であることも押さえておかなくてはならない。

　教科教育と教科外教育の目標設定は、毎時間の授業における最終到達点となる学習活動としてのゴールが、内容的目標設定となっているか、活動そのものに意味をもたせた方向的目標設定となっているかが違いとなって表れる。

　教科学習では、その時間に到達すべき目標設定としてのゴールが明瞭である。例えば、小学校第3学年国語科で小単元「漢字の音と訓」を2時間扱いの学習計画で設定したとすると、1/2時間目の授業では「漢字には音読みと訓読みがあることを知り、その特徴を理解することができる」という、その時間で

子供たちに到達させるべき学習内容に関するゴールとしての到達目標が設定されるであろう。

　ところが、教科外教育では上述のような明瞭な目標設定にはならない。例えば、人間としての在り方や生き方そのものについて学習することが課題となる道徳科では同じ小学校第３学年でも、主題名「わかり合える友だち」という授業での設定目標は、「互いに相手のことを理解し合えるよう努め、助け合っていこうとする心情を育む」といった方向的な目標設定となる。つまり、級友と互いの道徳的なものの見方・感じ方・考え方を語り合う過程で自分自身の在り方や生き方についての気付きを促すことそのものが目標となって、そこで目指すゴールはその時間だけで完結するようなものではなく、その学習以降もずっと追求していかなければならない継続的・発展的なものとなる。ならば、その時間の成果が問われないのであれば、目標設定する意味があるのかという疑念も生じようが、それは１単位時間の授業における感情体験的学びを丁寧に積み重ねていくことでしか、ねらいとする道徳的価値（例示したのは「友情・信頼」についてであるが）についての気付きを促せないからである。望ましい集団活動を通じて、集団の一員としての「人間関係形成」、「社会参画」、「自己実現」を目指して自主的、実践的な態度や自己を生かす能力を育成することを目指す「特別活動」においても、その事情は同様である。学ぶべき内容が体系的に網羅された教科書があって、学習内容の定着度をテストや作品等で定量的評価をすることが可能な教科教育と、教科書の中に一律に盛り込むべき具体的な学習内容を明示できず、学習結果をラベリングやランク付けしたりできない教科外教育とでは自ずと目標設定が異なってくるのである。

《教科教育と教科外教育との目標設定の相違点》
　　教科教育・・・内容的目標設定
　　　　　　　各教科を構成する学習内容を体系的・発展的に習得させる
　　　　　　　ために設定する具体到達内容が明示された目標設定である。
　　教科外（領域）教育・・・方向的目標設定（＊道徳科も含む）
　　　　　　　個としての人格的成長を目指す上で求められる望ましい在
　　　　　　　り方や生き方を実現するため、継続性や発展志向性をもった

目標設定となっている。
総合的な学習の時間等・・・複合的目標設定
　　　　　知識・技能・理解、思考力、判断力、表現力、技能、関心・意欲等の資質・能力形成を視野に置いて、それが教科や教科外教育と結び付いたり、学習と日々の生活経験が結び付いたりして、生きた学力としてトータルに機能する「知の総合化」によって個としての学び方や生き方への自覚までも促す広範的学習目標設定となっている。

③　教育課程編成のための前提条件を考える

　各学校の教育課程を構成する内容は、学習指導要領という教育の国家基準に基づいて具体的に編成されることとなるが、そこに示された目標や内容がそのまま各学校の教育課程に具現化されるわけではない。なぜなら、そこには学習者の学びとなる具体性を伴う詳細な内容事項、次の新たな学びを引き出したりする教材や資料といった具体的な「学習材」や学習活動形態まで示されてはいないからである。もちろん、それを日々の授業の中で効果的に活用するための指導法等も含まれていない。よって、授業展開まで見据えた教育活動内容の選択原理が働かなければ、各学校の具体的に機能する教育課程編成は叶わないのである。

　各学校が具体的な教育活動を伴って機能するための教育計画としての教育課程は、対象校種・対象学年に応じて各教科、教科外（領域および時間設定としての総合的な学習の時間、外国語活動、学校裁量時間等）での学習範囲を規定するスコープ、学びの体系性や順序性としてのシークエンス、さらには学習者である子供の発達段階や実態に即した活動欲求を考慮して決定されなければならないのである。

　もちろん、公教育としての学校教育である限り、その編成過程では国や地方教育行政機関が示す教育方針に従うのはもちろんのこと、学校が置かれている地域性や子供の実態、教師や保護者・地域住民の思いや願い等も反映されたものとなるよう配慮しながら編成するのは言うまでもないことである。

このように、法令や文部科学省令、さらには各地方教育委員会等の方針を踏まえ、学習指導要領に基づいて地域性や子供の実態、教師や保護者・地域の要望等を活かしながら編成される各学校の教育課程であるが、そこには一定の基本原理がある。「学校知」とほぼ同義でもある各学校の教育課程の内容は、以下のような一定の原理によって選択・構成される。

《教育内容選択の基本原理》
　A．学問的要請：より上位の学問的活動をする上で必要とされる内容
　　　例：医学を学ぶ前提として教科「生物」を履修していること等。
　B．社会的要請：その時代や将来の社会が次世代の構成員に求める内容
　　　例：国際理解化、情報化、環境保全、少子高齢化、福祉・健康等。
　C．心理的要請：学習者の発達段階や個性の違いにより必要とされる内容
　　　例：子供の興味・関心、学びへの欲求、発達段階との適合性等。
　D．人間的要請：人間の独自性や固有性、他生物との共生を問う内容
　　　例：人間存在に関わる倫理、環境、人権、平和等の内容領域

　教育課程（curriculumという立場をとっても同様）編成における第一歩は、教育目的を具現化するために設定した教育目標に則って、学習者の発達段階等に即して身に付けるべき学習内容を学年別、学期や月別、教科・領域・時間別に構造化していくことにある。つまり、教育課程編成のための内容構成とその順序の確定である。前者はスコープであり、後者はシークエンスである。このスコープとシークエンス、さらには学習材と指導方法とによって構造化されたものが、いわゆる各学校における教育課程である。

　前述したが、スコープとシークエンスが重なり合う部分が学習指導要領で規定された学びの内容、つまり、全国のどの子供も共通して学ぶ共通領域部分である。そして、スコープとシークエンスの重なりから突出している範囲が共通的な学びから発展（個としての興味・関心に基づく先行的な学びや個別的な学習経験、発展的な学習経験）して学ぶ個人領域の部分となる。その点で、共通領域部分となる学校の教育課程をどのように編成するのかという創意工夫によって、子供の個別な学びへと発展する可能性も拡大すると考えられよう。

　つまり、教育課程編成において、その基本要素であるスコープとして何を盛

り込み、シークエンスとして何をどのように体系付け、学習材や指導方法といった見通しをもって考えていった時、学習者への学習転移という視点をもつことが重要であることに思い至るのである。

《学習転移の側面から見た教育課程の二面性》
 A．構造化された知識としての教育課程
  教育課程は、あくまでも構造化された知識と捉えて編成をすればよいとする考え方である。よって、横糸としてのスコープと縦糸としてのシークエンスをいかに有機的かつ機能的に網羅していくのかという視点が重視される。
 B．学びの経験の積み重ねとしてのカリキュラム
  教育課程は、子供の学びの経験の総体であるという立場に立つ。よって、個々の子供たちにどのような学びの経験を積み重ねていくことが必要なのかという視点から、スコープとシークエンスを考慮して教育課程編成をすべきであるというカリキュラム論的な考え方が重視される。

 前者の発想は、学校教育活動の総体である教育内容の計画、教育活動実践のための公的な計画の枠組みとして教育課程編成しようとする側、いわゆる教育を施す教師側の立場を鮮明にした考え方である。後者の考え方は、学習者である子供の連続的に拡大する学習経験の総体としてカリキュラム論的に捉えて教育課程編成する立場である。

 わが国の教育課程編成の実情から言えば、「教育課程論的視点」、つまり学校や教師側の視点から編成されることが一般的傾向となっている。もちろん、小学校生活科や各学校種における総合的な学習の時間等においては、学校の実態や「子供の主体的・対話的な深い学び」を求め、適宜「カリキュラム論的視点」を盛り込むといった混在型の手法による工夫がなされている。

 ④　学校としての教育課程編成の視点とは何か

 各学校における教育課程は、教育内容選択原理に基づいて編成されるが、現実的手続き対応場面においては矛盾が露呈するようなことも少なくない。つま

り、学問的要請としては必須であるが、子供の学習負担への配慮として意図的に教育課程編成段階で除外するといった問題も過去には生じている。

　言わば、国家基準として定められた学習指導要領に基づく教育目標達成と、子供や保護者・地域の要請として求められる受験学力形成に関する公然と語られにくい現実的基準の兼ね合いの矛盾等はダブル・スタンダード（double standard）問題として日常的に生じているのが現実である。

　例えば、大学医学部進学の際に必須であろう高等学校での履修科目「生物」が受験科目から除外されていたり、大学で経済学を学ぼうとする受験生が「数学」を選択しなかったりといった混乱は、かつて幾度も問題点として指摘されてきた経緯がある。

　また、平成18（2006）年に社会問題化した公立高校8％、私立高校20％が該当したとされる必修教科（1994年から世界史を含む2科目が必履修科目となった地理歴史科において世界史を取り扱わなかった事例や、2003年に必履修教科として新設された情報科を取り扱わなかった事例等の裏カリキュラム問題）の未履修偽装疑惑は、大学受験学力保証と学校5日制に伴う授業時間数削減下での学習指導要領遵守の困難さを露呈した事例であろう。学習指導要領に基づくトータルな学力形成と受験学力形成のダブル・スタンダード問題の解消はその時々の学校における教育課程編成における良心に関わる課題でもある。

　これらの諸課題を踏まえた教育課程は、具体的にどのような手続きで編成されるのであろうか。教育課程編成の構成要件も視座しながら検討してみたい。

　一般に教育課程を編成する場合、その前提となるのは学齢主義を前提として編成するのか、それとも課程主義という履修原理等上の立場で進めるのかがまず問われよう。

　わが国の義務教育では、就学猶予または免除（学校教育法第18条により、病弱や発育不完全その他やむを得ない事由に限って、就学困難と認める法的措置）等の事情がなければ、学齢に達すると誰もが小学校へ入学し、6年間経てば卒業となって、そのまま中学校へ進学し、9年間を経て誰もが義務教育を終了することになる。つまり、昨今増加しているいじめや引きこもり、ネグレクト等々様々な事情に起因する14万人以上でさらに増加傾向の不登校児童・生徒

あっても、学齢主義はすべて適用される。従って、極端な場合は中学校に一度も登校することなく義務教育終了といった事態も当然の現実となっている。

このように、就学義務年齢に応じた教育課程編成にする立場を学齢主義と言う。それに対し、高等学校や大学等の中等・高等教育においては、学習者の課程内容の履修状況に応じて原級留置（落第・留年）といった措置がなされる教育課程編成の立場が課程主義と呼ばれるものである。ヨーロッパの義務教育諸学校では課程主義がかつては散見されたが、今日では学齢主義が大半である。

そのような教育課程上の履修原理の前提に立ち、編成上の具体的な構成要件を満たしつつ計画されるのが学校における教育課程である。

《教育課程編成のための要件》

【Ⅰ　基本要件】
　A．学校教育の目的や教育目標
　　　教育理念や校風・校訓、学校教育目標や教育方針。
　B．学校教育計画の構造
　　　スコープとシークエンスとを構成する教育内容や系統性の構造。
　C．前提となる履修原理
　　　学齢主義か課程主義か、必修か選択か。

【Ⅱ　教育条件】
　A．時間配分
　　　年間・月別教育活動の流れ、日課表、各学年・教科別日時数配当等々。
　B．学習集団編制
　　　編制規模、固定的集団か目的別集団か、同質集団か異質集団か等々。
　C．教員配置
　　　学級担任制か教科担任制、TT指導（team teaching：複数の教師が協力して指導する授業方法）、少人数指導（学ぶ側の学習状況に配慮するための少人数によるきめ細やかな授業形式）等々。
　D．施設・設備・教材・教具
　　　学校の各種教育施設や特別教室・普通教室の配置やスペースの確保状況、教材や教具・教育機器等の種類や数量等々。

【Ⅲ　環境条件】
　A．学習者の実態
　　そこに在学する児童・生徒の学力やモチベーション、ニーズ等々。
　B．保護者・地域社会
　　学校への期待、支援体制、地域文化等々。
　C．学校の環境
　　地域の文化的・社会的な特色、伝統、各種教育資源の有無等々。
　D．地域諸学校との連携
　　学校評価の視点も含めた就学前教育機関、下学校、上学校、特別支援学校、近隣学校等との連携状況等々。

　以上のような教育課程編成要件を踏まえ、実際に各学校の独自で個性溢れる教育計画として立案していくのは、やはり日々子供たちを前にしている教師である。よって、その編制主体となるのは学校教育法第37条第4項「校長は、校務をつかさどり、所属職員を監督する」と規定されている学校の長、校長を責任者とはするが、全教員の責任においてなされるべきものである。
　学校は言うまでもなく組織体であるから、そこには校長、副校長や教頭、教務主任、学年主任、教科主任等のラインが存在する。その組織体としてのラインに基づいて全教員が共通理解し合い、協力し合って編成するところに単なるお飾りではない、実践的に運用され、改善しつつ日々機能する教育課程が創出されるのである。
　このような、実践的に改善されつつ活用される「生きて働く教育課程」として機能させていくためには、以下のような教育課程運用上の配慮事項が求められよう。

《教育課程運用における配慮事項》
　A．レリバンス（relevance：教育内容の適切性）の確認
　　変化の激しい社会にあっては、その時々の教育内容の適切性が常に問われる。教育内容は社会や子供のニーズ、さらには現実社会の課題にマッチしなければならないからである。このレリバンスという用語には、現実の

社会的課題としての「社会的レリバンス」と、個々の子供にとって意味のある学びとしての「個人的レリバンス」との二つの意味が含意されている。
・社会的レリバンス：学習指導要領として反映された公教育の内容としての妥当性、適切性を意味する。
・個人的レリバンス：個人的な学習ニーズに基づく学び内容で個別レベルにおいては適切性や妥当性が伴う。

B．タイム・オン・タスク（time on task：指導計画の弾力的運用）活用

　　決められた時間割や単位時間の枠に従ってただ授業構成するのではなく、指導課題や内容、子供の学びの文脈に即して弾力的に指導計画を運用するフレキシブル・スケジューリング（flexible scheduling）によって教育課程を進めようとするのが、タイム・オン・タスクの発想である。

C．教育的タクト（tact／(独) takt：教師の応答力）重視

　　ドイツの教育学者ヘルバルト（J.F.Herbart, 1776～1841年）は、教師の「教育的タクト」を人間関係の知恵、教育者の求められる指導技術で最も重要な「教育術中の最高の宝石」と称した。

　同じ学年、同じ指導計画、同じ指導教材であっても、全く同一の授業には決してならない。なぜなら、そこには教師の子供に対する応答力、組織力、指導技量の違いが授業に影響を及ぼすからである。教師が子供と呼応し合い、調和的かつ適切に教育活動を展開するための教師力の主要素である教育的タクトの向上は不可欠であると同時に、教育課程実施において留意すべき重要な事柄でもある。教師力としての教育的タクトが十分に発揮されるような活動の場が実現できる教育課程編成こそが肝要なのである。

・(3) 教育課程をカリキュラム・デザインするという考え方

　① カリキュラム・デザイナーとしての教師

　学校教育の教育課程が意味するのは単なる形式的な教育計画ではなく、これ

からの新しい時代を生きる子供たちに必要とされる資質・能力を培うための「学びの総体」、つまり「学校知」であることが見えてくるであろう。

現代の学校教育に求められているのは、その学校らしさとしての独自性、その学校ならではの特色ある教育が求められている。そのような活気と自信に満ち溢れた教育活動を具現化するのが、各学校における公的な教育枠組みとしての教育課程であり、個々の子供の学びを組織化していく明文化された公的教育カリキュラム（official curriculum）である。言い換えると、顕在的カリキュラムである。

その顕在的カリキュラムは、各学校が置かれた教育環境（地域性、子供や保護者の教育への関心度、教師集団の専門性や士気等々）と緊密に関連し合って独自の学校文化を醸成する。このような公的カリキュラムに影響を及ぼす教育環境は明文化されていない見えないカリキュラム（裏カリキュラム）、つまり潜在的カリキュラム（hidden curriculum）と呼ばれる。これらも肯定的に受け入れ、教育活動に相乗効果をもたらすようなカリキュラム編成を担う主役は誰かと問われれば、それは他ならぬ各学校の教師そのものである。教師一人一人が時代や地域のニーズ、子供の思いや願いを受け止めつつ、眼前で展開する教育活動をデザインするところに教育課程編成やカリキュラム開発の神髄があるのである。教師はその意味で、今日の学校が求められる特色ある学校作り、地域や子供たちの願いを具現化するカリキュラム作りを進めていくためのカリキュラム・デザイナーであると考えられよう。

もちろん、カリキュラム・デザイナーといってもそれは決して難しい役割ではなく、その学校としての教育力をどの方向に向けていくのかという極めてベーシックな課題への真摯な対応ができればよいのである。

カリキュラム・デザインの要素は、A.「学びの構成」、B.「学びの内容」、C.「学びの手立て」である。この基本要素としての3本の軸が交差し合い、調和的に統合し合いながら学びを組み立てるようにしていくところに、日々子供と対峙し、子供一人一人の学びのニーズを理解している教師ならではのカリキュラム・デザイナーたる本領が発揮されるのである。その点では、日々の多忙感からつい研究実践先進校や教科書会社等が作成した教育計画のデッドコ

ピーをしたくなる気持ちを堪え、目の前の子供や保護者・地域の思いや願い、そして専門職としての教師の誇りと自信が結晶したオリジナル・カリキュラムを編成していくところに学校知の創造が可能となるのである。

《カリキュラム・デザインの３要素》
　A．学びの構成・・各教科・領域の目的に照らした目標設定、時間配分等。
　B．学びの内容・・どのような資質・能力形成を目指して何を学ばせるか。
　C．学びの手立て・学びを成立させるための教材、指導過程、指導法等。

　② 工学的アプローチと羅生門的アプローチという考え方

　カリキュラムが単なるプランニング（計画立案）ではなく、デザイン（具体的な設計図案）だと称される背景には、どのような意味が内包されているのであろうか。

　後章とも関わるが、カリキュラムがA.「目的から目標へ」→B.「目標に即した教育的経験の選択」→C.「選択された経験の組織化」→D.「学習成果の測定・評価」という定式化されたものであるという「工学的接近（technological approach）」の立場に立つ教育評価研究家タイラー（R.W Tyler, 1949年）の古典的カリキュラム計画モデルは「タイラーの原理」と称され、プランニングといった発想を前提としている。よって、学習者の習得度合いがチェックできる行動目標として予め設定されるので、学習過程が明確に系統化でき、構造化できるので、一定の知識や技能を習得するのには適したアプローチである。原理的には、一般的目標を具体的な知識・技能の習得という特殊目標まで明示し、より明確な行動目標設定さえできていれば、その学習過程で重視されるのは、教師よりも教材内容と教材配列であるとすることができる。

　それに対し、デザイナーである教師がカリキュラムを作成する際にA.「生活の中の学校という視点からカリキュラムそのものに目的としての価値をもたせる」→B.「具体的で豊富なデータを収集してカリキュラムを構成していく」→C.「学習構造と学習形式と学習内容が構成される際に教師の創造性が発揮される」、といった教育カリキュラム研究者ラック（H.O.Rugg, 1939年）の美学的・哲学的アプローチ、別称「羅生門的接近（rashomon approach）」と呼ばれ

る立場に立つカリキュラムモデルの発想である。

　このラックの美学的・哲学的接近カリキュラムモデルがわが国で羅生門的アプローチと称されるのは、昭和49（1974）年に東京で当時の文部省が経済協力開発機構（OECD）の教育研究革新センター（CERI）と共同開催した「カリキュラム開発に関する国際セミナー」第2分科会でアメリカの教育心理学者アトキン（J.M.Atkin, 1974年）が従来の工学的アプローチとは異なるもう一つの方法、オルタナティブ（alternative）なカリキュラム構成方法として提唱した形容句に由来する。

　『羅生門』とは、芥川龍之介の小説『藪の中』（1921年）を映画化し、昭和26（1951）年にヴェネツィア国際映画祭で金獅子賞を獲得して世界にその名を馳せた黒澤明監督の作品名である。映画では、目撃者の誰もいない山中で発生した殺人事件を巡った裁判で、被害者の侍と妻、加害者の山賊、それぞれの証言が全く食い違うというミステリアスな展開とその顛末を描いている。つまり、物事の捉え方は人それぞれで正解は一つではないという隠喩（metaphor）である。これをカリキュラムモデルとして援用すると、個々の学習者の学習目的やその目標は常に高次なものへと移行していくので、教師はそれぞれの個に応じた学習過程を柔軟かつ複線的、多様に展開できるよう配慮していくべきであるという考え方が生まれてくる。工学的アプローチではどの学習者も同一のレベルの知識や技能の獲得を目指すが、羅生門的アプローチでは学習者一人一人が学習成果として自ら創り出すもの、表現するものは多様で全く違うことを前提に教育内容や教材はそのきっかけになればよいといったスタンスである。これらのアプローチの違いは、教科の性格によって生ずるということではなく、具体的な授業をイメージしたカリキュラム構想をする際に不可欠な視点である。

　工学的アプローチと羅生門的アプローチとを対比的に捉えるなら、前者は特殊化された行動目標に対してどのレベルまで迫れたかという数量的評価の視点に立つものであり、後者は一つの事象を異なる視点から記述し合って全体論として意味付ける質的評価の視点を前提とするものとなっている。この相違を佐藤学（1999年）は、「『カリキュラム』から『教師』へと中心軸を移行した過程

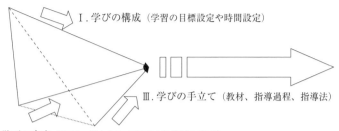

図1-8 カリキュラム・デザインのイメージ

Ⅰ.学びの構成（学習の目標設定や時間設定）
Ⅲ.学びの手立て（教材、指導過程、指導法）
Ⅱ.学びの内容（資質・能力として育成する学びの内容）

におけるカリキュラムの概念と教師の役割の変化」[7]と意味付けている。このような教育界におけるパラダイム・シフトの背景には、何をどれだけたくさん学ぶことができたかという従来からの数量的な生産性と効率性を最優先してきたトップダウン方式によるカリキュラム開発の視点から、個々の学習者が必要とするものをどのような個別の学びの経験として積み重ねてきたかという教育問題の構造と質を求める社会的ニーズが反映されていると佐藤は説明している。ただ、教育カリキュラム編成の視点が各教科における「プログラム開発」から、子供の「学びの経験」という教室での教師の「教育実践」へと中心軸を移しても、そこには交互作用が伴うので、適切な組み合わせを考えていくことが現実的である。このような融合的視点に立つカリキュラムを安彦忠彦（2002年）は「ハイブリッド・モデル」と説明している。

　安彦は、「『工学的方法』は『技能』の習得などを目的とする場合によいのに対して、『羅生門的方法』は『創造的思考力』の育成を目的とする場合によい。したがって、同じ国語科のカリキュラムの中でも、工学的アプローチを取った方がよい部分と、羅生門的アプローチを取った方がよい部分とがあると考えるべきである」[8]と各学校における日々の教室で展開される具体的な授業レベルでの教育カリキュラム編成の在り方を論じている。言わば、教室の子どもたちに最良の学びを提供するためにはどのような教育カリキュラムが望ましいのか、学校の教育活動全体で子どもたちに培う学校知としての最良の教育課程編成はどうあればよいのかということの問題に尽きるのである。

　この相反するカリキュラムの考え方は、もしかすると水と油のような融合し

図1-9　工学的アプローチと羅生門的アプローチの対比

工学的接近	羅生門的接近
（一般的手続き） 一般的目標 ↓ 特殊目標 ↓ 「行動目標」 ↓ 教　材 ↓ 教授・学習過程 ↓ 行動的目標に照らした評価	（一般的手続き） 一般的目標 ↓ 創造的教授・学習活動 ↓ ↓ 記　述 ↓ 一般的目標に照らした判断評価
（評価と研究） 目標に準拠した評価　↓ 　　↓　一般的な評価枠組み 心理測定的テスト　↓ 　　　　　　標本抽出法	（評価と研究） 目標にとらわれない評価　↓ 　　↓　　さまざまな視点 常識的記述　↓ 　　　　　　事例法
（目標、教材、教授・学習過程） 目標：「行動的目標を」 　　　（特殊的であれ） 教材：教材のプールからサンプルし、 　　　計画的に配置せよ。 教授学習過程：既定のコースを辿る。 強調点：教材の精選。配置	（目標、教材、教授・学習過程） 目標：「非行動的目標を」 　　　（一般的であれ） 教材：教授学習過程の中で教材の価値 　　　を発見せよ。 教授学習過程：即興を重視する。 強調点：教員養成

出典：文部省大臣官房調査統計課『カリキュラム開発の課題〜カリキュラム開発に関する国際セミナー報告書』1975年の本文中 p. 50「第1表」、p. 52「第2表」、p. 54「第3表」。

にくい二項対立的な立場に立つのではないかとする捉え方もあろう。この点については、今日の学習指導要領に移行する契機となった中央教育審議会答申「幼稚園、小学校、中学校、高等学校及び特別支援学校の学習指導要領等の改善について」（平成20（2008）年1月17日）の中で、「教育については、『ゆとり』VS『詰め込み』といった二項対立で議論がなされやすい。しかし、変化の激しい時代を担う子どもたちには、この二項対立を乗り越え、敢えて、基礎

的・基本的な知識・技能の習得とこれらを活用する思考力・判断力・表現力等をいわば車の両輪として相互に関連させながら伸ばしていくことが求められている。このことは『知識基盤社会』の時代にあってますます重要になっている」[9]と述べた提言内容からも頷けることであり、今後の学校教育が克服すべき多年にわたる課題ともなっている。

③ 教師の創意工夫で描く各学校カリキュラム・デザイン

今日の学校では、ただ単に学習指導要領に則って教育活動を展開するだけでは保護者や地域社会のニーズに対応できなくなってきている。急激な社会変化が予想されるこれからの知識基盤社会においては、教育活動の多様さや柔軟さが子供の「生きる力」の形成において重要なポイントとなってくる。その学校らしさ、その学校の特色が見える教育のみならず、時代のニーズに呼応した教育活動がますます求められるのである。そして、それは学校評価という具体的な手続きによって取り組まれ、日々改善に向けた見取りが行われることとなっている。

従前の学校では、そこでの取組みに対する評価や、それに基づく保護者や地域社会への説明をしていくといった「開かれた学校」の発想はあまりなかった。むしろ、学校だけは特別といった治外法権的な閉鎖性が支配的であった。しかし、平成18（2006）年3月にそれぞれの自治体や学校が参考にできることを目的に「学校評価ガイドライン」が策定されるに至り、学校の取組みを広く説明し、地域の教育力も活用しながら教育活動活性化を推進しようとする説明責任の発想は日常的なものとなった。学校が活用できる保護者や地域社会のリソース（resource：資源）を明らかにし、「共育・共創」を実現していくという発想による特色ある教育課程編成が求められているのである。

つまり、学校はその日常的営みの何を改善することで最良の教育成果を挙げることができるのか、そのためには保護者や地域からのどのような支援を必要としているのかを継続的に説明し、それぞれがもつ教育力を調和的に統合して学校の教育カリキュラム編成力を高めていくという発想が何よりも大切なのである。そのためには、各学校は学校評価結果によってその実相を明らかにして

いくことがまず第一歩となる。それを明らかにしないままに教育課程編成を進めたり、内容精査を伴わないで各教科等のカリキュラム改善を進めたりしても、それは具体的な実践的背景の伴わない画餅となって徒労に終わってしまうことに留意すべきである。

■第1章引用文献
(1) 貝原益軒　『養生訓・和俗童子訓』　石川謙校訂　1961年　岩波文庫　p.207
(2) 村井実　『教育思想〜発生とその展開〜』　1993年　東洋館出版社　p.12
(3) 佐藤学　『「学び」から逃走する子どもたち』　岩波ブックレット　No.524　2000年　岩波書店　pp.9〜14
(4) 文部科学省　小・中学校　『学習指導要領解説』　総則編　第2章「教育課程の基準」第1節「教育課程の意義」　L4〜6
(5) I.カント　『教育学講義他』　勝田守一・伊勢田耀子訳　1971年　明治図書　pp.12〜15
(6) 佐藤学　「カリキュラム研究と教師研究」　安彦忠彦編『新版カリキュラム研究入門』　1999年　勁草書房　p.159
(7) 安彦忠彦　『改訂版　教育課程編成論』　2002年　日本放送出版協会　p.127
(8) 中央教育審議会答申　「幼稚園、小学校、中学校、高等学校及び特別支援学校の学習指導要領等の改善について」4「課題の背景・原因」　2008年

■第1章参考文献
(1) 村井実　『教育思想〜近代からの歩み〜』　1993年　東洋館出版社
(2) 佐藤学　『改訂版　教育の方法』　1999年　日本放送出版協会
(3) 柴田義松編　『教育課程論』　2001年　学文社
(4) 樋口直宏他編　『実践に活かす教育課程論・教育方法論』　2002年　学事出版
(5) 佐藤学　『教育方法学』　1996年　岩波書店
(6) 大津尚志他編　『教育課程論のフロンティア』　2010年　晃洋書房
(7) 加藤幸次編　『教育課程編成論』　2010年　玉川大学出版部
(8) 田中博之　『カリキュラム編成論』　2003年　教育出版
(9) 宮﨑安治他　『講義　教育原論』　2011年　成文堂
(10) 安彦忠彦編　『最新教育原理』　2010年　勁草書房
(11) 田沼茂紀　『豊かな学びを育む教育課程の理論と方法』　2012年　北樹出版

第2章
学校教育の理念と教育課程の基礎理論

1．これからの学校教育が目指す「生きる力」とは何か
（1）知識基盤社会における学校神話の揺らぎ

　昨今の学校教育を取り巻く環境は、一昔前に語られた牧歌的な様相は微塵もない。慈愛に満ち溢れた教師の回りで屈託のない笑みを浮かべながら遊ぶ子供たち、学校を信頼し、教師にわが子の将来を何の疑いもなく託す保護者、そこでの共通項としての「国の未来を託す子供を社会一体で育てる」といった共同幻想的な視点から学校教育の現状に目を向ければ、そこにはいじめや不登校、校内暴力等々の問題行動のみならず、様々な学校病理現象が顕在化している。
　それは、古くから健全な人格形成の基となる知育、徳育、体育というトライアングルを均衡に施して育み育てる学校、家庭や地域が連携して実社会に巣立つまでの小社会として子供たちを保護し、健全育成するという社会的機能としての学校神話が揺らぎ、歪な様相を呈していることの証左でもあろう。
　オーストリアの哲学者・文明批評家であったイヴァン・イリッチ（I. Illich）は、著書『脱学校の社会』（1971年）の中で「制度としての学校化（schooled）の弊害」を指摘した。イリッチは、学校が社会制度として定着してくると人々は学ぶこととその学校に籍を置いて卒業することを混同するようになると説明する。そして、そのうちに何を学んだかではなく、どんな学校に通い、どこの学校を卒業したかということのみに関心が寄せられる「価値の制度化」[1]という本来的な意味のすり替えが行われるようになると問題点を炙り出して当時の社会に衝撃を与えた。
　また、「学ぶ」ことに対する意味喪失を問題にして学歴信仰社会に警鐘を鳴らした研究者もいる。前出の佐藤学（2000年）は、『「学び」から逃走する子どもたち』という衝撃的なタイトルの著作で今日の学校教育の実情を分析し、問

題提起した。これはイリッチが指摘するような学校神話に基づく学歴信仰社会、学歴至上主義が顕在化するとそこで学ぶ子供たちの学習意欲の二極化が出現し、システムの中でレールに乗るために意欲的に学ぶ層が存在する一方で、そのシステムから振り落とされてドロップアウトしてしまう学習意欲喪失層が必然的に顕れる。そして、社会の進展と共に学習意欲維持層よりも学習意欲喪失層の拡大が学校社会の中で確実に進行することへの警鐘である。新たな知識・情報・技術が社会のあらゆる領域での活動の基盤として飛躍的に重要性を増す知識基盤社会に学ぶ子供は直感的にそれを受け止め、自らの将来像を悟ってしまう。「何を学んでも無駄」「何を学んでも人生や社会はかわらない」「学びの意味が分からない」といった子供たちの「学ぶことに対するニヒリズム（虚無主義）とシニシズム（冷淡主義）」[2]が生まれると佐藤は指摘する。これからを学校教育はどう克服すればよいのか、喫緊かつ重大な危機に晒されていることは確かである。

（2）知識基盤社会における新たな学力観とは何か

わが国の現代社会は「知識基盤社会」という言葉に象徴されるように、グローバル化、情報化、少子化、高齢化等々、大きな社会構造の転換期にさしかかっている。そして、その時代変化のスピードもこれまで以上に加速化し、これからの社会では政治・経済・文化等のあらゆる分野において時代を生き抜き、未来を逞しく拓いていける資質・能力としての「生きる力」を身に付けた子供たちの育成が学校教育の大きな課題となっている。

少し前のことであるが、2人の研究者が現代を生きる子供たちの予測未来社会を描いてみせて世界中の大きな話題となった。

○ 2011年度にアメリカの小学校に入学した子供たちの65％は、大学卒業時に今は存在していない職業に就くだろう。

　　　＊ニューヨーク州立大学教授：キャシー・デビッドソン（C. Davidson）2011年

○今後10〜20年程度で、アメリカの総雇用者の約47％の仕事が自動化されるリスクが高い。

　　　＊オックスフォード大学准教授：マイケル・A・オズボーン（M.A. Osborne）2013年

この2人の研究者が描く未来社会は、いずれ現実のものになるであろうという予感は多くの人々の思いとして一致するところではないだろうか。AI（Artificial Intelligence：人工知能）の飛躍的進化、少子高齢化による成熟社会構造や雇用環境の激しい変化の中で、これからの時代を生き抜く子供たちは様々な変化に積極的に向き合い、他者と協働して課題解決し、様々な知識や情報を共有・再構成しながら生き抜いていかなければならない。既に学校教育現場では高度情報化社会への対応としてICT教育やプログラミング教育といったこと、グローバルな現代への対応として小学校高学年での外国語科や中学年での外国語活動等が日常的に行われている等からも頷けることである。

　そんな未来社会を予測する時、どんな社会状況下にあっても豊かに自らの人生を拓き、逞しく生きていけるような資質・能力を有した人材育成の必然性は疑う余地のないところである。それらの資質・能力の育成こそ、これからの学校教育の大きな課題となっていることは言を俟たない。つまり、これからの未来社会では逞しく生き抜く「生きる力」を有する人材の資質・能力の質が問われるのであり、これからの学校教育ではそのような背景を踏まえながら未来社会を豊かに拓く資質・能力形成を目指す「社会に拓かれた教育課程」によって個々の人生の「学びの地図」として生きて働く学力として機能する「生きて働く力」の育成が重要課題となってくるのである。

　特にわが国のように天然資源に恵まれず、少子化や高齢化の進展が著しい国においては高い知識集約型の社会構造へ転換し、国際的な競争力を維持していくことが必須要件となってこよう。その時に従来型の知識獲得に偏した「既存知の継承」だけでは限界がある。これからの学校教育では「未来知の創造」ができる高い資質・能力を有した人材、つまり未来を拓く力としての「生きる力」を身に付けた人材が求められるようになってくるのである。そのような時に学校教育で大きな役割を果たすのが、集団や社会の形成者としての見方・考え方を働かせて深い学びを探求することができる資質・能力である。つまり、これまでの知識獲得重視型の学力観から「知・徳・体」の調和的なバランスの中で①「知識及び技能の習得」、②「思考力や判断力、表現力等の育成」、③「学びに向かう力や人間性の涵養」といった生きる力を構成する資質・能力形

成を目指す学力観へ転換していくことが重要なのである。

　繰り返しになるが、学校は本来的に子供のために存在する場所である。ゆえに、学校教育の主人公は言うまでもなく子供であり、その主人公であるはずの子供自身がその小社会の中で生きにくさを感じたり、自らの学ぶ権利を放棄したりすることが日常的に生徒指導の課題となること自体、極めて深刻なことなのである。

　義務教育学校等では平成29（2017）年3月に、高等学校では平成30（2018）年3月に新しい時代に向けた「社会に拓かれた教育課程」を標榜する学習指導要領が告示された。そこに至る中央教育審議会での議論は、情報化やグローバル化といった社会的変化が急速に進む中での既存の枠組みの問い直しであった。学習指導要領は言うまでもなく教育の国家基準としてその時々の不易と流行を踏まえつつ改訂されるものである。今般の改訂とて、「人はなぜ学ぶのか」「知識とは何か」「学校が果たす社会的役割とは何か」といった根本的問題意識の下に、教育理論と実践との往還、教育内容とその方法、学校と家庭・地域社会との連携、未来志向的な学力形成といった多方面の議論を累積して実現したものである。これらの背景を踏まえつつ、学校教育が最終目標とする子供の「生きる力」をどのように育めばよいのかと根本的な議論から教育の在り方を考え、教育課程を構想することが何よりも大切なことであるに違いない。

　これからの学校教育では、子供たちがそれぞれにかけがえのない存在として尊重される中で様々な教育活動に主体的に取り組み、必然性の伴う対話的な活動を通して学びを深め、互いのよさや可能性を発揮しながら課題解決することを通して集団や社会の形成者としての資質・能力をしっかりと身に付けていくことが重要となってくる。なぜなら、変化の激しいこれからの社会においては「主体的・対話的で深い学び」を通して身に付ける課題解決力や実践力が不可欠であるからである。そしてそれは、社会に働きかけて社会を切り拓いていく個性開花のための「人間力」形成が重要なポイントでもある。

（3）生きる力としての資質・能力をどう理解して育むか

　平成29（2017）年3月、これからの新しい時代に生きる子供たちに必要とさ

れる資質・能力を育成することを目指す小学校・中学校等学習指導要領が全面改訂された。そこでのキーワードは言うまでもなく、「生きる力」育成である。

その第1章「総則」では、これからの学校教育で目指すべき目標や内容、その具現化に向けての進め方等が記されている。

そこには、「主体的・対話的で深い学び」の実現に向けた授業改善を通して、特色ある教育課程を展開する中で児童・生徒に「生きる力」を育むものであることが明記されている。そのために各学校は教育活動を展開する際には「学びの力（知）」、「豊かな心（徳）」、「体育・健康（体）」という三つの事項の実現を図り、豊かな創造性を備え、持続可能な社会の創り手となり得る児童・生徒に生きる力を育むことが求められている。

図2-1は、これからの学校教育でそんな子供たちに育むことを目指す資質・能力を表したものである。

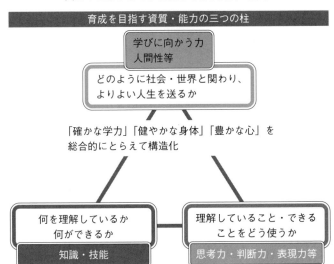

図2-1 これからの学校教育で育む資質・能力

（平成28年12月21日　中央教育審議会答申「補足資料」より引用）

第2章　学校教育の理念と教育課程の基礎理論

《「生きる力」として育むべき三つの資質・能力》
　①　何を理解しているか、何ができるか
　　　〇生きて働く知識や技能（物事を遂行する際に求められる skill）
　②　理解していること・できることをどう使うか
　　　〇思考力や判断力、表現力を発揮しながらの創造的な学びの力
　③　学びに向かう力、人間性等
　　　〇どのように社会・世界と関わり、よりよい人生を送るかという態度

　ここで問われることは、子供たちが「なぜ学ぶのか」という素朴な問いである。解は見えている。「心豊かによりよく生きるため」に子供は学ぶのである。
　では、幼稚園も含めた小学校・中学校・高等学校等での教育活動では、それをどう具現化すればよいのであろうか。
　つまりそれは、「どう社会・世界に関わり、よりよい人生を送るか」というすべての人間にとっての一生涯にわたる課題追求をすることでもある。

2．わが国の学校教育における学力観の系譜と現在
（1）学習指導要領改訂に見る学力観の変遷

①　「コア・カリキュラム」重視による学習指導要領試案（1947 年～）

　わが国の戦後教育改革は、昭和 22（1947）年 4 月に発足した「6・3・3・4 制」の新学校制度の発足によってスタートした。アメリカ教育学の潮流をベースにした学校の教育課程は、同年 5 月に制定された学校教育法施行規則に「学習指導要領の基準による」と定められたことから、それに先だって公表された「学習指導要領一般編（試案）」を拠り処としたものであった。
　そんな新民主主義教育のシンボルとしてもてはやされたのが、1930 年代を席巻したアメリカ教育学思想を中心とした「コア・カリキュラム（core curriculum）」運動であった。
　コア・カリキュラムとは、子供の日常的な生活の中から生ずる問題をコア（中核）にして問題解決を目的とした単元を中心課程として設定し、それを支

える基礎的な知識・技能、そこから派生する学びを位置付けて学習経験の拡大を意図して構成する教育課程のことである。この中心課程と周辺課程という構造で構成される学習計画は子供の学びの経験の拡大という部分に視点を置いている点から生活経験主義的カリキュラム構成論という立場をとって展開された。しかし、子供一人一人の学習課題に応じた学習計画策定に対応する教師の指導力や指導体制の未整備な状況下では本来的な生活経験主義に基づく学習観は十分に機能できず、「這い回る経験主義」とか「活動あって学びなし」といった厳しい批判に晒されることとなった。しかし、戦後教育改革のエポックメイキングとなり得たことだけは事実である。

② 「系統学習」に視点を置いた学習指導要領（1958年～）

学習指導要領が文部省より告示され、法的な拘束力をもつようになった。そこでの学力観はコア・カリキュラムの反省に立ち、わが国の近代教育制度成立当時より重視されてきた各教科等の学問体系に基づく系統学習の重視であった。各教科等のバックボーンとなっている学問体系に即して段階的に内容を配列して順序立てて指導するという知識や技能の段階的蓄積を図るという伝統的な学習観である。この大きな学力観の転換によって、それ以降は事ある毎に「子供の生活や学習経験に根ざした経験主義か、学問体系に基づく積み上げ型の系統主義か」という二項対立的な議論が繰り返しなされることとなった。

③ 「教育の現代化」を意図した学習指導要領（1968年～）

米国・ソビエト連邦を中心とした世界を二分する冷戦構造の中で科学技術の発達や経済成長の拡大に伴う社会構造の変化を背景に、そのような時代の社会体制に求められる人材の育成が急務となった。そんな中で告示された学習指導要領は、学習内容の増大とこれまで最大の授業時数といった形で実現された。

当時はベビーブームの影響で受験競争が社会問題化し、志望校に入学するためには寝る間も惜しんで勉強して4時間の睡眠なら合格するが、5時間も眠っているようでは到底合格できないといった受験業界用語「四当五落」がもてはやされた時代であった。この時代に重厚長大な学習指導要領による「教育の現

代化」が進められたことにより、受験競争のより一層の激化や生徒指導上の問題行動頻発といった「詰め込み主義」の弊害が社会問題化することとなった。

④　「ゆとりと充実」の実現を目指した学習指導要領（1977年～）

「教育の現代化」という名の下、過度な学習内容の質と量を子供たちに強いたことで、様々な教育問題が噴出する事態となったことを受け、新たな教育政策として打ち出されたのが、ゆとりある中で充実した学校生活を実現しようとすることを目指した「ゆとりと充実」をキーワードにした学習指導要領である。

この転換によって学習内容を主要な中核事項のみに精選し、授業時数も削減し、地域や学校および子供たちの実態に即して創意工夫ができるような「ゆとりの時間」が教育課程に位置付けられるようになった。

このような学力観の転換が時の首相の諮問機関として設けられた臨時教育審議会（1984～1988年）の審議答申を受け、「新学力観」という方針を打ち出した次期学習指導要領改訂へと発展することとなった。ただ、後の国民的論争となった学力低下批判では、この「ゆとり教育」が元凶と見なされる悲劇を生むこととなった。

⑤　「新学力観」への転換を図った学習指導要領（1989年～）

ゆとりと充実による学校教育の健全化を背景に打ち出されたのが、「新学力観」による学習指導要領である。ただ、当初は「自己教育力の育成」がキャッチフレーズであったが、小学校生活科が創設されるに及んで教育界に広まったのは、新しい学校教育観としての「新学力観」なる用語である。

この新学力観のコアとなったのは、「自ら学ぶ意欲や思考力、判断力、表現力などの資質や能力を重視する」という学習者の主体性である。それに応じて、指導要録における学習評価観点がA.「関心・意欲・態度」、B.「思考・判断」、C.「技能・表現」、D.「知識・理解」の順番となり、結果的に学校現場レベルでは従前の知識・理解が軽視されて、これまでになく関心・意欲・態度が重視されるといった混乱をもたらすこととなった。また、そのような混乱の中

で「関心・意欲・態度」をどう評価するのかといった学習評価上の課題も浮上し、学校現場レベルでの切実な苦悩も無視できないものであった。

⑥　「生きる力」を育む学習指導要領（1998年～）

　今日の学校教育でも最終的に目指すものは、言うまでもなく「生きる力」である。知育としての「確かな学力」、徳育としての「豊かな心」、体育としての「健やかな体」が生きる力を構成する主要な構成要素である。この「生きる力」という概念が示されたのが、平成10（1998）年の学習指導要領改訂である。

　その背景には相次ぐいじめ自殺問題や、生徒指導上の逸脱行動等の増加、さらには阪神・淡路大震災といった社会状況、さらには様々な試行を経て実施された学校週5日制といった諸事情もあって、中央教育審議会答申でキャッチフレーズとされたのが「子供たちに『生きる力』と『ゆとり』を」であった。しかし、学力低下論批判を回避するために強調されたのは「生きる力」の部分のみであった。そのような学力観の中で誕生したのが、「自ら課題を見付け、自ら学び、自ら考え、主体的に判断し、よりよく問題を解決する資質や能力を育てる」(3)ことを学習目的として小学校中学年から高等学校までで実施された「総合的な学習の時間」である。「なすことによって学ぶ」という経験主義教育の再来に学校現場は指導目標と内容、教材や指導方法を前提とした指導計画、指導評価等を巡って全国の学校は大きな混乱に陥る事態となった。

　また、学習内容の精選による稀に見る薄い教科書と授業時数の思い切った削減は「分数ができない大学生」に象徴される低学力批判を増長させ、世論に屈した文部科学省は平成15（2003）年12月に学習指導要領一部改正を実施し、「脱ゆとり教育」への軌道修正を余儀なくされた。

⑦　「確かな学力」へと舵を切った学習指導要領（2008年～）

　「ゆとり教育批判」への対応として示されたのが、「確かな学力」を全面的にアピールしたこの学習指導要領である。そこで強調された「確かな学力」が全国各地の学力向上運動とリンクし、「知育重視の風潮」は今日に至っている。もちろん、平成19（2007）年6月の学校教育法改正で示されている学力の3要

図2-2 生きる力の構造

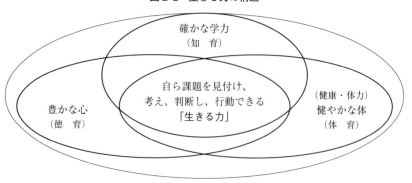

図2-3 「生きる力」と「確かな学力」の概念構造

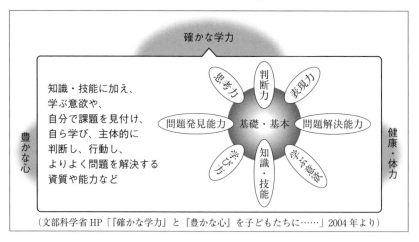

素（「確かな学力」、「豊かな心」、「健やかな体」）に基づく「生きる力」とセットで「確かな学力」は現在に引き継がれている。

　この平成20（2008）年の改訂で、中央教育審議会答申に至る過程で特に議論されたのは、「これまでの『ゆとり』か『詰め込み』か、といった二項対立」を乗り越え、基礎・基本となる知識・技能の習得と、それらを活用する思考力・判断力・表現力等を車の両輪のようにバランスよく活用することで子供の

主体的な学びとしての「探究」へと発展させようとしたことである。
　より具体的に述べれば、各教科では基礎的・基本的な知識・技能を「習得」するとともに、調査・観察・実験等を通してその結果をもとにレポートを作成する、文章や資料を読んだ上で知識や経験に照らして自分の考えをまとめて論述する等々といったそれぞれの教科学習で身に付けた知識・技能を「活用」する学習活動を行う。それを総合的な学習の時間等における教科等横断的・総合的な学習の場を通して問題解決的な学習といった「探究」活動へと発展させるという「習得⇒活用⇒探究」という学びのプロセスであった。もちろん、教科書は重厚長大、各学校の日課表は過密スケジュールに戻された。

　⑧　「社会に開かれた教育課程」を目指す学習指導要領（2017 年〜）

　平成 27（2015）年 8 月に中央教育審議会教育課程企画特別部会が示した「論点整理」から一貫して今次学習指導要領改訂のキーワードとなっているのが、「社会に開かれた教育課程」である。そこでの実現の意図は「社会や世界の状況を幅広く視野に入れ、教育課程を介して目標を社会と共有すること」、「求められる資質・能力とは何かを教育課程で明確化し育んでいくこと」、「地域の人的・物的資源を活用したり、放課後や土曜日等に社会教育と連携したりし、学校内に閉じずに目指すところを実現させること」である。
　今次改訂のキーワードを示すと以下のようになる。

A．学びの地図
　教科等や学校段階を超えて教育関係者が協力する関係、子供自身が学びの意義を自覚する手掛かりを得られるようにすることで、子供に育む資質・能力や学習内容等の学校教育全体像を分かり易く見通せるようにすることを求めている。

B．カリキュラム・マネジメント
　各学校が自校の教育課程を計画（Plan）⇒実践（Do）⇒評価（Check）⇒改善（Action）の PDCA サイクルで見直せること、子供や地域の実態等に関する調査等を通じて教育課程改善ができるようにすること、教育内容と教育活動に必要な人的資源や物的資源を効果的に組み合わせられるようにすること等のカ

リキュラム・マネジメント能力が教師一人一人に求められている。
C．主体的・対話的で深い学び
　子供が学習内容を人生や社会と結び付けて深く理解し、資質・能力を身に付け、生涯にわたって能動的に学び続けることができるような授業改善を求めている。子供を受動的学習者（passivelearner）から能動的学習者（Active learner）へ転換することでAL＝アクティブ・ラーニング（Active Learning）の実現を求めている。
D．教育課程の構造化と三つの資質・能力
　育成すべき三つの資質・能力（①何ができるか「知識・技能」、②理解していること、できることをどう活用するか「思考力・判断力・表現力等」、③どのように社会・世界に関わり、よりよい人生を送るか「学びに向かう力、人間性等」）を育成するために、各教科等の役割や相互の関係性をどう教育課程として構造化するかが求められている。
E．学習評価の3観点
　学習評価についてはこれまでの4観点を改め、「三つの資質・能力」に対応させる形で、①「知識・技能」、②「思考力・判断力・表現力等」、③「主体的に学習に取り組む態度」という3観点からの評価を求めている。

（2）これからの学校教育で育む学びの力とは何か
　ここまで述べたように、幼稚園および義務教育諸学校を対象とした平成29（2017）年3月告示の小・中学校等学習指導要領改訂に至る過程で議論になったのは、子供一人一人の「主体的・対話的で深い学び」に基づく教育活動の重要性についての共通理解とその実践に向けての合意形成である。
　ここでイメージされる「主体的・対話的で深い学び」とは、端的に述べれば子供の能動的な学びの姿である。いわゆるアクティブ・ラーニング＝ALと称される子供の主体性に視点を置いた教育活動の実現である。よって、この主体的・対話的で深い学びの実現は授業における子供の活動量を多くしたり、子供に学習展開を任せたりする場面を大切にした姿を実現するといった皮相的なものではない。教育活動において子供を学びの主体者、即ち主人公にするという

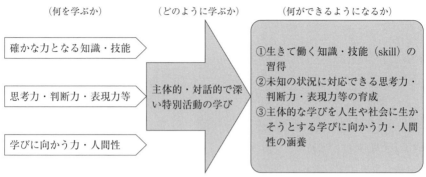

図2-4 主体的な学びによる資質・能力形成の道筋

《アクティブ・ラーニングを通して子供が自ら培う学び》

方法論的な抜本改善を意図するのである。そして、そのような能動的な学びを通して子供を能動的学習者へ転換させていくことで、子供自身が主体的な学びを通して自らの資質・能力を高めながら「生きる力」を内面に育んでいくという学力観へと抜本的改善を目指す考え方であった。

　この「主体的・対話的で深い学び」を考える時、まず肝に銘じておきたいのは何のためのALなのかという素朴な問いである。

　ここで言うALなる用語が初めて登場したのは、平成24（2012）年8月の中央教育審議会答申「新たな未来を築くための大学教育の質的転換に向けて〜生涯学び続け、主体的に考える力を育成する大学へ」の文脈で語られた時である。

　そこで当初に語られたALは、大学における従来の講義型授業形式から学修者の能動的な授業参加を視座した教授・学習法への転換を促すものであった。その点では、方法というよりも「能動的学修の実現」という目的に力点が置かれて語られたのであった。

　しかし、そのALも義務教育段階への導入が進み、これからの学習指導要領で目指している「社会に開かれた教育課程」の実現を視座すると事情はやや違ってくる。教育活動は具体である以上、各教育活動の特質に応じた学びとは何か、そこでの学びで育まれる「生きる力」としての資質・能力とは何か、そ

の資質・能力を育むための「主体的・対話的で深い学び」を各教科等の学習内容として実現していくための基本的な手立てとは何かという教育実践学的視点に力点を置いて AL を捉えていく必要に迫られているのである。ならば、学校の教育課程全体での「主体的・対話的で深い学び」としての AL を導入するのはそのこと自体が目的ではなく、手段として用いながら子供たちの学びを捉えていく姿勢が重要なのであるという結論に至るのである。

　小・中学校等学習指導要領第1章「総則」の第3「教育課程の実施と学習評価」1「主体的・対話的で深い学びの実現に向けた授業改善」の（1）には、「児童（生徒）が各教科等の特質に応じた見方・考え方を働かせながら、知識を相互に関連付けてより深く理解したり、情報を精査して考えを形成したり、問題を見いだして解決策を考えたり、思いや考えを基に創造したりすることに向かう過程を重視した学習の充実を図ること」と述べられているが、これからの学校教育では、以下のような「主体的・対話的で深い学び」が実現するような学習活動に留意していくことが重要である。

《日常的なアクティブ・ラーニングを通して目指したい子供の学びの姿》

（主体的・対話的な深い学びを実現するためのアプローチ）		
受け身で進める学習活動	⇒	主体的に参画する学習活動
教師の意図を窺う学習活動	⇒	自らの納得解を求める学習活動
従前のなぞりだけの学習活動	⇒	考え議論して創造する学習活動

3．教育課程編成に向けた基本理論について考える
（1）教育カリキュラムの基本的な考え方

　学校の教育活動は、学習指導要領や各地方自治体の教育実施者である教育委員会の教育施策方針等に基づきながら、各々の個性や特色を盛り込んだ教育課程によって実現される。この教育課程編成の在り方については、小・中学校学習指導要領「第1章　総則」冒頭において、通則的事項が明記されている。この記述を分析的に精査すると、教育課程編成の基本要素が見えてくる。

　この学習指導要領総則冒頭の記述は、わが国の学校教育における教育課程編

成、つまり「学校知」の在り方を規定していると考えることができよう。

《「総則」第1「小（中）学校教育の基本と教育課程の役割」より》

> 各学校においては、教育基本法及び学校教育法その他の法令並びにこの章以下に示すところに従い、児童（生徒）の人間として調和のとれた育成を目指し、児童（生徒）の心身の発達の段階や特性及び学校や地域の実態を十分考慮して、適切な教育課程を編成するものとし、これらに掲げる目標を達成するよう教育を行うものとする。

　学校の教育課程編成の考え方としては、公教育の基準性の担保という面で難点はあるが目の前の子供が必要とする学びを創るという構成論的な立場、やや画一的になってしまう難点はあるが国家基準である学習指導要領やそれに準ずる教科書をベースに均一化された学校知を担保しようとする編成論的な立場、教師の高度な指導力や子供の学びの継続的評価という煩雑さが伴うが学びの蓄積を重視する開発論的な立場、等の分類ができる。

　先に挙げた学習指導要領第1章「総則」冒頭の規定は、教育の国家基準である学習指導要領も含めた教育基本法や学校教育法等の法令に則っての「理念的領域軸」としての目的・目標、地域や学校の子供たちの実態を前提とした学びを創るという「現実的領域軸」、教育理念と学び手の実態という両者を結び付けつつどう学ばせるのかという「実践的領域軸」という3軸統合型カリキュラムの具現化を示唆したものと考えることができよう。つまり、これからの学校

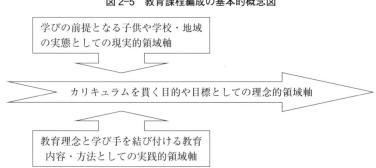

図2-5　教育課程編成の基本的概念図

教育においては、カリキュラム構成論もしくは開発論的視点に立った教育課程編成を目指すことが潮流となってこよう。よって、その編成プロセスにおいては、教師の指導力（教師力）や教育評価の問題は避けて通れない必須要件であると考えるべきであろう。

ここで称する理念的領域軸としての「目的・目標」、現実的領域軸としての「学びの実態」、実践的領域軸としての「学びの構成」は、各学校における教育課程編成をその「学びの主人公としての子供」の視点から捉えるなら、まさにカリキュラム開発の中核要素である。

《カリキュラム開発における中核要素の意味》

A．目的・目標：何のためにカリキュラムを開発するのか

目的は目指すべき理想としての方向性（ゴール、道標）を示唆し、目標は具体的な一つ一つの達成されるべきポイント、つまり到達目標を意味する。

B．学びの実態：誰のためにそのカリキュラムを開発するのか

学びの適切性・妥当性（relevance）を規定する要因としては地域や時代性といった社会的特性、学習者個々の個人的特性が問題とされる。社会的特性としての必要ニーズ、個人的特性としての学習者が求める、あるいは学習者へ求める要求ニーズを考慮していく必要性を意味する。

C．学びの構成：学びの計画をどのように組み立てていくのか

具体的な教育活動を実現していくためには、予め設定された目標に照らして様々な学びの特性をもつ学習者にどのような内容を用意し、どのような手順・方法で関わらせたらより効果的な学びを創出できるのかということを意味する。

前節では、わが国の学習指導要領の歴史的変遷を概観してきたが、そこでは学習者である子供の多様性ある日常的生活経験や興味・関心に基づく学びを構成しようとする「経験主義」という考え方、さらには、子供一人一人の統一された発達的人格形成や資質・能力形成には系統的かつ計画的な学びを編成していく必要があるという「系統主義」という考え方が、それこそ交互に台頭した歴史的経緯が読み取れる。こうした教育目的・目標から教育内容・方法へと至

る教育活動プロセスは、不可逆的であることが前提となる。つまり、教育活動としての内容や方法が目標を決定付けたり、目的そのものに意味を付与したりするわけではない。目的・目標をより効果的に具現化するための必須要件として子供たちの日常的生活経験や興味・関心を中核にした「学びの経験の有機的連続性」をいかに実現していけるか、そこが大きなポイントとなるのである。その意味で、カリキュラム開発におけるスコープとシークエンスが意味するものは大きいと言わざるを得ない。

また、学校知という全体的な枠組みで考えた場合、そこで子供たちに育む資質・能力をどう調和的に統合させるのかという視点も必要である。義務教育学校等では、学習指導要領に大筋としての到達すべき学びの目標は示されている。しかし、地域にあって地域の子供たちを育む学校には、その他に保護者や地域、あるいは教師の思いや願いが謳いあげられた学校教育目標が設定され、目指すべき子供像がその中に体現されている。そのような教育理想としての理念的領域での目標達成を図っていくためには、それぞれの教育活動としての学びが学校の教育課程上に適切に配置され、その課程履修をすれば学び手である子供たちの内面で調和的に統合され、具体性の伴う資質・能力として身に付いていくという「予定調和論」的な考え方が必要となってくる。

しかし、そのプロセスが適切でなければ、それは単なる画餅の域を出ない。よって、教育課程をどう編成していくのかという基本構造がそこで問われることとなるのである。それを決定付けるのが、教育すべき領域・内容範囲としてのスコープであり、教育内容を発達段階や学習者の興味・関心等を踏まえて配置する視点としてのシークエンスである。

（2）カリキュラムの基本類型

学校の教育課程を編成する際にまず問題とされるのは、やはり、スコープとシークエンスをどう組み合わせて構成していくかという点である。

つまり、人類の歴史の中で営々と引き継がれてきた様々な文化情報の中から子供にどのような事柄や経験を選択して伝達していくのかという側面と、選択された学びの内容を発達の視点や系統性の視点から学年段階的にどう配置す

のかという側面が重要なポイントとなるのである。換言するなら、学びの内容と場を設定する視点および時系列的な視点、この二側面である。以下に、教育課程編成の基本類型を示していきたい。

① 分化と統合の視点から捉えるカリキュラム類型

前章で触れたが、工学的アプローチと羅生門的アプローチの発想での類型である。カリキュラムがA．目的から目標へ→B．目標に即した教育的経験の選択→C．選択された経験の組織化→D．学習成果の測定・評価という一定の定式化された「教える」という視点からの「教科中心型」と、カリキュラムを作成する際にア．「生活の中の学校」という視点からカリキュラムそのものに目的としての価値をもたせる→イ．具体的で豊富なデータを収集してカリキュラムを構成していく→ウ．学習構造と学習形式と学習内容が統合されることで「生きることを学ぶ」という「生活体験統合型」、さらにその「中間型」とに分けられる。

② 学問中心カリキュラムの基本類型

A．教科カリキュラム

教科カリキュラム（subject curriculum）とは、今日の学校では一般的な教科や科目といった括りで時間割上に位置付けられるカリキュラム類型である。この教科カリキュラムは、人類の歴史の中で蓄積され連綿と引き継がれてきた文化遺産の中から、その目的に応じて選択・組織化された知識とスキルのまとまりとして相互に独立的かつ並立的に組織構成された学問体系カリキュラムを意味する。

例えば、小学校で考えるなら、国語、社会、算数、理科、生活、音楽、図画工作、家庭、体育等が、それに該当する。古くは今日の大学の原型とも言われる古代ギリシャの都市国家アテナイでアカデメイヤを創設した哲学者プラトン（Platon, B.C. 427～B.C. 347年）がそこで教育内容として取り上げた7自由科（seven liberal arts：3学＝文法学、論理学、修辞学と4科＝幾何学、算術、天文学、音楽）、或いは、わが国の封建社会にあって武士の精神的支柱となった儒教の

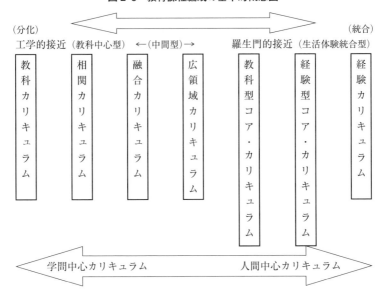

図 2-6　教育課程編成の基本的概念図

経典である四書五経（四書＝大学、中庸、論語、孟子。五経＝易経、詩経、書経、礼記、春秋）等も、この教科カリキュラムに含まれる。

　わが国では明治維新以降、急速な近代化政策を推進するに当たって、合理的に大量の知識やスキルを導入するための最も効果的な教育方法として定着した。学校教育の段階的な視点で捉えると、初等教育（小学校）より中等教育（中学校・高等学校・中等教育学校等）、中等教育より高等教育（短期大学・4年制大学・大学院等）へと学校種段階が進むにつれて教科・科目が分化していく傾向にある。それは、専門性が高くなることで細分化されるためである。

《教科カリキュラム類型例》

B．相関カリキュラム

　教科カリキュラムは、それぞれが独立的で教科・科目相互の関連性が希薄である。しかし、いくら独立性が高いといってもそこには重複し合う学習内容や関連付けた方が効果的に指導できる内容が含まれるものである。このように内容面で複数の教科を相互に関連付けて編成しようとする発想が、相関カリキュラム（correlated curriculum）である。

　例えば、中学校社会科では地理的分野、歴史的分野、公民的分野と分かれているが、それぞれを学年毎に単独で指導するよりも、地理と歴史を並行して指導する場合の方がより総合的に理解できることもあろう。

《相関カリキュラム類型例》

C．融合カリキュラム

　融合カリキュラム（fused curriculum）は、相関カリキュラムの発想をより進め、関連の深い幾つかの教科・科目を統合して共通性のある広い領域をカリキュラム編成しようとする考え方である。これらは既に中学校や高等学校の教科編成例として散見できることでもある。

　例えば、中学校の社会科は先にも述べた通り、地理的分野、歴史的分野、公民的分野で構成されているし、同様に理科も物理・化学の領域を扱う第1分野、生物・地学的分野を扱う第2分野で構成されている。また、高等学校の教科「地理歴史」は世界史、日本史、地理で構成されているし、「公民」では現代社会、倫理、政治・経済という科目構成となっている。

《融合カリキュラム類型例》

D．広領域カリキュラム

　広領域カリキュラム（broad-field curriculum）は、広域カリキュラムとも称される。このカリキュラムの発想は、相関カリキュラムや融合カリキュラムよりもさらに教科全体を広範な領域によって構想しようとするものである。このカリキュラムの特徴は、学問体系によって細分化されがちな学びを学習者の日常的学習課題と関連付けることで学問領域の横のつながりをもちながらトータルな学びをさせることが可能な点にある。

　例えば、大学教育では専門教育への橋渡しとして、導入段階で人文領域、社会領域、自然領域といった括りをもつ教養教育を施している。これは専門教育を支える学問的基礎の習得を意図したものである。

　このような広領域カリキュラムによる領域設定構想の発想は、1930年代の米国を中心とした教育改革運動が盛んな時代に多くの事例が実施されている。

《広領域カリキュラム類型事例》

> ★1930年代における米国の小学校での広領域カリキュラム構想例
> ◇テキサス州フォート・ウォース：英語、美術、科学、社会科、数学
> ◇ニューヨーク州ロチェスター：学習の道具、健康と自然、社会関係、美術、工芸
> ◇デラウェア州ウィルミントン：社会科、科学、修辞学、芸術、数学

③　人間中心カリキュラムの基本類型

A．コア・カリキュラム

　このコア・カリキュラム（core curriculum）の発想も、やはり世界的な教育改革（新教育運動：「新教育（new education）」または「新学校（new school）」をキーワードに世界各地で展開された教育改革運動）が盛んに展開された時代に誕生したものである。

　このカリキュラムの特徴は、学習者である子供をカリキュラムの中心に据え、教科の生活化と統合を図っていこうとするところにある。つまり、このカリキュラムでは、子供が現実生活の中で抱く自らの課題、あるいは興味・関心のある事柄を解決するための単元学習からなる「中心課程（コア）」と、それ

を支えるものとしての専門分化した体系的な知識、技術等の習得を目的とする「周辺課程」とから構成されている。

　このカリキュラムは科学技術が飛躍的な発展を遂げたり、経済活動がグローバル化したりした20世紀社会において教科や科目数が著しく増大した状況を改善するため、整理・統合し、再構成しようとする編成原理に端を発した考え方である。

　1920年代以降の米国で考案された代表的なコア・カリキュラムとしては、ドルトン・プラン、ウィネトカ・プラン、モリソン・プラン等がわが国の教育界へ少なからぬ影響を与えたことでよく知られている。特に、昭和9（1934）年に米国ヴァージニア州教育委員会が小学校の学習カリキュラムプランとして発表したヴァージニア・プランは、教育内容に相互関連性を欠いたまま知識や技能を羅列的に暗記・習得させようとする従来からの教育の在り方を問い直し、社会生活上の様々な機能の中で子供たちに求められる資質・能力の領域を設定することでこの課題を克服しようとした点が注目された。

　特に、スコープとシークエンスの関係で言えば、ア．「生活、富、自然資源の保護と保存」、イ．「商品生産、サービスと生産利益の分配」、ウ．「商品とサービスの消費」、エ．「商品と人の交通と輸送」、オ．「レクリエーション」、カ．「美的衝動の表現」、キ．「宗教的衝動の表現」、ク．「教育」、ケ．「自由の拡大」、コ．「個人の統合」、サ．「探求」、の具体的な11領域を明確に示した点が特徴的であり、社会機能法として先駆的な改革事例として注目された。

　また、このコア・カリキュラムの発想は「這い回る経験主義」と揶揄されながらも、戦後のわが国における民主主義教育に大きな影響力を及ぼした。

　なお、コア・カリキュラムには「教科型」と「経験型」に大別され、教科型では特定の専門分野ではなく、学習者の誰もが共通して学習すべき内容である「共通必修科目（今日的に捉えれば「情報」等が該当しよう）」を指し、「経験型」は特定の教科・科目ではない学習者の個別なニーズや興味・関心に応えて用意される教育内容を「コア」とし、それを取り巻く周辺課程を配置するようなカリキュラム構想である。

《コア・カリキュラムの基本類型》

ア．教科型コア・カリキュラム

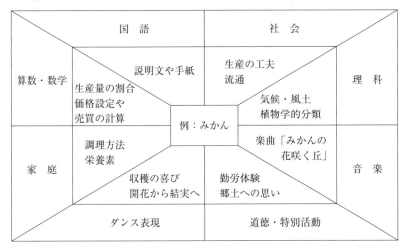

イ．経験型コア・カリキュラム

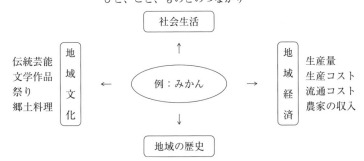

＊キーワードとなる単語をコア（核）にしながら、その周辺に学びの要素となる学習内容事項を配置し、さらに具体的な学びの事項をつなげていくといったマッピング（mapping）のイメージでカリキュラム化していく。

B．経験カリキュラム

　教育内容を教師の側からカリキュラム化するのではなく、学習者である子供

の側から構築しようとする発想に基づく構想方法である。よって、その学習内容は学問体系による伝統的な教科枠組みに縛られたものとはならず、子供たちの日常生活経験に基づいた問題意識、興味・関心によりベースを置いたものとなる。そのようなことから、学習者の動機付けという点では教科型カリキュラムに比べて期待できるが、個々の子供の課題意識や個人差に対応した学習展開とならざるを得ず、少人数の個別学習やグループ学習による授業をどう構成していくのかという指導する教師側の解決すべき課題も同時に発生する。

さらに、子供の身近な生活から派生する課題を前提に学習カリキュラムを構成するため、ともすると学問体系に基づいた系統的な教育内容の伝達が疎かになったり、教育評価活動を進めていく際に個別の到達目標設定に困難が生じたりする点も懸念されることである。

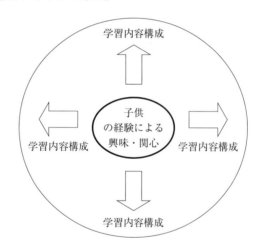

④ 学問中心カリキュラムと人間中心カリキュラムの融合

ここまで見てきたように、学習者である子供に対し、教育目的に応じて人類が営々と築き上げてきた文化遺産の中から内容を選択・組織化して体系的に伝達しようとすると、当然のことであるが教科中心型の工学的アプローチ、学問中心カリキュラムとならざるを得ない。

それに対し、子供にとって興味・関心の高い身近な日常生活経験を組織化し

てカリキュラムするという生活経験中心型の羅生門的アプローチ、人間中心カリキュラムは学習者中心ではあるが、学習の個別化対応や学習評価、さらには学問的体系化という点で解決すべき多くの課題を抱えている。分化と統合という対極にあるこれらのカリキュラム類型を調和的かつ融合的に編成する手立てはないものかと一計を案ずるのは世の常である。

以下に紹介するのは、そのような試みの理論的提唱者である米国の認知心理学者ブルーナー（J.S.Bruner）のスパイラル（spiral：螺旋状）型カリキュラム論である。わが国でも、教科中心カリキュラムから人間中心カリキュラムへと脱皮を模索していた昭和30年代後半〜昭和40年代後半（1960〜70年）にかけて大いに注目された教育カリキュラム論でもある。

ブルーナーがその著書『教育の過程』（1961年）で提唱したスパイラル型カリキュラム論の主たる主張は、「どの教科でも、知的性格をそのままに保って、発達のどの段階のどの子どもにも効果的に教えることができる」[4]という仮説に基づくものであった。

ブルーナーが提唱したのは、教科教育の改造に当たっては、教科を構成している細部にわたる知識内容すべてを網羅的にカバーしていこうとする発想ではなく、それぞれの教科の基底にある内容原理に着目し、それぞれの教科内容構造への深い理解を通して教科カリキュラム編成をすることが大切であるという仮説である。

このようなブルーナー仮説の前提には、教科内容を編成する原理として教科がもつ知識や内容の構造化を進めるという中心概念「構造」の発想がある。具体的には、まず、ある学問領域全体に含まれる多くの細かな構成要素を抽出する。そして、それらパーツ化された構成要素一つ一つを吟味・検討し、その学問の基底をなす基本的観念と、そこから2次的、3次的に発展・派生している観念とに分類する。さらに、その分類された諸観念の間に論理的かつ意義を認められるつながりをつけていこうとするのである。

このように基本的観念の上にさらに螺旋状に連なる第2次的観念、第3次的観念と拡大していければ、知識や教科内容が効率的に学習者に獲得されるという教授・カリキュラム理論である。このスパイラル型カリキュラムであれば、

学習者が異なる時期、個別な発達段階において、その教科の重要な知識や学習内容に繰り返し接することで、各学問領域で絶対に欠かせない本質的な部分と学習者である子供の知的発達段階に即応して完全習得を実現できるという大胆な発想に基づくものである。

　この理論が発想された背景には、20世紀における科学技術の加速度的発展に伴う教科内容の多様化・複雑化と、教材の質的・量的変化という教材多量化現象がある。言わば、数学や物理といった自然科学分野の急激な発展によって引き起こされた歪みを是正しようとするものであった。限られた指導時間の中で、精選された教育内容を構造的に取り扱うことで教科全体の理解を容易にし、記憶の長期的保持、再生能力や転移力（先行学習が後続学習との相互作用で影響を及ぼす力）を増大させ、最先端分野の知識や成果獲得に有効に機能するはずであった。

　しかし、その反面において、諸科学の進展や社会的要請によって新教科が乱立し、学習者に過度の負担を強いる要因となったり、各教科間の有機的関連性に配慮できなかったりした結果、新たな取組みも断片的かつ羅列的な学習成果で終わることも少なくなかった。また、内容の構造化が進められた結果として学問的な普遍性が強調され、学習の主体者であるべき子供の日常的な興味・関心から乖離した学習カリキュラムになってしまっているといった批判が投げかけられて、学問中心プログラムと人間中心プログラムの調和的融合によるカリキュラム編成方法理論は未だ具体化していない現状にある。

（3）カリキュラム編成の基本型

　近年の学校教育を取り巻く状況は複雑化する一方、反面では学校教育に求められる社会的ニーズが多様化してきている。さらに、公教育としての学校はその教育活動の成果を可視化された公的機関として予め定められた学校評価ガイドライン（2007年6月改正「学校教育法」第42条で規定）に従って、A．教育活動その他の学校運営についての組織的・継続的な改善を図ること、B．適切に説明責任を果たし、保護者・地域住民等から理解を得ること、C．学校の設置者等が学校に対する支援や条件整備等の改善措置を講ずること、等を公表する

ことが義務付けられている。

　このような学校評価が日常的に求められる社会にあっては、日々の教育的営みを支え、改善していくためのカリキュラムに関わる基本構成要素やその編成手順、編成されたカリキュラムを日常的に改善していくためのカリキュラム・マネジメントの理論が求められるのは自明のこととなっている。それでは、各学校の教育課程はどのような内的要素によって編成されるのであろうか。

　教育課程の編成については、文部科学省の小・中学校学習指導要領解説「総則編」に、「学校において編成する教育課程については、学校教育の目的や目標を達成するために、教育の内容を児童（生徒）の心身の発達に応じ、授業時数との関連において総合的に組織した各学校の教育計画である」と説明されている。

　ちなみに、「編成」という用語であるが、学習指導要領が試案という位置付けであった時代は、教育課程の「構成」と標記するのが一般的であった。それが、「構成」という用語から「編成」という行政用語に置き換えられたのは昭和33（1958）年の学習指導要領改訂からで、安彦忠彦の分析によれば、「それは、『教育課程』をつくる際には、国や地方がつくる『基準』に原則的に従うべきで、それまでの、学校の教師が、学習指導要領を手引きとして、ほぼ自由に、ほとんどゼロからつくることのできる『構成』とは違うのだ、ということを明示したかったためであろう。『編成』はその意味で『作業』という面に強調点があり、そのもとになる『理念』や『思想』は含まれない」(5)といった性格を有しているためと説明できるようである。

　また、カリキュラムの「開発」といった用法は、①授業研究などの実践による分析的評価が伴うこと、②教師の力量向上のための研修が伴うこと、といったニュアンスで世界的に用いられているが、その点から考慮するなら、わが国の教育課程における「編成」というのは、教育カリキュラムの「開発」とほぼ同様の意図を含意したものであるとすることができよう。

　大まかに順序立てれば、次頁のようなプロセスを辿るであろう。各学校における教育課程は、教科等で各々に編成された個別なカリキュラムの集合体でもある。

《カリキュラム編成の基本型》
① 教育目的の設定・共有

② 教育内容の構成・確認

③ 教育課程の編成
　　　（教育内容、教科等の組織原理、履修原理、教材、授業時数、指導形態等）

④ 実践方法と評価計画立案

⑤ 授業実践によるカリキュラム改善

　特に教育課程編成について説明を加えるなら、教育内容というのは「何を、どのような順序で教えるのか」というスコープとシークエンスに関わる重要な部分でもある。また、教科等の組織原理は、子供の発達的視点や実態等を踏まえながら「どのような教科窓口でどのように教えるか」というカリキュラム・デザインに関わる部分である。
　さらに、履修原理とは学習者がクリアすべきハードルの設定に関する部分である。つまり、達成水準は問わずに学齢（履修）主義でよしとするのか、それとも厳しく達成すべき目標水準を課するという課程（修得）主義を貫くのかという、カリキュラム編成のポリシーとでも表現すべき側面である。ただ、これは各々の国家における文教・教育政策によって規定される部分でもある。
　上述のような前提に立って、より具体的なカリキュラム編成に踏み出すと、そこには年間授業時数を生み出すために課業日（学校の教育活動実施日）を何日設定するのかとか、各学年に教科等をどう配置し、どの程度の時間を割くのかといった枠組みが決定されてくる。授業時数という量的部分にこだわれば学習者である子供の負担加重となり、質的部分にこだわれば授業時数がいくらあっても足りないこととなってしまう。ゆえに、学校の教育活動計画を総合的に組織化する教育課程編成が重要なのである。

《学校における教育計画細分化の構造例》
① 学校教育全体計画（教育理念や目標、教育方針）

② 各学年別・各教科等別年間指導計画（目標、内容構成、時数配当）

③ 各月別指導計画（年間指導計画をより詳細かつ具体的に体現）

④ 週指導計画案（教科担当、担任として1週間の具体的指導を体現）

⑤ 各教科等学習指導案、幼稚園等における全日指導計画案（日案）

4．教育カリキュラムと教科書との関係を考える
（1）カリキュラムと教科書制度の在り方を捉える

　学校の教育課程編成において不可欠な要件が教材である。その主たる教材としての役割を果たすのが、教科書である。一般的に教科教育において用いられるものを「教科書」と称し、教科外教育の小学校外国語活動、場合によっては特別活動等で用いる教材集は「副読本」等と区別して呼称している。

　教科書とは、各々の教科固有の目標を達成できるよう、指導時期までも視野に置きながら教科内容を体系的に組織した児童・生徒の学習用図書のことである。この教科書は一つのメディアであり、子供たちに学習内容を定着させるためにその方法と学び方の手順を示す役割を果たしている。その点で、教科書には機能的二側面が含まれている。

《機能的側面から見た教科書の機能的役割》

A．学習内容（文化伝達内容）を体系的に示す役割
　引き継がれた歴史的遺産としての文化を継承する役割である。
B．学びの方法と手順（学びの創造）を示す役割
　文化伝達内容に立脚してそこから新たな文化創造を開始する役割である。

教科書は、わが国の学校教育制度の成立と共にその発展を遂げてきたが、現在の教科書は文部科学省告示の学習指導要領を基準に編纂され、国の検定を経て各地域や学校（国立附属校・私学や中等教育学校等）で採択される制度となっている。前者を「教科書検定制度」と呼び、後者を「教科書採択制度」と呼んでいる。

　さらに、公立学校だけでなく、私立学校も含む義務教育諸学校にあっては、教科書無償（「義務教育諸学校の教科用図書の無償措置に関する法律」1963年制定）が原則である。教科書採択制度は、教科書無償化制度の成立と共にスタートしたものである。

　① **教科書検定制度**

　学校教育の運営について定めた学校教育法第34条には、「小学校においては、文部科学大臣の検定を経た教科用図書又は文部科学省が著作の名義を有する教科用図書を使用しなければならない（中、高等学校については、同法第49条、第62条にて準用規定）」と定められている。よって、わが国の小学校から高等学校（中等教育学校、特別支援学校も含めて）までの学校教育は、検定制度を経た教科書が使われることでその中立性や学習内容の質が担保されるのである。

　教科書検定の基準は、日本国憲法、教育基本法、学校教育法等の関連条文および学習指導要領とされているが、教科書に記載された各教科、各学年の教育内容を検定する過程では、その適合性を巡って著作者側と検定側との見解の食い違いから裁判にもち込まれるケースも少なくない。主な教科書裁判として知られているのは、昭和40（1965）年に『新日本史』教科書が検定不合格となったことを理由に第1次訴訟を提起してから平成9（1997）年に終結するまで33年間にわたり、教科書検定の違法・不当性を唱えて争った歴史学者で東京教育大学教授家永三郎の教科書裁判がある。その他に、平成5（1993）年の琉球大学教授高嶋伸欣を提訴者とする横浜教科書訴訟等も5年あまりの歳月を費やしている。これらの裁判は、教師の勤務評定（教師の業務遂行成績や能力、態度を評価・記録し、その後の人事に反映させること）を巡る裁判（昭和32（1957）年）、全国一斉学力テスト（1960年前後に当時の文部省が学力状況を把握するために実

施したが、当時の教職員団体等によって中止に追い込まれた。その後、文部科学省では全国的な子供たちの学力状況を把握するため、「全国学力・学習状況調査」を平成19年度から実施している）を巡る裁判（昭和36（1961）年）と共に、戦後の主要教育裁判として数えられている。

　② **教科書採択制度**

　教科書採択とは、各学校が授業で使用する教科書をどの出版社が発行したものにするかを選定することである。

　公立義務教育学校において使用される教科用図書は、学校毎に採択するのではなく、予め設定された採択地域毎に同一の教科書を選定して使用することとなっている。この制度は「広域採択制度」と呼ばれている。また、一度採択された教科書は途中で学習指導要領改訂に伴う教科書改訂がない限り、原則的に4年間続けて同一出版社のものを用いることとなっている。よって、時には採択区域内で齟齬が生じて政治問題化するような場合も少なくない。

　例えば、平成23（2011）年の中学校教科書採択を巡って沖縄県八重山地区で石垣市、与那国町と竹富町の採択した社会科教科書が異なり、採択協議会では意見がまとまらず、採択手順の不明朗さを理由に竹富町が単独で採択したものを使用することとなった。その際に問題となったのは、義務教育諸学校で使用する教科書はすべて国庫負担による無償化が原則ではあるが、その対象は採択制度によって選定された教科書のみである。文部科学省は八重山地区採択協議会の決定に従わない竹富町に対し、教科書無償措置法が適用されないという立場を取り、竹富町は地方自治体が自費で教科書を購入して使用することを禁じる法律はないと主張して寄付金を募って応じようとする立場を取り、両者間の溝を深める事態となった。今後も同様のケースが懸念されるため、学校毎の採択や採択区域の小規模化が火急の課題となっている。

　③ **わが国における教科書制度の変遷**

　わが国に近代教育制度がスタートしたのは、明治5（1872）年の学制発布（学制頒布）によってである。尋常小学は4年間の教育を授ける下等小学と同じく

4年間の上等小学に分けられていた。下等小学では、綴字・習字・単語・会話・読本・修身・書牘（手紙文）、文法、算術、養生法、地学大意、理学大意、体術、唱歌の14教科が正課として取り上げられていたが、そこでの教科書は師範学校を中心とした教科書編纂が間に合わないため、外国の翻訳書、寺子屋時代の往来物、民間出版社の啓蒙書等が暫定的に採用された。いわば、国家による統制が伴わない自由発行・自由採択教科書の時代である。

明治12（1879）年には学制が廃止され、教育令が公布された。そして翌年に国民教育の根本方針としての「教学聖旨」が示され、改正教育令が公布された。小学校は初等科3年、中等科3年、高等科2年と改められ、上級学校への進学は初等科・中等科の都合6年修了が要件となった。その初等科での教科は修身・読書・習字・算術・唱歌（条件が整えば）・体操であったが、そこでの使用教科書は文部省編纂教科書や民間出版社の教科書で、各府県に届け出るという開申制度となっていた。その後、教科書の統制はさらに強化され、明治16（1883）年からは文部省の認可を受けなければ使用できない認可制度に変わり、明治19（1886）年にはさらに進んで文部省による教科書の検定制度が開始された。このような経緯を辿ったのは、近代化を目指すわが国の文教政策において、教科書が果たす役割の重要性が増してきたからである。

やがて明治33（1900）年に小学校令が改正され、尋常小学校を4年制に統一し、国民基礎教育課程（教科は、修身・国語・算術・体操・図画・唱歌・手工・裁縫等）として義務化した。また、高等科は2～4年制とした。その時点ではすべての小学校教科書は国定教科書化が進められていた。まず、明治29（1896）年の第9回帝国議会で、修身科教育は国家の将来に重大な影響を及ぼすものであるから、その教科書は国家が責任をもって編纂すべきであるという建議が貴族院から提出された。また、翌年には国語読本の国定教科書化も要望されたことを受け、衆議院でも全教科国定教科書化が建議された。そして、明治37（1904）年より国定教科書の使用が開始されたのである。その背景には、全国的規模での教科書発行出版社と行政関係者の贈収賄事件が多発した（教科書疑獄事件と称される）事情もある。

その後、明治40（1907）年に小学校令が改正されて義務教育の年限が6年に

延長されたり（教科編成は、修身・国語・算術・体操・図画・唱歌・日本歴史・地理・裁縫・工作・理科・武道等）、戦争の深刻化に伴って昭和16（1941）年からの国民学校令による尋常小学校から国民学校へと制度改革されたりしたが（制度案としては初等科6年、高等科2年の8年間を義務教育とする構想であった。初等科の教科構成は、修身・国語・習字・算術・体操・図画・音楽・国史・地理・裁縫・工作・理科・武道）、国定教科書制度はアジア・太平洋戦争が終結するまでわが国の義務教育の根幹に関わる枠組みとして堅持された。

《国定教科書改訂の変遷》

第1期国定教科書期：明治37（1904）年4月～　折衷型教科書
国民の近代的知識啓発と国家的主義的精神とを意図する折衷型である。

第2期国定教科書期：明治43（1910）年4月～　家族国家観型教科書
義務教育が6ヶ年に延長されたこの時期、国家主義的色彩が色濃く反映されている。

第3期国定教科書期：大正7（1918）年4月～　国際協調型教科書
第1次世界大戦後の大正民本主義、児童中心主義を基底にした新教育運動の最中に改訂された国定教科書である。その社会的背景が反映され、国際協調色が色濃くなっている。

第4期国定教科書期：昭和9（1934）年4月～　超国家主義型教科書
世界恐慌、労働運動弾圧、満州事変勃発という世相の中で、一気にファシズムが台頭した時期である。子供の生活や心理を重視したり、カラー化を図ったりする等の工夫が施されている。

第5期国定教科書期：昭和16（1941）年4月～　臨戦教育型教科書
戦時下版教科書である。この年に国民学校令が公布され、尋常小学校は国民学校へとその姿を変えた。修身科では皇国思想や戦時下の臣民の心構えが強調され、神話が歴史的事実であるとして取り扱ったり、戦争を神国日本の聖戦と位置付けたりと、極端な編纂方針であった。

戦後の民主主義教育制度が開始されてからは、学校教育を質的側面で担保するという立場から、現在のような教科書検定制度が堅持されている。

④　わが国における教科書無償化の流れ

　今日、私たちが手にする義務諸教育学校での教科書の定価はどの程度のものなのであろうか。先にも触れたように、義務教育における教科書は昭和38（1963）年に制定された「義務教育諸学校の教科用図書の無償措置に関する法律」によって無償化されている。ちなみに、学年別の大凡の平均的な教科書総合計は、小学校1年生で3,870円程度、小学校5年生で4,600円程度、中学校2年生で1年次から購入して使用するものを含まないで5,200円程度である。この経済的負担を軽いと見るか、重いと見るかは時代的な背景抜きに考えることはできない。

　戦後の新教育が開始された昭和20年代から30年代にかけて、個人が使用する教科書は受益者負担という考え方で進んできた。しかし、各家庭の経済格差や憲法第26条第2項に示された「義務教育は、これを無償とする」という条文に照らして異議を唱える声が上がってきた。それまで経済的に余裕のない家庭は、兄弟や近隣の年長の子供が使用した教科書を譲り受けて使用するといった使い回しが当たり前のように行われてきた。しかし、教科書改訂時の負担や新しい教科書を開く友達の前で使い古した教科書を机上に置く子供の心情はどのようなものであったかは想像に難くない。教科書無償給与が部分的に実施された歴史は、昭和26（1951）年に遡る。「昭和26年度に入学する児童に対する教科用図書の給与に関する法律」に基づき、小学校第1学年児童に対し、国と地方公共団体が折半する形で国語と算数の教科書が無償配布された。但し、私立学校については除外された。法律改正によって、翌年には私立学校も含めて全額国庫負担で教科書無償給与は実施されたが、要保護家庭・準要保護家庭の児童・生徒を除き、昭和28（1953）年度限りで廃止されてしまった。

　本格的な教科書無償給与の実現を求める無償化運動の発端となったのは、明治維新の立役者である坂本龍馬や中岡慎太郎、あるいは土佐勤王等の武市半平太等を輩出した南国土佐、高知市長浜地区の主婦たちのささやかな教科書ボイコット運動である。昭和36（1961）年3月、差別的な扱いを受けても泣き寝りしてきた長浜地区の漁業に携わっている貧しい母親たちが、高価な教科書購

入への素朴な疑問を訴え始めた。かけ蕎麦一杯約40円、カレーライス一皿約110円という当時の物価の中で、小学校の教科書が平均700円、中学校の教科書が平均1,200円であった。被差別地区の母親たちが朝から晩まで汗水垂らして1日中働いても、その日給は300円程度の時代である。本来は憲法で無償化が謳われているはずの義務教育で法外な教科書代を負担しなければならないことへの素朴な異議申し立ては、地域の教師をはじめとする地域の民主化団体、地域外の人々や世論にも影響を及ぼし、「長浜地区小中学校教科書をタダにする会」が結成された。1週間もたたずに長浜地区で1,600人分の署名が集められ、教科書の不買運動へと大きく展開した。新学期から約1ヶ月間続いた自主運営学校、地域内の教師もプリントをガリ版で刷るなどして運動を大きく盛り上げた。

　その結果、この教科書無償化運動は全国民的な民主化運動へと拡大していった。やがて、国会でもこの問題が取り上げられ、昭和38（1963）年12月に長く続いたこの運動は結実し、教科書無償化が実現した。

　それから半世紀近くの時が過ぎ去り、今日では教科書など無償で配布されるのは当たり前といった風潮が支配的である。教科書を自らの過失で紛失しても平然としている子供たち、当該学年が過ぎれば当然のように廃品回収業者へ教科書を回してしまう保護者、権利を守るために要求をようやく勝ち取った先人たちの恩恵に与かっていることを今一度噛みしめたいものである。私事ではあるが、高知大学教育学部に奉職していた著者としては、無償化実現への現地での事情を知るだけにやるせない思いがある。事実、国会では事ある度に教科書無償化法の見直し論が取り沙汰されている実情をしっかりと自覚し、先人の意志をしっかりと次世代へ引き継ぐ必要があろう。

　文部省では、昭和41（1966）年より小学校新入児童に手渡す教科書を入れた紙袋の裏面に「義務教育教科書無償給与制度の意義」を刷り込んでいる。また、平成19（2007）年度後期用教科書から、教科書裏面に以下のような無償制度の意義を記した一文が掲載されるようになった。

> 保護者の皆様へ
>
> 　この教科書は、これからの時代を切り開いていく子どもたちが、生命の尊さを感じ、自分を見つめながら、よりよい生き方について考えを深められることを願って編集したものです。ご家庭においても、折にふれ、この教科書を子どもたちとの対話や共に未来について語り合うきっかけとしてご活用ください。
>
> 　　　　　　　（平成 30（2018）年度版　光村図書小学校道徳用教科書裏面より）

　義務教育学校においては、子供もその保護者も教科書無償配布は当然の事実となっている。その学年が終われば躊躇することなく不要物として廃棄したり、教科書の落書き等の粗略な扱いをしたりするといったことは日常的光景であり、義務教育教科書無償給与制度への理解不足による冒瀆であることを社会全体で確認しておく必要があろう。

（２）教科書の利活用を巡る問題点と課題解決方法は

　①　教科書が教師と学習者にもたらすメリット

　教科書を巡っては、あまりにも様々な問題を内包するだけに紙幅が尽きることはない。しかし、いくらそれを巡って議論してみたところで、わが国の学校教育の中で教科書が占める地位は不動である。今日においても、教科書抜きの学校教育など考えられないのである。それほどまで重宝される教科書、教師の側はもちろんのこと、学習者である子供たちにとって、どのような活用上の利点があるのであろうか。以下に主なメリットを列挙してみたい。

　ここでは敢えて教科書があることのメリットのみを挙げたが、当然そのデメリットも存在するわけである。教科書頼りの知識注入型学習への埋没、教科書至上主義の横行、重厚長大化する教科書による子供への健康負担等々も表裏一体の関係として存在することを忘れてはならない。

表2-1 教科書があることのメリット

【教師側】	【学習者側】
① 教科書通りに進めれば、当該学年で取り扱うべき教育内容を漏れなく押さえることができる。	① 教科書を手にすることで、その後の学習への見通しをもつことができる。
② 教職経験の深浅に関係なく、均質な授業が展開できる。	② 教科書があることで、予習・復習をすることができる。
③ 教科書の豊富な資料を活用することで深みのある授業を展開することができる。	③ 自己課題解決の方策として、教科書にある豊富な資料を活用することができる。
④ 教科書の通りに展開することで、教材研究に費やす手間を軽減することができる。	④ 授業時に理解が十分できなかった箇所の見直しと学び直しが自分でできる。
⑤ 教科書の中にある練習問題や発展課題を家庭学習として提示することで、学習内容の定着を図ることができる。	⑤ 学習者自身が教科書の課題や練習問題等を有効に活用することで、学習内容を確実に身に付けたり、学習を発展させたりすることができる。

② 教育課程編成の視点から見る教科書の功罪

　学校教育において、教科書が様々なメリットをもたらすことはここまで触れた通りである。しかし、教育課程編成という視点で、さらにカリキュラム開発という視点で、学習者の主体性保持という視点で、分厚く大型化する教科書による健康被害という視点で、様々な側面から教科書の機能的役割を捉えるなら、決してメリットばかりではないことに気付いてくる。以下に、教育課程編成における教科書のメリット、デメリットを検討してみたい。

　教育の世界では、「教科書を教えるのではなく、教科書で教えることが大切」といった教職に携わる者の継承文化が未だに色濃く根付いている。言わば、目の前の子供たちの実態も見ずして教科書をそのまま教えるようでは半人前、教科書を子供たちの興味・関心と結び付けながら学習意欲を喚起して学習を創造するのがプロ教師であるといった意味合いで語り継がれている教職としての誇

りと教えのプロとしての心構えである。

　教科書は学校教育法にも明記されている通り、その使用は義務付けられている。しかし、教科書そのものをそのまま教えるだけでは、やはり教師としては半人前である。教科書を手にすればすぐに気付くことであるが、その限られた紙面には授業に直結する様々な工夫と豊富な情報が詰め込まれている。それを授業のねらいとの関わりで上手に引き出し、効果的に活用するのはやはり教師個々の技量次第である。教科書にそのまま頼るのではなく、授業の中で積極的に活用する方途を探るべく常に意識していくことが専門職としての教師には求められるのである。教師は、「教科書を教える」のではなく、「教科書で教える」のである。

　教師の世界では、悪しき例えとして「学校の教育課程編成3S」というのがある。そのローマ字頭文字の3Sとは、A.（教科書会社作成の）指導書（S）丸写しの教育計画、B.（研究）先進校（S）の実践事例をそのままデッドコピー、C. 言われなければ担当教科の指導計画すら面倒がって作成しない指示待ち（S）の姿勢、こんなことがかつての学校では囁かれていた。学校評価で常にその教育姿勢が問われる昨今の学校では考えにくいことではあるが、他力本願的な教育課程編成に教科書が未だ一役買っている側面を否定できないのは、検定制度による完成度が一様に高い証左であるとすることもできよう。このような「優れもの」である教科書をどう活用するのかという課題は、やはり教師次第なのである。

■第2章引用文献
(1)　I.イリッチ　『脱学校の社会』　1977年　東京創元社　p.14
(2)　佐藤学　『「学び」から逃走する子どもたち』　2000年　岩波書店　p.24
(3)　文部省　『小学校学習指導要領』　1998年には、「総合的な学習の時間の授業の時数」（中学年105時間、高学年110時間の授業時数）と第1章「総則」第3「総合的な学習の時間の取扱い」の2に「ねらい」として①「資質・能力形成」、②「探究的な学び方」という2点が示されたうちの前者を意味する。
(4)　J.S.ブルーナー　『教育の過程』　鈴木洋蔵・佐藤三郎訳　1963年　岩波書店　p.42
(5)　安彦忠彦　『改訂版　教育課程編成論』　2006年　日本放送出版協会　p.27

■第2章参考文献
- (1) 水越敏行 『個別化教育への新しい提案』 1988年 明治図書
- (2) 佐藤学 『学力を問い直す』 2001年 岩波書店
- (3) 藤田英典 『新時代の教育をどう構想するか』 2001年 岩波書店
- (4) 北尾倫彦編 『自己教育力を考える』 1987年 図書文化
- (5) 日本学校教育学会編 『学校教育の「理論知」と「実践知」』 2008年 教育開発研究所
- (6) 市川伸一編 『学力から人間力へ』 2003年 教育出版
- (7) 日本学校教育学会編 『学校教育研究25』 2010年 教育開発研究所
- (8) 有薗格 『人間力を育む学校づくり』 2006年 ぎょうせい
- (9) 安彦忠彦編 『新版 カリキュラム研究入門』 1999年 勁草書房
- (10) 山田恵吾他編 『学校教育とカリキュラム』 2003年 文化書房博文社
- (11) 辻本雅史 『「学び」の復権』 1999年 角川書店
- (12) 鈴木博雄編 『原点・解説 日本教育史』 1985年 図書文化
- (13) 土屋忠雄他編 『概説近代教育史』 1967年 川島書店
- (14) 平田宗史 『教科書でつづる近代日本教育制度史』 1991年 北大路書房
- (15) 片岡徳雄 『教科書の社会学的研究』 1987年 福村出版
- (16) 田沼茂紀 『豊かな学びを育む教育課程の理論と方法』 2012年 北樹出版

第 3 章

教育課程編成の実際とカリキュラム・マネジメント

1．学校活性化を実現する教育課程編成の在り方
（1）なぜ学校の教育課程が大切なのか

　子供たちが生きていく未来社会は、予測困難な様々な状況を呈するであろう。グローバル化、高度情報化の進展といった激しい社会変化の中でそれらの状況ときちんと向き合い、主体的に関わり、知性や感性を豊かに働かせながら新たな社会を創造していくためには、どのような「生きる力」が必要なのであろうか。

　むしろ、子供たち一人一人がどのように社会や自分の人生と向き合い、よりよい人間関係を構築しながら社会参画し、自己実現を図っていくのかという自らの可能性発揮と幸福な人生の創り手となれるような「生きる力」を身に付けられるようにすることがこれからの学校教育では重要なことであると考える。そのためには学校教育に汎用的な能力形成を期待する世界的な潮流を踏まえつつ、①「何を理解しているか、何ができるか（生きて働く「知識・技能」の習得）」、②「理解していること・できることをどう使うか（未知の状況にも対応できる「思考力・判断力・表現力等」の育成）」、③「どのように社会・世界と関わり、よりよい人生を送るか（学びを人生や社会に生かそうとする「学びに向かう力・人間性等」の涵養）」という三つの資質・能力をバランスよく育んでいくことが重要であることは、既に前章で述べてきた。

　特に今次学習指導要領改訂では「知・徳・体」全般にわたる「生きる力」を子供たちへ育むために、「何のために学ぶのか」という各教科等を学ぶ意義を共有しながら、授業の創意工夫や教科書等の教材を有効に活用していくことが大切である。そのためには「主体的・対話的で深い学び」の実現に向けた授業改善の推進が不可欠であり、各学校が取り組むべき喫緊の課題でもある。

子供たちが、学習内容を人生や社会の在り方と結び付けて深く理解し、これからの時代に求められる資質・能力を身に付け、生涯にわたって能動的に学び続けることができるようにするためにはどうすればよいのであろうか。その第一歩は、各学校がこれまで多年にわたって蓄積してきた教育資産（人・こと・もの）を有効活用し、日々展開されている授業の中での子供たち一人一人に寄り添った学習の質を一層高めていくことである。
　このような授業改善に向けた各学校単位の取組みを活性化していくことがこれからのわが国における喫緊の教育課題であり、グローバル社会を生き抜く人材育成に向けて不可欠な視点となっているのである。その点で、教育課程は子供たちの学びを通して学校と社会とを架橋する役割を担い、子供たちの現在と未来とを架橋する重要な役割を果たすものである。そして、それを取り結ぶ教師の仕事はただ「知識移入」をさせるのではなく、学習促進者（facilitator）として子供たちに深い学びを提供することに尽きる。

（2）教育課程で「主体的・対話的で深い学び」を実現する
　わが国の義務教育学校は、諸外国から「日本式教育」として脚光を浴びて久しい。教師集団の協働体制による授業研究を軸にした優れた教育実践や教師個々の指導技術力の高さも目を見張るものがある。それは、中東やアジア地域諸国でいわゆる「日本式教育」を積極的に導入しようとする取組みが見られることからも頷けるであろう。そのようなわが国では当たり前の事実となっているチームワークや協調性に富み、コミュニケーションを大切にしながら共通の目標を達成しようとする高い目的意識・モチベーションを前提とした「日本式教育」に立脚するなら、教育の普遍的な視点である「主体的・対話的で深い学び（アクティブ・ラーニングの視点に立った授業改善）」の実現が可能であることから、平成29（2017）年改訂の小・中学校等学習指導要領では、そのような授業改善の推進が盛り込まれたのである。
　その改訂学習指導要領第1章「総則」の第3「指導計画の作成と内容の取扱い」においては、単元や題材など内容や時間のまとまりを見通し、その中で育む資質・能力の育成に向けて「主体的・対話的で深い学び」の実現に向けた授

業改善を教育課程全体で推進することが明記されている。また、学習指導要領解説「総則編」においては「主体的・対話的で深い学び」の実現に向けた授業改善を推進するため、留意事項として以下のような6点を示して円滑な実施を求めている。これらを具体的に体現していく役割を果たすのが、各学校の教育計画としての編成される教育課程なのである。

《「主体的・対話的で深い学び」を推進するための留意事項》

A．これまでの実践を前提に展開されること

　　子供たちに求められる資質・能力を育成することを目指した授業改善の取組みは、既に多くの実践が積み重ねられている。その蓄積されてきた実践を否定して全く異なる指導方法を導入するといった捉え方ではないこと。

B．資質・能力形成に向けた授業改善であること

　　この「主体的・対話的で深い学び」による授業改善は、単なる指導方法や指導技術の改善を意図するものではなく、子供に目指す資質・能力を育むために「主体的な学び」、「対話的な学び」、「深い学び」の視点から授業改善を進めるものであること。

C．子供の学びの質を向上させるのを主眼にすること

　　各教科等において通常行われている学習活動（言語活動、観察・実験、問題解決的な学習等）の質を向上させることを主眼とするものであること。

D．学習のまとまりの中で実現すべきであること

　　「主体的・対話的で深い学び」は毎時間の授業すべてで実現されるものではなく、単元や題材など内容や時間のまとまりの中で、学習を見通し振り返る場面をどこに設定するか、グループ等で対話する場面をどこに設定するか、子供が考える場面と教師が教える場面をどのように組み立てるかを考え、実現を図っていくものであること。

E．「見方・考え方」を働かせること

　　「主体的・対話的で深い学び」の鍵として「見方・考え方」を働かせることが重要である。各教科等の「見方・考え方」とは、「どのような視点で物事を捉え、どのような考え方で思考していくのか」というその教科等ならではの物事を捉える視点や考え方である。各教科等を学ぶ本質的な意義の中核

をなすものであり、教科等の学習と社会をつなぐものであることから、子供が学習や人生において「見方・考え方」を自在に働かせることができるようにすることが求められること。
F．基礎的・基本的な知識や技能を確実に習得させること
　学校において基礎的・基本的な知識および技能の習得に課題がある場合には、その確実な習得を図ることを重視すること。

　各学校においては教科等の目標や内容を見通し、特に学習の基盤となる資質・能力（言語能力、情報活用能力（情報モラルを含む）、問題発見・解決能力等）や現代的な諸課題に対応して求められる資質・能力の育成のためには、教科等横断的な学習を充実することや「主体的・対話的で深い学び」の実現に向けた授業改善を単元や題材など内容や時間のまとまりを見通して行うことが求められる。これらの取組みの実現のためには学校全体として子供や学校、地域の実態を適切に把握し、教育内容や時間の配分、必要な人的・物的体制の確保、教育課程の実施状況を把握するための「学校評価」の改善等を通して教育活動の質を向上させ、子供にとって学習効果が最大化を図るカリキュラム・マネジメントに努めることが求められる。
　このため総則において、「児童（生徒）や学校、地域の実態を適切に把握し、教育の目的や目標の実現に必要な教育の内容等を教科等横断的な視点で組み立てていくこと、教育課程の実施状況を評価してその改善を図っていくこと、教育課程の実施に必要な人的又は物的な体制を確保するとともにその改善を図っていくことなどを通して、教育課程に基づき組織的かつ計画的に各学校の教育活動の質の向上を図っていくこと（以下「カリキュラム・マネジメント」という。）に努める」[1]と明記している。
　学校教育の現場では具体的な教科指導や学校行事等の指導計画については関心が向けられても、学校教育の全体構造や学校の全教育活動を発達段階的発展性の視点から捉える縦串と各教育活動を有機的に関連付けて横串としての学校知を明確化する教育課程についての意識はどちらかというと希薄な傾向にある。本来は、学校の教育課程という大枠の中で各々の教育活動がどのように位

置付き、どのように結び付きながら子供一人一人の資質・能力形成作用として機能しているのかを理解しながら毎時間の学習が成り立つようにすべきことなのである。

学校の教育課程編成の構造をモデル図で示せば、図 3-1 のようになる。

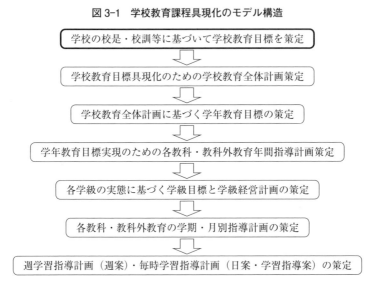

図 3-1　学校教育課程具現化のモデル構造

学校の校是・校訓等に基づいて学校教育目標を策定

学校教育目標具現化のための学校教育全体計画策定

学校教育全体計画に基づく学年教育目標の策定

学年教育目標実現のための各教科・教科外教育年間指導計画策定

各学級の実態に基づく学級目標と学級経営計画の策定

各教科・教科外教育の学期・月別指導計画の策定

週学習指導計画（週案）・毎時学習指導計画（日案・学習指導案）の策定

2．カリキュラムとしての教育課程編成の手順
（1）カリキュラムとして教育課程を編成する意図とは何か

学校の教育活動は、各学校で編成した教育課程によって成り立っている。その教育課程は、それぞれの学校が置かれた環境、子供たちや地域の実態、保護者や地域住民の教育に対する願い、教師の教育理想と教育理念等を包括的に指導カリキュラムとして編成したのが各学校の教育課程であり、それを体現する過程での様々な特色がそこに学ぶ子供たちにとって忘れ難い大切な学校体験の記憶を刻むのである。多くの大人にとって、自らの学校体験を振りかえるとそこに必ず登場する懐かしい日々は、すべて意図的かつ体系的な教育課程という教育計画によって成り立っていたのである。

ここで述べる特別活動の全体計画や年間指導計画といった教育カリキュラムは、そのような前提で立案（Plan）され、実践（Do）され、振り返り評価（Check）され、次に向けての改善（Action）されていくことをPDCAサイクルとして繰り返すことで、より望ましいものとなっていく。

（2）「社会に開かれた教育課程」編成手続きとそのマネジメント
　学校教育のこれからは「社会に開かれた教育課程」を目指し、子供たちに育むべき資質・能力とは何かを学校の範疇のみに留まらず、社会と共有していくことが必須要件となっている。そして、学校教育が育成すべき資質・能力を明確化しつつ、「主体的・対話的で深い学び」を実現できる授業改善・教育実践を標榜していくことが時代的要請として喫緊課題となって待ったなしでその対応が求められるのである。もちろん、それは教育活動としての継続性を前提としているものである以上、学校の教育課程全体の教育内容や時間的配分、人的・物的体制の確保、学校評価ガイドラインに則った教育課程の実施状況の確認や改善を前提とした教育の質向上、学習効果の最大化を目指すカリキュラ

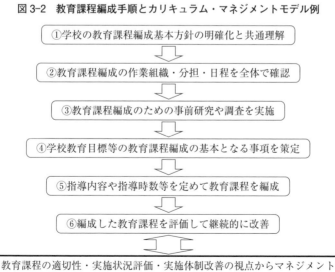

図3-2　教育課程編成手順とカリキュラム・マネジメントモデル例

ム・マネジメントの推進と連動して展開されるべきものであることは言を俟たない。

では、教育課程編成をするために経なければならない手順とはどのようなものなのであろうか。以下に、一般的な手順を述べていきたい。重要なことは地域・学校・子供の実態を的確に把握し、教育課題を明確にしつつ、全教職員が一致協力してその編成と評価に当たれることである。

《学校における教育課程編成の手順》

各学校における教育課程は、おおよそ以下のような手続きを踏まえて編成される。そのキーワードは、どのような子供像の実現を目指すのかという教育目的志向性を共有した「チーム学校」としての取組みである。

手順1：学校の教育課程編成基本方針の明確化と共通理解

教育課程の編成に対する学校の基本方針を明確にするということは、教育課程の編成に対する学校の姿勢や作業計画の大綱を明らかにすると共に、それらについて学校組織に所属する全教職員が共通理解をもつことである。

手順2：教育課程編成の作業組織・分担・日程を全体で確認

教育課程の編成・実施は校長のリーダーシップの下、組織的かつ計画的に取り組む必要がある。教育課程の編成・実施を担当する組織を確立するとともに、それを学校の組織全体の中に明確に位置付けて編成・実施の作業日程を明確にすることが必須である。

手順3：教育課程編成のための事前研究や調査を実施

事前研究や調査によって、教育課程についての国や教育委員会の基準の趣旨を理解するとともに、教育課程の編成に関わる学校の実態や諸条件を把握する。

手順4：学校教育目標等の教育課程編成の基本となる事項を策定

学校教育の目的や目標および教育課程の基準に基づきながら、しかも各学校が当面する教育課題の解決を目指し、両者を統一的に把握して策定する。

手順5：指導内容や指導時数等を定めて教育課程を編成

教育課程は学校教育目標の実現を目指して指導内容を選択し、組織し、それに必要な授業時数を定めて編成する。

手順6：編成した教育課程を評価して継続的に改善
　校長のリーダーシップの下に編成された教育課程は、全教職員で最終確認してその実現に向けて共有していくことが不可欠である。そして、編成した教育課程について実践を踏まえた評価を繰り返しながら継続的に改善していくことが何よりも重要である。

《三側面から進めるカリキュラム・マネジメント》
◆カリキュラム・マネジメントを実践する目的
　カリキュラム・マネジメントとは、学校教育に関わる様々な取組みについて教育課程を中心に据えながら展開し、組織的かつ計画的に実施しながら教育活動の質の向上につなげていく継続的な活動を意味する。
◆カリキュラム・マネジメントの3視点
A．実態把握と教科横断的な視点
　　子供や学校・地域の実態を適切に把握し、教育目的や目標の実現に必要な内容等を教科横断的な視点で組み立てていくこと。
B．実施状況評価とその改善
　　教育課程の実施状況を評価してその改善を図っていくこと。
C．人的・物的体制確保と改善
　　教育課程の実施に必要な人的、物的な体制を確保するとともに、その改善を図っていくこと。

図3-3　短期的カリキュラム・マネジメントの目的志向構造

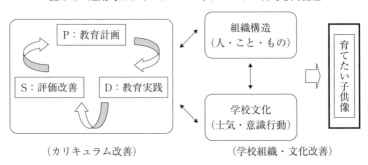

カリキュラム・マネジメントは、各学校が子供のよりよい成長を願って学校教育目標の具現化を目的に推進するものである。よって、その目標達成のための手段としての自校の教育課程をPDCAサイクルによって組織的、継続的、即時的に改善していく営みである。

その視点は、図3-3のように日々の教育実践の内容・方法についてのP（Plan：計画）⇒D（Do：実践）⇒S（See：評価改善）という短期的なPDSサイクルだけでなく、それを支える教育条件整備活動としての組織構造マネジメント（人、資金、組織、時間、情報）、教師集団の意識や士気、教育実践行動といった学校文化マネジメントを含意している。

3．カリキュラム・マネジメントの実際とその充実
（1）カリキュラム・マネジメントの進め方

平成28年3月告示の小・中学校学習指導要領では、「カリキュラム・マネジメント」が強調されている。それはいったい何を意味し、どのような運用を期待するのであろうか。

「マネジメント」という用語そのものは学校教育の場に限らず、福祉や医療、企業等の生産管理現場において多用されている。それは、各分野において、それぞれの組織が設定した目標の具現化を目的として、その達成のための手段としての組織活動や生産活動を見直し、改善を加えながらより効果的な組織的活動方法にシステムを最適化していく営みである。

今日の学校教育においても、各学校がただ毎年決まり切った教育活動を展開していくといった旧態依然のことは許されない状況が現実となっている。当たり前のことではあるが、各学校がそれぞれに自校の理念と独自な教育目標を掲げながら、創意工夫を生かした特色ある教育活動を展開し、社会的な責任を果たしていくことを求められているのである。このような学校に与えられた社会的な役割を果たしていくための前提となるのは、各学校の理念や掲げる目標を体現していく教育課程と、つまり学校が目指す「理想の子供像の体現」ということに尽きるであろう。その教育課程において継続的かつ発展的な改善を前提にした各教科等の教育計画をどう編成し、どう実施し、さらにそれをどう改

善・再構築していくかという学校組織運営手法がカリキュラム・マネジメントであり、これからの学校教育で重視されなければならない視点である。

　カリキュラム・マネジメントの基本は図3-3で示した日々の教育実践の内容・方法についてのP（Plan：計画）⇒ D（Do：実践）⇒ S（See：評価改善）という短期的な見取り改善を意図したPDSサイクルである。ただ、学校は年次計画に従って意図的・計画的・発展的に運営されるものである以上、そこにはそれを支える教育条件整備活動としての組織構造マネジメント（人、資金、組織、時間、情報）、教師集団の意識や士気、教育実践行動といった学校文化マネジメントも同時進行的に推進しなければ教育理念や学校教育目標はおぼつかないのである。それら一切合切を視野に置いた学校カリキュラム・マネジメントをイメージすると、図3-4のような大きな目的志向的な組織運営手法としての長期的なカリキュラム・マネジメントが必要となってくるのである。

　短期的な見取り改善を意図したPDSサイクルを長期的なカリキュラム・マネジメントで捉えていくと、そこにはPDCAサイクルの一連の流れが見えてくる。

　マネジメント・プロセスとして流れを示すと、P．教育課程の立案・編成（Plan：教師の総意を反映して立案）→ D．教育課程の実践（Do：計画に基づいて実践）→ C．教育課程実践の評価（Check：実施時期・方法・内容等について評価観点に従って有効性検証）→ A．教育課程の再編成（Action：評価結果に基づく改善・再編成）というPDCAというサイクルを辿ることが頷けよう。

　学校活動を通じてそこで期待されている教育効果、つまり、子供一人一人の個性的なよさを引き出し、育み伸ばし、将来にわたって自らのよりよい生き方を志向する資質・能力の育成を図るといった理想の実現は、各学校の教育全体計画として位置付けられ、さらに各教科等の年間指導計画へと敷衍されて継続的・円滑的に機能できるようなものでなくてはならない。そのためには、やはりそこには意図的にカリキュラム・マネジメントを推進していくという教師集団の共通認識とカリキュラム改善に向けた自覚と意志力が不可欠である。

　その際、特にポイントとなるのは、カリキュラムとして機能させた際に事前に設定した活動目標とその実施結果との因果関係がどうであったのかという見

取りを丁寧に行っていく教師の姿勢である。それは自らの取組みを批判的に分析・考察することでもある。教師にとって、決して嬉しいものではないだろう。しかし、子供にとって最良の教育活動を実現させようとするなら、それは避けて通れない教師の宿命でもある。

　もう1点、カリキュラム・マネジメントがもてはやされる風潮の中で見落とされる部分がある。それは、学校教育の質を左右する教育計画としての指導内容や指導方法といった部分ではなく、それを日々の教育活動で運用していく教師一人一人の指導力がマネジメント遂行に値するものなのかどうかという点である。教育課程を編成し、その実践的遂行の牽引者である教師のカリキュラム・マネジメント能力もこれからの次代を担う人材育成に携わる専門職としては避けて通れない部分である。図3-4に示された内円はカリキュラム・マネジメントとしてのPDCAサイクルの流れを示し、外円は学校がカリキュラム・マネジメントを円滑に推進するための必須要件（方針：Vision⇒方略：Strategy⇒求める結果：Evidence⇒継続的改善評価：Assessment）としてのVSEAサイクルを示したものである。この外円のVSEAサイクルは、学校や教師が自らのカリキュラム・マネジメント能力を磨き、常に自覚しながらより

図3-4　カリキュラム・ネジメントの基本構造

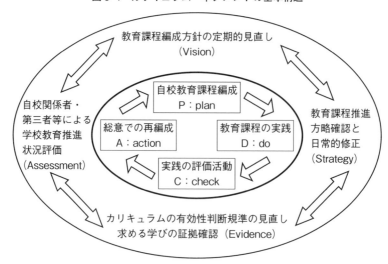

よいカリキュラム改善を実現する上で不可欠なカリキュラム・マネージャーとしての資質・能力を高めていく際に求められる職能成長のための手続き要素の意味も有している。これは内円のPDCAサイクルのような一方向性を辿るのではなく、常に双方向的な視点からVSEAサイクルが機能するようにすべき事柄である。

　学校教育の世界は、その指導成果が短期間に結実しにくい性質を有している。よって、短兵急に結果のみを求めるような教育活動は厳に慎まなければならない。特に、特別活動や道徳教育といった子供一人一人の内面的な育ちを重視する教育活動にあっては、なおさらである。しかし、それに甘んじてばかりではそれらの教育カリキュラム改善は遅々として進まなくなってしまう。つまり、「今年も例年通りにやろう」ということになってしまう。それでは教師が専門職という自らの立場を放棄することになりかねない。子供にとって最善の教育活動を提供するのが教職であるという矜持があれば、常に最先端を行く教師でありたいとする自覚があれば、日々の現実的教育実践の中に身を置いて「行為の中の省察（reflective in action）」という経験を基礎にしながら幅広い見識と科学的根拠に基づく教育学的知見と実践力とを有する反省的実践家（reflective practitioner）でなければならないのは必然であろう。先の図3-4は、そのような反省的実践家としての教師の教育活動を支えるカリキュラム・マネジメントの基本構造を示したものである。

　多くの学校では、教育活動の質の向上を図っていくためにカリキュラム・マネジメントが重視されている。しかし、ともするとPDCAサイクルの一方通行的な内円部分だけが強調されている。でも、実際にはそれ以上に大切にされなければならないのが双方向的なVSEAサイクルとしての外円部分である。

　なぜ、VSEAサイクルが大切にされなければならないのか。それは、学校教育の究極的目的が掲げる理念や教育目標の実現だからである。よって、各学校は法令や行政方針を前提にしつつも、自分たちの学校の教育環境や子供たちの実態、保護者や地域の教育に対する願い等を踏まえた教育理念としての「校是（学校固有の根本精神・創設理念）」や学校教育目標を策定し、常に確認しているはずである。それが外円部分の方針決定（Vision）である。次に、それら

の校是や学校教育目標を具現化するための方略（Strategy）が必要となってくる。具体的にどのような具現化方策を講ずるのかという手立てをもたない限り、それは画餅に帰してしまうのである。さらには、いくら方針や方略が立派でも、それが具体的な教育活動でどのような成果となって表れれば体現できたのかという証拠（Evidence）を予め設定しておかなければ評価のしようもない。このような一連のカリキュラム・マネジメントを機能させるための手続きが、方針の決定（Vision）⇔方略の策定（Strategy）⇔証拠の設定（Evidence）⇔探査的継続評価（Assessment）という双方向的なVSEAサイクルなのである。どこから見直しても、どこから立ち返って改善・修正しても可能なのである。ここまで取り組んでこそ、確かな実効性の伴うカリキュラム・マネジメントとなるのである。

　ここで言うVSEAサイクルなど、どの学校でもそれを前提にしているのが当たり前と考える教師も少なくない。事実、本来はVSEAサイクルがなければ特別活動等の教育計画立案はできないはずだからである。しかし、現実には「今年も例年通りにやりましょう」と何ら疑念を抱かぬまま物事が進んでしまい、カリキュラム・マネジメントを有効に機能させない大きな阻害要因となっていることが少なくない。その主たる理由は、校是や学校教育目標といったものは毎年更新されるような性質のものではないと思い込んでいるからである。校是は変わらなくても、その実現に向けた方略や期待する結果、継続的な取組みといった部分では、いくらでもカリキュラム・マネジメントは可能なはずなのである。それを考慮しないで安易に前例にならった教育カリキュラムで実践することが少なくないから、「仏作って魂入れず」という指導に陥りやすいのである。

　各学校での教育課程編成においては校務分掌上の担当教師だけでなく、全教職員がVSEAサイクルの視点で毎年問題点の洗い出しとよりよい改善を目指して教育課程改善活動をしていく必要があることを様々な機会を通じて全教師で確認しておきたい。

（2）教育課程を機能させる教育評価の考え方とは何か

　教育評価とは、日々の教育活動の中で子供はどのような学びをしたのか、そのように学び育ち、変容していったのかを見届ける教育的営みである。

　言わば、教育評価は日々の教育活動がどのような実効性を伴って子供たちに作用したのかを確かめることであり、その結果を基に次なる教育活動に援用することでもある。このような子供の学びと育ちの見取り評価は次の学びへのステップ・アップも可能にする。学校教育においては、その歴史や制度等の変遷を踏まえると以下のような評価の考え方についての分類ができる。

《教育評価の視点別分類とその変遷》

A：量的評価から質的評価へ

◆考査による総合評定から、観点毎に捉えた総和としての分析評定へ移行する。

ア．メジャーメント（measurement）

　　テストの結果順位や活動の業績等といった定量的側面からの評定。入試等に関する段階評価、能力別学習集団編制等の評価が該当する。

イ．エバリュエーション（evaluation）

　　評価者の値踏みではなく、そこまでの教育活動を反省・改善および価値付けするための評価。教育カリキュラムの内容評価等、教師側の視点に立っての評価活動となることが多い。

ウ．アセスメント（assessment）

　　多面的な視点から多様な方法によって改善のための資料を収集する評価。このアセスメント評価は設定目標に照らしての達成度を価値判断するもので、それに基づく改善方策を見いだすこととなる。その点で、アセスメント評価は学習者の視点に立っての評価となる。

B：他者評価から自己評価・相互評価へ

◆学習者の学習成果を他者がラベリングして価値付けることから、学習者による学びの文脈に寄り添う学習過程重視の評価へと移行していく。

ア．相対評価

　　学習集団内の成員の得点分布を評価基準とし、それに基づいて個人の学習

集団内での相対的な位置を示す評価方法。手続きが簡単で客観性も高く、異質な評価資料間との比較も可能である。ただ、正規分布（5段階であれば、5と1の段階が7％、4と2の段階が24％、3の段階が38％となる）を前提としているため、あまり小集団の場合は問題がある。また、学習内容に対してどの程度到達したのかという直接的評価はできないために学習者の意欲や努力等を適切に評価し得ない欠点がある。

イ．絶対評価

　予め要求される到達水準（設定された教育目標）を評価基準とし、それに照らして判断する評価方法。到達度評価とも称される。この評価は、客観性という点では評価情報（評価観点や評価内容）の質によってその信頼性や妥当性が担保できない問題も残るが、学習者が目標に対してどの程度到達したかが把握でき、学習者の意欲や努力等も「学びのよさ」として評価しやすい。ただ、ルーブリック（評価指標）に照らしてポートフォリオ評価（学習プロセス成果の蓄積評価）するという煩雑さが伴う。

ウ．個人内評価

　学習者本人の他のデータ（基準となる過去の成績や技能レベル、あるいはこれまでの学びの実績）を評価基準とする評価方法で、評価基準の設定こそ難しいが学習者の進歩の状況がよく分かり、一定スパンでの学習意欲や努力を肯定的に評価しやすい。

　例えば、英語検定で3級だったのが2級に合格したとか、剣道初段から2段に昇段できたといった外部の客観的評価基準が伴うものから、リコーダー演奏でタンギングが上手になったとか、グループのまとめ役としてリーダー性を発揮するようになったといった、やや曖昧な評価基準のものまで含んでの個人内評価である。よって、設定目標や比較対象としての他者といった評価基準が個人の外にあるのではなく、あくまでも評価対象者個人内の努力や資質・能力向上の成果を見取っていく手法である。

C：評価時期と評価目標による分類

◆学習を進めていく学びのプロセスの中で学習前の既習経験や学習実態がどのようになっていて、学びを展開したらどのように学習者に成果が現れ、最終的

に設定した学習目標に照らしてどのような資質・能力を獲得することができたのかを学習展開過程の文脈で評価していく。

ア．診断的評価

　新しい学習単元や学習プログラムに入る前に実施するもので、指導の参考となる情報収集のための評価である。既習学習定着レベルの確認、学習阻害要因の発見・診断の役割を果たす。また、事後の評価と比較することで、その指導効果確認のための評価基準ともなり得る。

　＊開発プログラム等の効果測定として、事前・事後評価を行ったりすることもある。

イ．形成的評価

　学習単元や学習プログラムの進行途中で実施するもので、そこまでの学習が適切になされ、学習内容が定着しているかを推し量るための評価で、以降の学習の計画変更や問題点等を探るための役割を果たす。教師の指導法改善にとっても、学習者のその後の発展学習にとっても大切な評価である。

ウ．総括的評価

　学習単元や学習プログラムの終了時点で行う評価である。到達目標に対してそれまでの個々の学びがどうであったのかを確認し、カリキュラム修正のための問題点や到達目標に達しない学習者への個別対応等の情報を得ることになる。総括的評価は、個々の成績（評定）といった側面だけでなく、指導計画の改善、学習者への適切な対応に生かされるべき性格の評価である。

（3）教育課程における教育評価の考え方とその方法

　学校教育の教育課程評価には、二側面の意味が含まれる。一つの側面は学習者である子供の学びや成長についての評価である。そして、もう一つの側面は子供の学びや育ちを実現しようと計画し、具体的な教育実践を展開した学校および教師側の教育内容や方法論的な事柄に関する評価である。

　子供の評価については、小・中学校学習指導要領第1章「総則」第3「教育課程の実施と学習評価」2の（1）で、以下のように述べられている。

> 児童（生徒）のよい点や進歩の状況などを積極的に評価し、学習したことの意義や価値を実感できるようにすること。また、各教科等の目標の実現に向けた学習状況を把握する観点から、単元や題材など内容や時間のまとまりを見通しながら評価の場面や方法を工夫して、学習の過程や成果を評価し、指導の改善や学習意欲の向上を図り、資質・能力の育成に生かすようにすること。

　学校教育における評価の前提は、子供一人一人の学びのよさを肯定し、認め励ましながらさらなる向上へと導くところにその本質がある。所謂、学習者自身に対する肯定的評価観である。そのような肯定的学習評価観を基底にすることで、子供自身が自己評価活動を通して自らを価値付けられるようにすることが大切である。さらには、学習の過程を評価することで学習意欲の向上を図ることが大切であって、子供を序列化したり、ラベリングしたりすることではない。むしろ、一人の人間として成長する上での学びのよさ、生き方のよさを見いだし、認め、励まし、向上を促すものであるということである。つまり、子供一人一人のよい点や進歩の状況等を積極的に評価して育み伸ばすという質的評価としてのアセスメント評価が基本となる。さらに、その指導の過程での努力や目標達成に向けた取組みの意欲や努力、その成果も含めて自己評価、他者との相互評価等の手法を用いながら、個人内評価を進めていくことが基本的な評価方法となる。

　また、主体的・対話的な学習プロセスにおいては、事前の予備学習段階（Preparation）での意識付け、集団学習活動を通しての豊かな学び体験段階（Action）、学習後の自らの学び方についての自己評価段階（Reflection）での変容を、診断的（事前）評価→形成的評価→総括的（事後）評価とPARサイクルの視点から意味付けしていくことで、単なる学習指導成果検証のための評価ではなく、自らの豊かな学び体験が自己成長・自己発展の糧として寄与していることを子供自身に自覚化させていくのも重要なのである。

　このように、様々な教育活動における子供の学びを豊かなものとしていくためには、具体的な活動を展開するに当たって、その学びの意味付けを明確にしていくことが求められる。一般的に図3-5のような、予備学習活動⇒豊かな学

図 3-5 体験的学習における豊かな学びのプロセス

び体験活動⇒事後における学習活動の自己評価という PAR サイクルは、個々の子供の豊かな体験的学びの意味付けプロセスを実現するのである。

また、図 3-5 のように豊かな体験的学びは各教科のみでなく教科外教育と密接に関連し合って相乗的な教育効果を生む。その際に留意したいのは、図 3-6 に示したようなきめ細かいカリキュラム・マネジメントの実践である。

カリキュラム・マネジメントを単なる一連の計画（Plan）⇒実践（Do）⇒見取り（Check）⇒改善（Action）という PDCA サイクルに終わらせず、実践⇒見取り⇒改善を毎時の活動展開をするたびに行って計画を小まめに修正することの必要性を大切にしたい。それが、先に述べた PDS サイクルの発想である。

図 3-6 毎時間の授業展開に密着する実践的授業カリキュラム・マネジメント

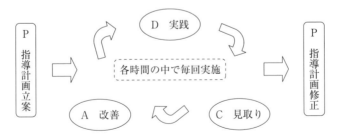

このような一連の評価活動で最も大切なことは、子供一人一人の人間としての善さや可能性を積極的に認め・励ますようにすると共に、学習成果のみに囚われず、「自ら学び、自ら考える力、自らを律する力、他人と共に協調しなが

第 3 章　教育課程編成の実際とカリキュラム・マネジメント　103

ら活動できる力」といった豊かな人間性を構成する社会性、道徳性等も含めて、「生きる力の育成」という視点から評価を進めていくことである。そのためには、子供が自己活動を振り返りつつ、新たな自分の目標や課題をもてるような評価となるよう、活動結果のみに囚われることなく活動過程での努力や意欲等を積極的に見取るという多面的・総合的に評価を進めることが大切である。

　このような個の成長に視点を置いた教育活動での評価は、結果的に個々の子供が集団学習を通して自らの実践のよさを知ったり、自信を深めたり、さらには自己課題を見いだして実践的向上を目指そうとする活動意欲を喚起することになろう。このような教育活動における評価の視点として大切にしたいのは、子供自身の自己評価や集団の構成員相互による評価等の方法を多面的に活用する工夫である。

　また、子供の学習活動を通しての学びを見取る評価と並行して進めたい取組みは、教師側の指導改善のための評価活動である。子供の主体的な活動を保証することで学習意欲を喚起し、個性の伸長を目指した教育課程にしていくためには、指導計画の適切性、計画に基づく学習内容の妥当性、次なる改善に向けた学習指導後の反省といった一連の実施過程のそれぞれの段階で評価を進める必要がある。そして、その評価活動を通じて教師が指導計画立案や実施過程での方法等について省察し、より効果的な指導が具現化するよう工夫や改善を図っていくことが大切なのである。

　その際、子供一人一人の変容評価のみならず、学習集団としての変容についても見取っていきたい。このような集団的評価の結果を手がかりに、次なる学習活動を計画したり、適切に指導に生かしたりすることが重要なのである。

（4）学習指導評価記録としての「指導要録」の考え方

　学校がその教育活動を行った結果として、子供一人一人の学習状況やその成長の様子について評価することは、公教育機関として当然の責務である。小・中学校学習指導要領第1章「総則」第3「教育課程の実施と学習評価」でも述べられているように、「児童（生徒）のよい点や進歩の状況などを積極的に評

価し、学習したことの意義や価値を実感できるようにすること」を体現するために指導の過程や成果を評価し、指導改善や学習意欲向上に生かしていかなければならないのである。言わば、各学校における子供・保護者あるいは地域に対するアカウンタビリティ（accountability：説明責任）でもあると考えるべき事柄なのである。

　このような学習指導評価は「指導要録」に記録され、子供一人一人の継続的指導のための評価資料として活用される。ここで言う「指導要録」とは、学校教育法施行規則第 24 条に規定された教育評価に関する公簿である。様式 1 は学籍に関する記録となっており、子供一人一人の個人プロフィールが記されている。「学籍に関する事項」の各学校における保存期間は 20 年である。様式 2 は校種によって多少異なるが、次のような項目を記述する。①各教科の学習の記録（観点別学習状況・評定）、②特別の教科道徳の記述評価記録、③外国語活動の記述評価記録、④総合的な学習の時間の記述評価記録、⑤特別活動の記録（各内容の趣旨に照らして十分であれば○印）、⑥行動の記録（10 項目の内容に照らして十分であれば○印）、⑦総合所見および指導上参考となる諸事項、⑧出欠の記録、となっている。この様式 2 の「指導に関する事項」の各学校における保存期間は 5 年と定められている。また、児童・生徒等が進学する際は、その写しを進学先へ送付することが義務付けられている。

　改めて言うまでもなく、様式 2 における「各教科の学習の記録」欄での学習評価は「観点別学習状況」を踏まえての学習評価であり、それに基づく到達度評価である。

　平成 29（2017）年 3 月告示の小・中学校等学習指導要領では、子供一人一人の「主体的・対話的で深い学び」に基づく教育活動の充実を求めている。そこで求めるのは「主体的・対話的で深い学び」という子供の能動的な学びの姿、いわゆるアクティブ・ラーニング（AL）と称される子供の主体性に視点を置いた学習活動の実現である。日々の教育活動において子供を学びの主体者、即ち主人公にするという方法論的な抜本改善をしなければ、子供を受動的学習者（Passive Learner）から能動的学習者（Active Learner）へ転換させていくことはできないであろうし、各教科等で子供が主体的な学びを通して自らの資質・

《観点別学習状況評価の考え方》

> [目的]
> ・子供の学習状況を評価・検証して教育水準の維持向上に資する。
> ・学習指導要領の目標に照らして各教科等の観点別学習状況評価と評定を行う「目標に準拠した学習評価」を実現することで、一人一人の子供に対するきめ細やかな学習指導を可能にして学習内容の確実な定着を促す。
> [学力の3要素]（学校教育法および学習指導要領に示された学力観）
> 要素1：知識および技能
> 　　　＊何を理解しているか、何ができるか。
> 要素2：思考力・判断力・表現力等
> 　　　＊理解していること、できることをどう使うか。
> 要素3：主体的に学習へ取り組む態度
> 　　　＊どのように社会・世界と関わり、よりよい人生を送るか。

能力を高めない限り、ここで言う「主体的・対話的で深い学び」による「目標に準拠した学習評価」とはならないことを肝に銘じておきたい。

（5）社会に対する説明責任としての学校評価の考え方

学校評価は、子供たちがより良い教育を享受できるよう、その教育活動等の成果を検証し、学校運営の改善と発展を目指すための取組みである。文部科学省より「学校評価ガイドライン」が示され、それに則って各学校が年度毎にその教育成果を公表し、評価・改善活動を継続的に展開するといった法的根拠（学校教育法第42条、学校教育法施行規則第66条、67条、68条）が伴った仕組みとなっている。

A．学校評価の目的

学校評価は、経営計画や教育計画に基づいて実践される教育活動がどの程度機能しているのかを評価するために行われる。また、その結果から学校の優れている部分や、今学校が抱えている課題等を明らかにし、学校改善をよりいっそう進め、子供をよりよく成長させることを目指して行われるものである。

《学校評価の三つの目的》
　ア．自校の目標達成状況や達成に向けた取組みの適切さ等について評価することにより、学校として組織的・継続的な改善を図ること。
　イ．各学校が評価実施と結果公表での説明責任を果たすことで保護者、地域等から理解と参画を得た連携協力による学校づくりを進めること。
　ウ．各学校設置者等が学校評価結果を受け、支援や条件整備等の改善措置を講じることにより教育の質を保証し、その向上を図ること。

《学校評価の方法》
　自己評価（教員）、学校関係者評価（保護者・地域）、第三者評価（専門家）

表 3-1　学校評議員制度と学校運営協議会制度

学校評議員制度	事項	学校運営協議会制度
学校教育法施行規則第49条	法的根拠	地方教育行政の組織運営に関する法律第47条の5
学校設置者（自治体）の判断で置く。	設置	学校設置者（自治体）の判断で置く。
学校評議員は校長の求めに応じ、学校運営に関して校長に意見を述べる。	役割	校長の策定する学校運営の基本的な方針を承認し、当該学校教職員の任期等について意見を述べる。
校長の推薦により学校設置者委嘱。	委嘱・任命	保護者・地域住民から設置者任命。

B．学校評価者
　教職員、在籍児童・生徒、保護者、地域住民、学校評議員等、学校に関係する人すべてが評価者となる。

C．学校改善評価と PDCA サイクル
　学校は自らの力でその学校運営改善を進めなければ自律的な運営組織には変われない。教職員の「内部評価」による自己点検のみでなく、進んで学校の教育活動の公開性を高めることで、在籍児童生徒・保護者・地域住民・学校評議員等の「外部評価者」による客観的評価も導入しながら「教育環境面」および「教育内容面」について評価していこうとしなければ、学校改善は積極的に推進されない。内部評価と外部評価の両面による教育環境面と教育内容面のP（Plan：計画）⇒ D（Do：実践）⇒ C（Check：評価）⇒ A（Action：改善）

⇒P・・・をしっかりと循環させることで、確実な学校改善を進めることが大切である。

D. 評価結果の公表と次年度計画への反映

　各学校が重点的に取り組む教育活動を方針や計画として公表するだけでは、学校改善が進展しない。なぜなら、それらが確実に実践されたのかどうかが分からないからである。方針や計画の進捗状況はどうであったのかを公表することは、次年度計画改善の大きな布石となるのである。よって、各学校では継続的な学校公開や授業公開等を積極的に推し進めることが重要なのである。

4．指導と評価の一体化を目指すカリキュラム開発の進め方
（1）教育活動評価を視座したカリキュラム開発の考え方とは

　学校教育活動実践の基盤となるのは、各学校の教育課程である。そして、それに基づく教師側の具体的な指導計画が子供の側からすれば学びの経験創造を実現するカリキュラムとして作用する。よって、そのカリキュラムによって教育実践し、その表裏一体の関係として評価活動をすることで教育制度的な学校組織運用の適切性と子供自身の学習状況や学習成果が見取れるのである。言わば、評価活動は制度的側面から見ればその学校の教育課程編成の前提となっている学習指導要領、検定制度に基づく教科書といった要件が適切に機能したのかを確認する手続きとなるし、子供の側からすれば学習状況や学習成果といった側面での学び評価を展開することとなるのである。

　このような一連の評価活動を通して自校の教育内容、教育方法、教師の指導力といった教育機能側面での適切性、子供の学びの視点に立ったカリキュラム内容の妥当性、さらには授業改善課題や学校が抱える教育諸課題が見えてくるのである。

　図3-7から見えてくるのは、カリキュラム評価の三側面である。いわゆる、A.「意図的なカリキュラム評価」、B.「実践的なカリキュラム評価」、C.「目標達成に準拠したカリキュラム評価」の三側面である。

　A.「意図的なカリキュラム評価」とは、学校の教育課程編成の大本となっている国家施策としての基準として機能する学習指導要領の妥当性検証といっ

図3-7 学校教育におけるカリキュラム評価の位置付け

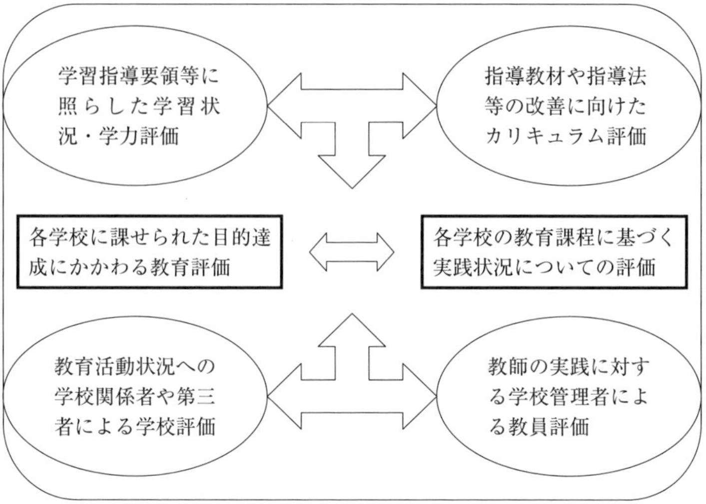

```
┌─────────────────┐        ┌─────────────────┐
│ 学習指導要領等に │        │ 指導教材や指導法 │
│ 照らした学習状   │⇔       │ 等の改善に向けた │
│ 況・学力評価     │        │ カリキュラム評価 │
└─────────────────┘        └─────────────────┘
         ⇕                          ⇕
┌─────────────────┐        ┌─────────────────┐
│ 各学校に課せられた目的達 │⇔│ 各学校の教育課程に基づく │
│ 成にかかわる教育評価     │  │ 実践状況についての評価   │
└─────────────────┘        └─────────────────┘
         ⇕                          ⇕
┌─────────────────┐        ┌─────────────────┐
│ 教育活動状況への │        │ 教師の実践に対す │
│ 学校関係者や第三 │⇔       │ る学校管理者によ │
│ 者による学校評価 │        │ る教員評価       │
└─────────────────┘        └─────────────────┘
```

たマクロなカリキュラム評価である。また、B.「実践的なカリキュラム評価」とは、日々の授業実践を担う教師の指導法やそれを支える学校経営、学級経営、さらには専門職としての資質・能力、地域の教育的環境等がどのように影響しているのかという授業評価や教員評価といったミクロな視点での評価である。さらに C.「目標達成に準拠したカリキュラム評価」とは、カリキュラムの達成目標に照らしてどの程度実現できたのかを内部評価と第三者外部評価（その学校としがらみをもたない客観的立場に立つ評価者）も含めた外部評価とによって客観的事実に基づいて精査・検証するのがカリキュラム評価である。

このようにカリキュラムに含まれる次元の異なる目的に合わせて、それぞれの視点から評価していくと、国や地方教育行政機関による「意図的教育レベル」⇔学校や教師による「具体的実践レベル」⇔個々の子供の学びの状況という「目標達成レベル」といった一連の評価プロセスが双方向的に見えてくる。

　未来を担う子供の教育において、その質保証は国家の一大事である。それを実現するためには、いつも国家⇒地方教育行政機関⇒学校という上意下達のトップダウン型教育システムが硬直化してしまうであろう。かといって、学校⇒地方教育行政機関⇒国家という下意上達のボトムアップ型と意図的な流れが

常態化すれば教育システムの統制は図れなくなるであろう。よって、何よりも大切なのは、双方向的なフィードバック（feedback：出力の一部を入力に差し戻してその出力を制御すること）が可能となるような教育行政と教育現場との「往還型フィードバック・システム」を構築することが理想なのである。

（2）PDCA 評価から PDS 評価へ

　教育行政と学校現場の双方向的な往還型フィードバック・システムは、これからの学校教育の理想を実現していく上で重要な考え方となってこよう。例えば、教育組織社会学の視点からこれからのカリキュラム・マネジメントの在り方を唱えた田中統治（2009 年）は、「カリキュラム・マネジメントは、教育課程経営として固定化してきた従来の枠組を組織戦略に転換させるもの」[3] と述べているが、それは従前の教育課程評価からカリキュラム・マネジメントへ転換することが伝統的な教育内容としての教科書・教材を主体とした考え方から、子供の学習経験を基にその教育内容を考えることへと軸足が移ることを示唆している。

　これまでは、固定的に長期的展望で PDCAP サイクルを捉えがちであった。しかし、子供のリアルタイムな学びを視座するとそこにはより短期的で可変なカリキュラム・マネジメントの必然性が生じてくる。いわゆる P（Plan：計画）⇒ D（Do：実践）⇒ S（See：評価改善）という即時的な見取り改善を意図した PDS サイクルという考え方である。子供の学習経験を基底にした学校教育課程へ変質させようとすれば、当然そこには日々展開される学びをより深く「観察する」という手続きが組み込まれてこなければならないのである。

（3）「真正の評価」のためのカリキュラム開発とは

　子供にとって「主体的・対話的な深い学び」が可能となるカリキュラム開発とその評価をイメージすると、その前提となる目的が常に問われよう。

　カリキュラム開発とその評価の先にあるもの、それは学校教育が子供たちを導くべき目標へ到達させるという意図をもって「学びを構成する」ということである。目標に準拠した学習活動構成を意図したカリキュラム開発や、その過

程での子供の学びを的確に見取って評価するということは、教師主導の学力観から子供の学びに裏付けられた子供主体の学力観へと転換することを意味するのである。

わが国の学校教育は世界的潮流に基づく学力観の転換が進む中で、かつてのように子供に知識を蓄積させるという学力観の発想から、子供が自分を取り巻く環境（人、こと、もの）と主体的に関わりながらその相互作用を通じて学んだ自分の経験を意味付け、関連付けながら再構成し、一つのまとまりのある知識体系（統合知）を構想していくという質的な学力観へと変化してきている。そこで問われるのは、学習の結果のみではなく、学習プロセスに対しても学習者自身に意味をもたせることである。

よって、これまで学校で学習指導要領や教科書を手かがりに編成した自校の教育課程に則って子供がただ受動的に学ぶという発想ではなく、教育課程の大枠は規定されていても、それを各々に構成する単元や題材、主題といった具体的な学習経験カリキュラムでは、必然的に構成論的な学習活動が主体となり、教育目標を設定する際にいわゆる「知識」の獲得を前提に編成するのではなく、「理解」に着目する弾力的な工夫を取り入れていくことが今後ますます求められるのである。

つまり、理解（understanding）するということは、理科を例にするなら、大きく蛇行する川の流れの速さはその位置によって異なり、人々の憩いの場となる川原はその内側に形作られるから、野外炊事や楽しい余暇の過ごし方を考慮するとそこがキャンプには好立地だといった日常体験的な知識として獲得したり、その体験的知識を基にしてより思考を深めたりすることを通して実現される。言わば、生きて働く豊かな学びという文脈の中で相互の事柄や状況内容を複合的に結び付けて対処していくということである。このような理解ができる、さらにこのような理解に基づく学びの活用ができる能力を高めていくということを前提にした学びがイメージ化される教育目標設定でなければならないのである。

「理解」の文脈に基づく教育観や評価観は、単元カリキュラムや授業構想における教師の指導観に決定的な転換をもたらす。日常生活場面を想定して考え

てみよう。例えば、機械が苦手で自動車の運転ができず、通勤に鉄道やバスを利用していた人がいるとする。けれども、その鉄道やバスが路線運休や廃止等でどうしても自動車通勤が必要な事態に追い込まれたとする。当然、その人はそれまで自動車の構造やメンテナンスといったメカニックに全く興味がもてなくて苦手意識が先行していたとしても、運転免許を取得して自分で運転せざるを得なくなる。そうなれば、日々それを活用していくプロセスではパンク時の対処、燃料やオイル等の警告灯点灯時の対処、積雪時や悪天候下での車両性能低下を前提にした安全走行への対処等をしつつ、日常的な体験的知識を獲得していく中で様々なパーツの名称やメカニックに関する基礎的知識も徐々に身に付けていくのである。よって、運転免許を取得するために自動車の専門学校へ通って構造を基礎から学んだり、法律の専門学校へ通って道路交通法の冒頭から完全習得したりする人は一般的にはごく希である。せいぜい、教習所へ通ってまず運転に慣れ、次に免許試験に合格するため速習的に道路交通法を身に付けるといったところが関の山であろう。しかし、自動車を運転しながら構造が分からずに自信を失ったり、道路交通法が完全に理解できていないと悩んだりして、道路のど真ん中で立ち往生しているドライバーを見かけることは稀である。多くの場合、日常的な経験知を積み重ねる過程でその周辺にある基礎的・基本的な知識習得を同時に行っているからである。

　このような例話を学校教育に当てはめて考えると、果たしてどうであろうか。従前のような、基礎的・基本的事項を習得しなければ思考力・判断力・表現力といった応用的な力は発揮できないといった頑なな発想ではなく、子供たちの思考力や判断力、表現力が学習の中で十分に発揮されるならば、その過程ではそれに伴う基礎的・基本的事項の習得も併せて可能になっているといった真逆的な授業構想をすることは十分可能となるはずである。眼前にある喫緊の課題を解決するためには、その本質的な問題を探る過程でついでにその周りにある知識も同時に身に付けていくというのは体験的によくあることだからである。

　図3-8で提起することは、ある特定の単元や題材、主題なりの学習展開をイメージする際に、その教材に含まれる学習内容すべてを同列で扱うということ

図 3-8 カリキュラム構成とその評価の関係性

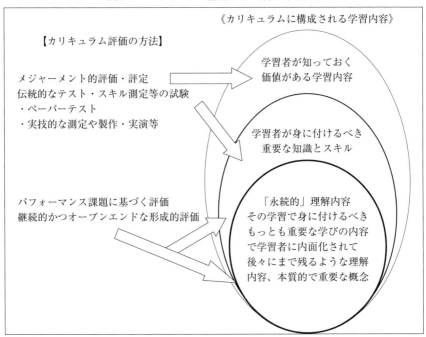

(西岡加名恵「ウィギンズとマクタイによる「逆向き設計」論の意義と課題」『カリキュラム研究』Vol.14 2005 年 p. 18「カリキュラムの優先事項と評価法」を基に作成)[4]

の無意味さである。ある学習カリキュラムを通して学んだ学習者がその具体的な学習内容は忘れてしまっても、その本質的な内容だけは内面化されて身に付いているといった「永続的な理解内容」もあれば、同じ教材の中には「きちんと身に付けておくべき内容やスキル」、「学習者が知っておく価値がある内容」といった質の異なるレベルの学習内容が含まれているのが一般的なことである。それらを1から10まですべて学習者に身に付けさせることが可能であるとして内容理解させるのか、それとも、本質的な問いに対する内容理解を核にその周辺にあるものを必要度に応じて理解させていくのか、その意味は大きく異なる。

☆事例：小学校第5学年「理科」 単元名「魚のたんじょう」10時間扱い
【永続的理解内容】
　○生物が継続されていくためには雌雄それぞれの性が必要で、一定の環境下で産卵・孵化を繰り返すことで世代を超えた生命維持がなされるのである。
【身に付けるべき重要な内容】
　○メダカが産卵するには、雄と雌を一緒に飼う必要がある。
　○産卵は一定の条件下で行われ、子メダカは成長するまで卵塊の養分を得て成長する。
　○子メダカは水中の微生物を補食して成長する。
【知っておく価値がある内容】
　○メダカの雌雄の見分け方ができる。
　○メダカの産卵から孵化するまでの成長・変化する様子を理解できる。
　○メダカの餌となる水中の微生物について具体的に知ることができる。
　○メダカの飼育や産卵させるための方法が理解できる。
　○自然界のメダカは餌を与えなくても捕食して生きていることを理解できる。

　このように各学校の教育課程を形作る各教科等のカリキュラム構成に際しては、単元で理解させるべき目標は何か、そして、それはどのような観点からどこまで到達したら目標を達成したと評価できるのか、そのためには教材分析を通してどのような順序で学習構成していけばよいのかという教師の授業構想が不可欠となってくる。その際に前提として求められるのが「真正の評価（authentic assessment）」という考え方である。真正の評価のキーワードは、「実感の伴うリアルさ」である。
　このような真正の評価という概念をカリキュラム研究の中心に据えたのは、米国で教育コンサルタントとして活躍しているグラント・ウィギンズ（G. Wiggins, 1998年）と共同研究者であるジェイ・マクタイ（J. McTighe, 1998年）である。ウィギンズは、自らが提唱する「逆向き設計」論について、著書『教育的な評価（*Educative Assessment*, Jossey-Bass Publishers, 1998)』の中で教育評

価改革の視点から従来のカリキュラム編成の在り方に疑問を呈し、新たな編成論として真正な評価に基づくカリキュラム論を主張したのである。

ウィギンズとマクタイが提唱した「逆向き設計」論は、「1段階：学校の教育活動として求められている結果を明確にする」⇒「2段階：それを第三者が見て承認できる証拠（評価のための客観的な観点とその判断基準尺度）を決定する」⇒「3段階：学習者がそのカリキュラムを通して学ぶための学習経験を教材として配置した指導計画を作成する」という3ステップで単元カリキュラムを構想・設計しようとするものである。

《「真正の評価」を活かす「逆向き設計」論の進め方》

特色1：最終的な結果から辿ってカリキュラムを構想する

その教育活動によって学習者にもたらされる最終的な結果を策定し、そこ

図3-9 「逆向き設計」論によるカリキュラム構想過程

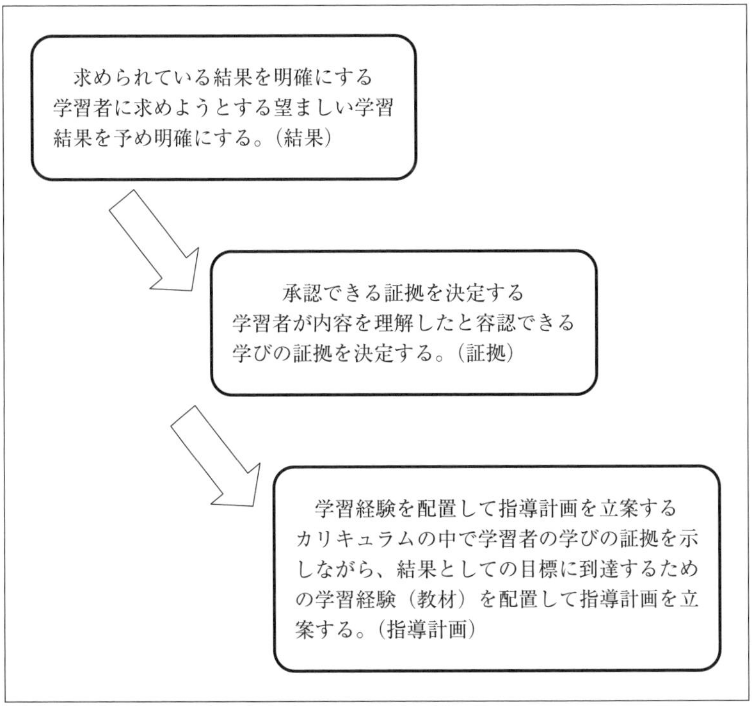

求められている結果を明確にする
学習者に求めようとする望ましい学習結果を予め明確にする。（結果）

承認できる証拠を決定する
学習者が内容を理解したと容認できる学びの証拠を決定する。（証拠）

学習経験を配置して指導計画を立案する
カリキュラムの中で学習者の学びの証拠を示しながら、結果としての目標に到達するための学習経験（教材）を配置して指導計画を立案する。（指導計画）

（Wiggins & McTighe, *Understanding by Design*, ASCD, 1998 p. 9 を基に加筆作成）

から遡って単元カリキュラムを構想・設計していくという従来の目標設定→教材を通しての学習経験の配置→そこでの評価観点の設定と結果測定といった発想を逆転させる発想に基づいている。

特色2：単元評価計画を構想してからカリキュラムを構想する

　従来であれば、そのカリキュラム評価は指導が行われた後で設定した目標に照らしてその評価を行っていくというのが一般的であったが、この「逆向き設計」論では、指導実践が開始される前に単元評価の観点や評価尺度を設定してからカリキュラム実践を開始するという発想に基づいている。

ここまで述べてきて明らかなように、真正の評価とは大人の日常的な生活場面である仕事場や市民生活の場、個人的な生活の場等で、必然的に求められる様々な事柄の内容について適切な理解がなされているのか常に問われる事実を踏まえるという文脈で子供の学びを捉えたり、シミュレーションしたりするという発想に立った評価の考え方である。

このような評価論に立つと、学力評価という面で学校が設定している教育目標はどうであるのか、各教科等での単元カリキュラムが子供の学びの内実性から捉えたら果たしてどうなのか等々を問うことになる。誰がどのような明確な根拠を示しながら目標を設定し、その目標を達成したと判断される評価基準に従って学習展開された結果がどうであったのかというカリキュラムの有効性を問うことを前提に設計されることとなる。ウィギンズとマクタイが主張するカリキュラム開発の基本的な考え方とその真正な評価を視座した「逆向き設計」論とは、そのようなことを意味するものである。もしかすると、真正の評価論に基づくカリキュラム開発などというのは諸外国での難しい研究理論と受け止められるかも知れない。しかし、そうではない。わが国の学習指導要領の前提となっている資質・能力形成に基づく学力観を具現化するためには不可欠な考え方であることを肝に銘じたい。

（4）目標に準拠したパフォーマンス評価とルーブリックの考え方

　学力観の転換を受けて改訂された小・中学校学習指導要領であるが、それに連動するかたちで学校知としての教育評価も変化するのである。ただ、近年の

流れである「目標に準拠した評価」という基本的な捉えは変わってはいない。

　目標に準拠した評価をイメージすると、「知識・理解」といった観点での学習状況は比較的把握しやすいが、「思考・判断・表現」や「主体的に学習に取り組む態度」といった既習経験を基に発展させる新たな学びや学習意欲といった観点での評価は容易くない。そんな定量化できない定性的な学びの質を見取っていくには、日々の教育活動そのものの裏返しとして生ずる日常的かつ継続的な評価活動しかないのである。つまり「指導と評価の一体化」ということである。そこで有効な手立てとなるのが、パフォーマンス評価とそれを学びの文脈で意味付けるルーブリック指標の活用である。

　「総合的な学習の時間」が小学校から高等学校まで導入された当時、各学校レベルではポートフォリオ評価の活用研究が盛んに進められた。なぜなら、煩雑という欠点は伴うのではあるが、子供の学びの記録を逐一残すことで評価活動の情報量が圧倒的に得られるからである。ましてや視覚的にも確認できるので、教師にとっては心強い学習評価素材としての役割を果たすのである。

　しかし、ポートフォリオ評価のメリットを認めつつも、学校現場レベルでの問題点は払拭されない面も少なくなかった。それは、カリキュラム適合性（curriculum fidelity）の壁を克服する難点があったのである。

　カリキュラム適合性とは、評価方法と教科カリキュラムの内容レベルが一致していて、さらには、カリキュラムを評価方法ですべてカバーできていることというハードルの高さが災いしたのである。当然、そこには評価方法の信頼性と妥当性という視点が介在してくる。つまり、真正の評価、目標に準拠した評価においてはその対象をどの程度安定的に一貫して意味付けしていけるのかという信頼性と、カリキュラム目標に係る内容構成の妥当性、内容そのものの妥当性をどう客観的に明確化していけるのかが問われるのである。それらを比較可能性のあるものとしての可視化する視点から説明していくことは、各学校にあってはあまりにも専門的過ぎて至難の業と言わざるを得なかったのである。

　ただ、ポートフォリオ評価においては学びの記録が膨大なものとして残されるので、中には学び情報としては評価できないような内容も混入していたとしても、それ以外は、その時々での個々の学び評価という文脈から捉えるなら、

適切な評価を行うための有効な情報は大いに含んでいると解釈すべきである。

例えば、年号や理解する事柄といった事実的知識、グラフの読み取りや数的データの因果関係についての説明といった個別的スキル（学習内容の段階で言えば、知っておく価値があるレベル）、さらには事実的知識を転移させて、政治・経済・外交・文化といった要素を複合的に組み合わせて概念的にわが国の特徴を理解すること、個別的スキルを複雑なプロセスにして複数資料を関連付けて説明するといったこと（学習内容の段階で言えば、重要な知識・スキルのレベル）等は、ある程度までは記述した内容やその他の成果物からその学習状況を推し量ることが可能である。しかし、より複雑な学習の転移による概念化とか、様々な事例から結果として得られる普遍的な原理の把握状況やその一般化に向けた取組み等の姿（学習内容段階で言えば永続的理解のレベル）を見取っていくことにはその評価観点と連動したパフォーマンス課題の設定が不可欠なのである。

ポートフォリオ評価というと、単元カリキュラム全般にわたる単なる評価情報の収集と受け取られやすい。しかし、それだけに留まっていたのでは、評価活動そのものに支障を来すことは火を見るよりも明らかである。

ポートフォリオ評価を大まかに援用するだけでは、後者のような個々の複雑な学びの文脈を理解するための観点や評価指標をカバーしきれない部分が生ずるのである。それを補うのが、パフォーマンス評価ということになろう。

パフォーマンス評価で捉えようとする学習者のパフォーマンスの内容は、そこで求めようとするパフォーマンス課題と連動した小論文や研究レポート、詩や作文、図表、絵画等の完成作品等の評価内容、さらには朗読、口頭発表、ディベート、演技、ダンス、演奏、器具の操作、運動実技、素材活用等々の評価内容、活動の遂行状況、発問、討論、検討会、面接、口頭試問、日誌・ノート記述といったプロセスに焦点化した具体的な評価形態が挙げられる。

言わば、①「筆記による評価」、②「パフォーマンスに基づく評価（完成作品や実技、実演等）」、③「パフォーマンス課題（例えば、「教室の壁を塗り直したら費用はどの程度かかるか調べなさい」とか、「ノンフィクションのエッセイや新聞記事等を基にタイタニック号沈没の際の犠牲者の一人として自伝を書きなさい」と

いったパフォーマンスに基づく評価が定型化されたもの）」等が考えられる。その際、重要となってくるのがモデレーション（moderation：複数の目で評価内容の適切性を調整し合う手続き）という評価内容検討会である。

　パフォーマンス評価のすべてを包括するポートフォリオ評価では、予め教師が設定した評価基準を提示する「基準準拠型ポートフォリオ」、教師と学習主体者である子供が共同で相談しながら自己評価と相互評価双方の視点から評価基準を設定していく「基準創出型ポートフォリオ」、学習主体者である子供が自分なりの自己評価基準を設定してその学びを意味付けていく「最良作品集ポートフォリオ」といった分類がなされる。また、それをより具体化し、学習者である子供の思考と表現を評価する際のパフォーマンス評価観点設定は、より具体性の伴う目標分析に基づくものでなくてはならないであろう。

　また、パフォーマンス評価といった場合、それと対で語られるのが「ルーブリック指標」である。到達すべき目標に照らして明確な観点をもちながら学習成果を評価するパフォーマンス評価は、学習者の学びを可視化する役割を果たす。しかし、それだけに頼ったのでは背後にある個々の学びの質やトータルな資質・能力の獲得度合いを説明するには情報不足である。到達すべき具体的な目標に対してどこまで到達できたのか、どこまで高まったと証拠を示して説明できるのかというパフォーマンス課題に対して獲得した学びを解釈する役割を果たすのが、「評語」と「評価尺度」で構成されるルーブリック指標である。

　ルーブリック指標が主観的であったり、独善的・恣意的であったりしないようにするためには、まず評価したいと考えるパフォーマンス課題ができるだけ具体的で、学習内容に対して直接的であることが求められる。つまり、「リアリティ」である。そして、パフォーマンス評価から学習成果の解釈過程では確かに評価者の主観的な要素こそ全面的に排除はできないものの、行動主義的な実践的かつ客観的事実性を伴った評価方法として威力を発揮することとなる。その実践的かつ客観的事実性を担保する役割を担うのが、学校での学年部会や教科専門部会等の場を活用したモデレーションである。そこでは、評価観点と対になって機能する評語、評価尺度を信頼性、妥当性の確保という面からも納得のいく方法で検討していく。

ただ、このような記述をすると、パフォーマンス評価は万能な評価手法と誤解されやすい。単元カリキュラムの教育実践を通して学習者が身に付けるのは学力である。学力（achievement）は言うまでもなく、個々人に内在する資質・能力そのもので、それ自体が外部からすべて捉えられるわけではない。つまり、外部から簡単に「見えやすい学力（例えば計算スキル等）」と、思考力といった容易に外部からは捉えきれない「見えにくい学力」があるのである。本来的には、すべて見えやすい学力として評価すべきなのであるが、前述の計算力といったものばかりではなく、「見えにくい学力」の方がある意味では多いのが普通である。では、それをそのまま評価することが不可能であるとするならば、一体どうするのか。

　考えられる手立てとしては、見えにくい学力については学習者の学習時の外部に顕れる様子から間接的に推し量る、つまり「推論して概観する」ということである。見えないものを間接的な方法で推論するという方法で見えるようにする役割を果たすのがパフォーマンス評価としての評価観点であり、ルーブリック指標であるのである。イメージとして示すと、図 3-10 のように表せる。

　個々で示したパフォーマンス評価の観点とルーブリック評価の具体的内容、4 段階の評価尺度はあくまでも教科書を参考に作成した事例案である。この評価観点・尺度作成に携わる者が学級担任や教科担任であったなら、より切実に眼前の子供たちの様子を思い描きながら学習指導要領社会科の目標や内容、教

図 3-10　パフォーマンス評価の役割と学力の関係性

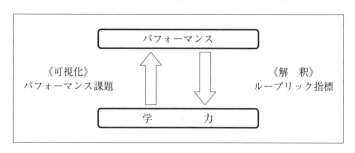

（松下佳代「パフォーマンス評価の構造」2007 年より引用）[5]

《教科におけるパフォーマンス評価観点とルーブリック設定例》

☆事例：小学校第5学年「社会」　単元名「米づくりのさかんな庄内平野」
　10時間扱い
【永続的理解内容　単元としての到達目標】
　○稲作農家は、米作りを通してわが国の食糧確保という重要な役割を担い、国民の食生活を支えている。
【パフォーマンス課題：概念的理解】
　○米作りのさかんな庄内平野では、よりよい米を消費者に届けるために生産者が工夫や努力を重ねている。
【ルーブリックのレベルとパフォーマンスの内容】
　【レベル3　よく理解している】
○農事暦から米作り農家では生産を高めるために工夫して稲を育てたり、作業を効率化したりして経費削減の努力を重ねていることを説明している。
○育成の工夫や生産の効率化を進めざるを得ない稲作農家の現状を資料活用しながら筋道立ててレポートにまとめている。
　【レベル2　及第ラインに達している】
○農家の岡部さんの話から、土作りや育成調査、病虫害の防除などの具体的な工夫をしていることを説明している。
○稲作にはいろいろな費用がかかり、作業の効率化といった経営努力が求められていることをレポートにまとめている。
　【レベル1　もう少しの努力を期待したい】
○農家の岡部さんはよい米を生産するため、3月から10月まで休みなくいろいろな仕事をしていることを話すことができる。
○米作りには農薬、肥料、機械や設備などの費用がかかることをレポートにまとめている。
　【レベル0　かなりの改善を要する】
○岡部さんがよい米を生産するため工夫をしていることの説明が曖昧である。
○岡部さんが他の農家とどうして共同作業をしているのか、その理由がレポートでまったく触れられていない。

科書の教材として設定する単元目標に準拠しながら、「社会事象への関心・意欲・態度」、「社会的な思考・判断・表現」、「観察・資料活用の技能」、「社会的事象についての知識・理解」といった小学校児童指導要録「各教科の学習の記

録」に示された観点に基づきながら、より詳細なものを作成することは疑う余地のないところである。

なお、事例案で採用した評価レベル「3」〜「0」までの4段階尺度は絶対的なものではない。例えば、道徳授業などで学習者である子供が評価観点を設定するような場合は、2段階とか3段階でも一向に構わない。むしろ、そのような場合は、自己評価することで豊かな学びを引き出すことが主眼となる。

前頁は、その時間で達成すべき明確な内容的目標をもつ教科教育とは異なり、人格形成の視点から人間としての在り方や生き方への自覚化を目指す方向的目標設定となっている教科外教育としての道徳の時間でのパフォーマンス課題とルーブリック指標の設定例である。

《道徳科におけるパフォーマンス評価観点とルーブリック設定例》

☆事例：小学校第6学年「道徳科」主題名「心晴れやかに」A（2）明朗・誠実
　1時間扱い　教材名「手品師」（出典：光村図書6年道徳教科書）
【永続的理解内容　主題としての到達目標】
　善く生きるということは、自分に対しても、他者に対しても、誠実に生きるということである。
【パフォーマンス課題：概念的理解】
　自分や社会に対して常に誠実でなければならないことを自覚し、人間としての誇りをもった責任ある行動を取ろうとすることができる。
【ルーブリックのレベルとパフォーマンスの内容】
　　（レベル3　よく考えることができた）
　自分の夢よりも男の子との約束を優先した手品師の立場に立って考え、その誠実な行動の清々しさ、素晴らしさを受け止めることができた。
　　（レベル2　自分ならと考えることができた）
　自分が手品師の立場だったら、自分の夢と男の子との約束のどちらを優先すればいいかと一生懸命に考えることができた。
　　（レベル1　よく考えることができなかった）
　あんなに大劇場の舞台に立ちたがっていた手品師が、名前や住んでいる場所さえ知らない男の子との約束のためにチャンスを断ったその理由が自分には分からない。

今さら言うまでもなく、道徳教育で目指すのは「道徳性」の育成である。道徳性は、人間の心の動きとしての物事の価値を認知的側面から善悪の判断として行う「道徳的判断力」、情意的側面である「道徳的心情」、内面的資質として形成された道徳的心情や判断力を具体的な道徳的実践へと具体化するための行動的側面としての「道徳的実践意欲・態度」で構成される。頭で分かっていることを実践しようとする個の内面的資質としての「道徳的実践力」は、情意的側面、認知的側面、行動的側面が不可分一体となったものであることを前提とすると、主題の目標に対して特化した評価観点のみを設定するのではなく、情意的、認知的、行動的各側面を視野に置いた複数の評価観点をバランスよく設定すべきであろう。

　ちなみに、道徳授業での主題は1単位時間での授業構成がよく見られるが、各学校の置かれている道徳的実態を受けての重点的指導を視座するなら、多時間扱いのショートプログラムを中心としたカリキュラム開発もますます必要となってくる。その分、単時間での指導が複数時間での指導になるということは、どうしても評価観点がぼけやすい。主題カリキュラムを構成する際には学習全体にわたる評価計画を作成し、さらに各時間の評価観点とその指標を設定するような手続きを踏んでいきたい。

■第3章参考文献
(1)　田中博之　『カリキュラム編成論』　2013年　放送大学教育振興会
(2)　国立教育政策研究所編　『資質・能力　理論編』　2016年　東洋館出版社
(3)　文部科学省　『小学校学習指導要領解説総則編』　2018年　東洋館出版社
(4)　奈須正裕編　『小学校中学校　新学習指導要領全文と要点解説』　2017年　教育開発研究所
(5)　ライル.M.スペンサー／シグネ.M.スペンサー　『コンピテンシー・マネジメントの展開』　2001年　生産性出版
(6)　田村知子　『カリキュラムマネジメント』　2008年　日本標準
(7)　浅沼茂・奈須正裕　『カリキュラムと学習過程』　2016年　放送大学教育振興会
(8)　松尾知明　『未来を拓く資質・能力と新しい教育課程』　2016年　学事出版
(9)　辰野千壽　『学習評価基本ハンドブック』　1993年　図書文化
(10)　梶田叡一　『教育評価』　1983年　有斐閣
(11)　安彦忠彦　『自己評価』　1987年　図書文化
(12)　田中耕治　『教育評価』　2006年　岩波書店

(13) 石田恒好 『教育評価の原理』 2012年 図書文化
(14) 岡田純一 『教育的効果をもたらす評価の理論と実践』 2003年 学事出版
(15) B. S. ブルーム他 『教育評価法ハンドブック』 梶田叡一他訳 1973年 第一法規
(16) 西岡加名恵 『教科と総合に活かすポートフォリオ評価法』 2003年 図書文化
(17) G. ウィギンズ／J. マクタイ 『理解をもたらすカリキュラム設計』 西岡加名恵訳 2012年 日本標準
(18) 髙浦勝義 『絶対評価とルーブリックの理論と実際』 2004年 黎明書房
(19) 髙浦勝義 『ポートフォリオ評価法入門』 2008年 岩波書店
(20) 松下佳代 『パフォーマンス評価』 2007年 日本標準ブックレット
(21) 田沼茂紀 『豊かな学びを育む教育課程の理論と方法』 2012年 北樹出版
(22) 田沼茂紀編 『「特別の教科 道徳」授業＆評価完全ガイド』 2016年 明治図書

第 II 部

学校教育を基礎付ける理論的原理

第4章

学校教育の本質とその理解

1．教育的関係と教育的必然性とは何か
（1）教育的関係について考える

　「教育（education）」という言葉には人が人を「教える」という意味と、人が自らの力で「育つ」という両面が含まれている。言わば、「教え－学ぶ関係性」と「育て－育つ関係性」、さらに言うなら「受動的関係性⇔能動的関係性」という教育の構図が見えてくる。このような「教え－学ぶ関係性」、「育て－育つ関係性」というのは、何も学校教育の世界だけに留まることではない。一般社会においても、この人と人との「教育的関係」は日常的な社会生活全般において見いだされるものである。

　例えば、『純粋理性批判』、『実践理性批判』、『判断力批判』という三大批判書で知られる前出のドイツの哲学者・教育学者のカント（I. Kant）は著書『教育学講義』[1]の中で、

　「人間とは教育されなければならない唯一の被造物である」
　「人間は教育によってはじめて人間となることができる」
　「人間は人間によってのみ教育される」

と著名な言葉を残している。

　カントが思い描く教育とは、どんな理想に基づくものであったのであろうか。カントによれば、人間は動物と異なって他者からの養護と陶冶とを必要とし、その訓練と指導との陶冶の過程を経ることで人間性という理性に従って生きる中で自分を発達させていくと述べている。換言するなら、「人が人を教え、人が人を導く」という教育的関係の中で、誰しもがもっているその人固有のよさ、生き方の善さに気付かせ、引き出し、認め励まして開花させることこそが重要であるとしているのである。当然のことであるが、そのような自己開発の

体験をした人は自分と同様に生きる他者のよさにも気付き、相手に気付かせ、引き出し、認め励ます存在としてより一層社会貢献できる人格として大きく成長していくことになろう。語り尽くされた言葉ではあるが、「教育は国家百年の計」という名言の意図するところに人間社会における教育の目的や役割が重なり合うものである。

　このような教育の本質を巡る教育的関係についての言及は、古今東西を問わず唱えられ、語り継がれている。

　江戸後期の儒者・教育家で、豊後国（大分県）で私塾・咸宜園を設立して後進の育成に尽力したことで知られる広瀬淡窓（1782～1856年）は、「人材を教育するのは善の大なるものなり」と看破し、教育とは人間社会における最大の善行であるという教育観で後進育成に邁進した。その咸宜園教育の理念には、「鋭きも鈍きもともに捨てがたし　錐と槌とに使い分けなば」という考え方があった。つまり、人間には人それぞれに違った能力がある。頭脳鋭い者もいれば、その逆の鈍い者もいる。しかし、頭脳明晰な者だけが世に役立ち、愚鈍な者は役立たないかと言えば、決してそうではない。人間にはそれぞれに個性があり、異なった能力が秘められているものである。その能力を発揮できるようにすれば、この世に役立たない者などいないと淡窓は考えたのである。

　また、時代背景は全く異なるが、戦前の海軍軍人であった山本五十六（1884～1943年）の名言[2]

　「やってみせ、言って聞かせて、させてみせ、ほめてやらねば、人は動かじ。」
　「話し合い、耳を傾け、承認し、任せてやらねば、人は育たず。」
　「やっている、姿を感謝で見守って、信頼せねば、人は実らず。」
　　（橋本禅厳講話『正法眼蔵四摂法之巻模壁』では「やって見せ　説いて聞かせて　やらせてみ　讃めてやらねば　人は動かぬ」となっている）

は現代においても多くの人々に共感をもたらし、教訓として語り継がれている。

　このような教育的関係は、ともすると堅苦しく無機質なイメージがつきまといがちである。しかし、人と人との関わりの中で成立するのが「教育」である以上、教え合い、学び合うというその営みにおいては教師と子供、子供と子供

図4-1 教育的関係の構造

＊教育的関係は、教育内容と教育方法という2要素によって成立する。

相互の教育的関係を抜きに語ることはできないのである。

　もちろん、それを取り結ぶのは教育内容と教育方法とを有機的に配置して具体的な教育活動が展開されるように計画した各学校の教育課程であり、教育カリキュラムである。

　そんな教育的関係構造について、教育哲学者の横山利弘（2007年）は「つくる－つくられる」という教育観に基づく工作的教育観、「育てる－育つ」という教育観に基づく有機的教育観、「教える－学ぶ」という教育観に基づく伝達モデルの教育観、「目覚める－目覚ます」という教育観に基づく実存論的教育観という4類型に分類して説明している。

　横山は、「教育的関係は教師と子ども双方の自由な意志をもつ者の間に成り立つ『愛と信頼の関係』」[3]と説き、教師の教育愛に基づく信頼と粘り強い忍耐力があれば、子供はきっとこれに応えようと自らの力で育とうとするに違いないと述べている。

　このような教育的関係については、哲学・人間学的な立場から改めて教育学を捉え直したドイツの教育思想家ボルノウ（O.F.Bollnow, 1903～1991年）が唱えた概念、「感謝と従順（主体的従順）」という学びの姿勢そのものであるとも説明できよう。そこでの学びは「教える教育」ではなく、「問いと応答の教育」という教育的関係である。その「問いと応答」をどう意図的かつ計画的に実現させていくのかと考えた時、学校では何を目的とし、いつ、どのような内容をどのような方法で施せばよいのかという教育活動の先見的な見通し、つまり学

校教育を構成する構想計画としての「教育課程」や「教育カリキュラム」がなければ、子供たちは自らの学びの経験を拡大することはできないのである。

(2) **教育的必然性**について

　近代以降の社会では、「教育＝学校教育」といった同義語的な意味合いで用いられることも少なくない。学校は地域社会の重要な構成要素であり、少子高齢化や過疎化といった社会現象を背景に全国で同時進行的に進められている学校の統廃合はその地域社会システムやそこに暮らす人々に歪な影を落としている。

　例えば、学校の統廃合事案一つとっても、それに対する事実認識は異なる。地域に多年暮らし、廃校手続きが進められる学校で自らも学んだ住民にとっては地域文化の灯火を失う断腸の思いをするのである。しかし、子供を学校に通学させている保護者は限定的な人間関係しか構築できない小規模校よりも、例えスクールバス等での通学時間がかかっても子供の将来の可能性を視座するなら積極的な統廃合に一縷の希望を託すのである。

　それ程までに学校は日常の一風景であるし、学校教育は人々の日常生活の中に有形無形なかたちで浸透している。よって、その意味や在り方を尋ねるなら、老若男女を問わず一様に義務教育としての学校経験を有しているので個別な教育論を展開できるのである。換言するなら、学校経験が個々人にもたらすインパクトは大きく、そこで得た人生価値は大きくその後の生き方に影響を及ぼすのである。よって、学校で展開される教育的営みについては「問わず語り的な暗黙の了解関係」が存在するのである。

　小学生の頃を回顧していただければすぐに思い当たることである。小学校に入学することへの憧れや喜び、先生や友達との新たな出会いに対する期待感、学校での忘れ難い様々な体験や幸福感に包まれたセピア色をした思い出等々である。学校という場を介して立場の異なる人々が出会い、その距離を縮め、関係を築いていく過程において、人は自らの人生を生きていく上で必要な様々な学びを蓄積していくのである。そこにはたいていその学び要素を裏付ける人間的な特質としての道徳的価値が介在している。

特に、教育を授ける側、教師あるいは教育者に期待される人間的な価値ある特質は絶対的な響きをもっている。価値語として示すなら、「愛」、「信頼」、「権威」、「忍耐」等である。そして、その中核をなすのは「教育愛」である。教職を目指す者、既に教職である者にとって馴染み深いルソー、ペスタロッチ、ヘルバルト等々の教育思想や教育実践を語る時、その根底には「教育愛」を基底にした教育的関係性と教育的必然性が必須要因として取り上げられるのである。つまり学校という教育的営み、あるいは教育的行為の本質を支えるものには教育愛といった価値語で修飾される「善なるもの」という前提がなければならないのである。事実、紀元前のソクラテスの時代から語られる様々な教育思想家の中で、誰一人として道徳教育に言及しなかった人間はいなかったことからも、それは歴史的事実として物語られているのである。「生きてこその教育、善く生きることを学ぶのが教育」である。

(3) 子供にとっての学校とは何か

「教育」という用語には広範な概念が含まれているが、多くの場合は主に学校教育に限定して語られることが圧倒的である。前章でも触れたイヴァン・イリッチの『脱学校の社会』で語られた「学校化 (schooling)」という社会システムの文脈で捉えるとある意味、「教育」はとても使い勝手のよい言葉であり、教育的関係と教育的必然性とを説得力ある説明としていくためには不可欠かつ好都合なものである。

教育あるいは学校教育という用語には、不思議な魔力がある。現在学校に在籍している子供はともかく、学校という場所はどの世代の人々にとっても懐かしく、ありし日に関わった人々との思い出となってまるで昨日のことのように思い起こされ、走馬燈のように次々と鮮明な記憶となって蘇ってくるのである。

フランスの社会学者 E・デュルケーム (Émile Durkheim, 1858～1917 年) は、「教育の目的は子どもに対して全体としての政治社会が、また子どもが特に予定されている特殊的環境が要求する一定の肉体的、知的および道徳的状態を子どもの中に発現させ、発達させることにある」[4] と述べている。デュルケーム

の言に従うなら、教育とは社会生活においてまだ成熟していない世代に対して成人世代が行使する意図的作用である。そして、当然そこには知育教育のみでなく、人格形成といった道徳教育も含まれる。

　一方、デュルケームと立場は異なるが、プラグマティズム（実用主義・経験主義）哲学者であり、進歩主義教育学者としてわが国の戦前・戦後教育に大きな影響力を及ぼした米国のJ・デューイ（John Dewey, 1859〜1952年）は、その主著『学校と社会』[5]の中で、学校は子供が受動的に学習する場ではなく、子供が興味に溢れて活動的な小社会にならなければならないと述べている。子供たちは、学校教育を通して自分らしい生涯にわたる生き方に必要なものを自らの必然性があることとして学ぶのである。

　このように、学校教育における「育て・育つ」という人間的な温もりのある営みは、教育的関係と教育的必然性という関わりによって人格の完成を目指すという教育理想として体現されるのである。もちろん、学校教育は具体性の伴う現実的営みである以上教育理想のみを語って済まされるような世界ではない。しかし理想なき日常的現実というのは空疎である。理想実現という教育的関係の具現化、敷衍化を目指さない限り、「育て・育つ」という教育の理想は孤高な絵空事で終わってしまうのである。

　人間的な関わりを前提に学校教育を視座した時、そこには主体的かつ豊かな学びの集積としての知性、この世に生を受けた一人の人間としてのより善い在り方や生き方を実現するための徳性、さらには美しく健やかな身体と気力漲る健康という3要素、つまり知育・徳育・体育という「知徳体」の調和的統合が必須なのである。これらは、社会的存在として自己実現を可能にする人間の感性や社会性、道徳性等に裏打ちされたトータルな人間力である。この「人間力」を育むことこそ、日常的教育活動の具現化を支える「心棒」なのである。

2．人間社会における教育の機能的役割とは

（1）社会生活における教育の意味と学校

　わが国の近代教育制度確立に向けた草創期の明治5（1872）年8月2日、明治政府が「学制頒布」と同時に布告した「学事奨励ニ関スル被仰出書（おおせ

いだされしょ）」には、「自今以後一般の人民華士族農工商及婦女子必す邑に不學の戸なく家に不學の人なからしめん事を期す人の父兄たる者宜しく此の意を體認し愛育の情を厚くし其子弟をして必ず學に従事せしめざるべからざるものなり」[(6)]と記されている。

　明治政府が国家施策としての教育に言及した当時は後年の天皇制国家主義に基づく皇道主義教育観とは全く異なり、学問・教育を人民の昌業治産の財本と説く欧米流の功利主義的教育観が全面に押し出されている。つまり、教育は社会生活の中で身を起こし、富をもたらし、豊かな人生を送るための具体的な手立てであるという国民への周知を図ったのである。この事実は、教育あるいは学校教育を施すことの社会的意味を十分に物語っていることでもある。人は誰しもその程度の差こそあれ、社会の中で身を起こし、富や社会的地位を手にし、心身共に豊かな生活を送りたいと思うのではないだろうか。そんな幸福な人生観と学校教育制度を重ねたところに社会生活における教育の意味と学校教育の機能的役割があると考える。このような素朴な学校神話、教育信仰は啓蒙思想家・教育者・慶應義塾創設者として知られる福沢諭吉（1835～1901年）が著した『学問のすゝめ』においても、「学問の要は活用に在るのみ。活用なき学問は無学に等し」[(7)]と明快に語られている。しかし、それが幾多の時代を経る中で政争の具となったり、国家権力によって牛耳られたりするような歴史を辿ってきたことは言わずもがなのことである。

　ただ、「教育は人間としての望ましさ、善く生きるという価値実現のために意図的・計画的に施されることで個々人の人格的成長と発達を促す営み」であるという本質部分は大きくぶれることはないのではなかろうか。例えば、戦時色一色に塗りつぶされたとされる昭和前期時代のわが国において、先のような人格的成長と発達を促す営みがなかったのかというなら、決してそんなことはあり得ないのである。事実、そのような時代に刊行され、半世紀近くを経ても新たな読者を惹き付けて止まない1937年に刊行された吉野源三郎著『君たちはどう生きるか』といった名著は如実にそれを物語っている。当時のわが国の社会は、盧溝橋事件に端を発した満州事変の只中で戦争に突き進む重苦しい空気が覆っていた。しかし、そんな中でも「人は何を大切にし、どのように生き

ていけばよいのか」という哲学的問題は厳然と存在し続けていたのであり、そのような社会的存在として生きることを子供たちに培い、育んでいたのもやはり教育であり、学校教育の本質を全うするための営みが全国の教室で展開されていたのである。

（2）自律的主体者としての教育的人間

　教育は、時には為政者によってその目的や本質的な意味を時にはねじ曲げられたり、洗脳的な押し付けがなされたりしてきたことは、過去の歴史を繙けば否定し得ない事実である。しかし、それだけではない。いつの時代にあっても「人間は自ら自立し、成長・変容する自律的存在」である。その時々の時代の中で、人と人との間に生きる社会的存在として生かされ、生きる存在の個人ではあるが、どんな状況下でも絶えず自らの全身全霊を動員し、頭脳を働かせ、心を働かせて「人間らしい生き方」を希求していくのが自律的人間なのである。この一人の人間の善なるものへの本能的志向性をもって生きる姿、自らの意志力で高まろうとする内面的変容に着目し、支え、励まし、育み育てていくところから「教育」論、学校教育の営みは開始されるのである。例え強大な権力や理不尽な出来事が押し寄せ、個の生き方や考え方を封じ込めようとしてもそれは場当たり的な愚行に過ぎない。個々人の中に存在する内なる良心（inner conscience）だけは、決して侵害されるものではない。

　第2次世界大戦の最中、ナチスドイツのユダヤ人迫害によって捕虜強制収容所に収監され、家族や仲間を失い、人生の辛酸を舐め尽くした精神科医のヴィクトール・E・フランクル（1905～1997年）は、自らの収容所での体験を洞察し、極限状態における人間の心理や生き方について科学者の目を通して克明に分析した『夜と霧』と題する著書を戦後に刊行した。その中で語られている人間が生きる意味についての真実、「人生から何をわれわれはまだ期待できるかが問題なのではなく、むしろ人生が何をわれわれから期待しているかが問題なのである」[8]というこの一言に解は示されていよう。つまり、フランクルは人間の内面に抱える苦悩や悲しみ、絶望感といった心の負の部分に着目し、それは人間のみが感じることのできる感情であり、能力であると捉えたのである。

その「苦悩する力」こそ、その先に拡がる未来であり、希望なのである。

　ここまでのことを換言すれば、いつの時代の教育であっても、どんなに厳しい社会状況下で展開される学校教育の営みであっても、そこには必ず未来への可能性や希望の光明が差し込んでくるのである。人間が自ら生きようとし、その生を全うするために高まろうとするところには必ず「教育的関係」は生じてくる。もちろん、そこで個としての人間が学ぼうとする対象は何も人間ばかりではない。「教え－学ぶ関係」は一個人と「人・こと・もの」の関わり、つまり環境の中で成立するものである。「教え－学ぶ関係性」と「育て－育つ関係性」とで成り立つ教育であるが、そこで肝要なのは受動的学習者（passive learner）に留まらない学習者の能動的働きかけである。「教え－学ぶ関係性」というプロセスの中で能動的学習者（active learner）としての人間本来の自律的・主体性が発揮されるなら、それは「育て－育つ関係性」へと発展するのである。自律的主体者として生きることができる人間には、本来的に教育的人間として生きる能力が備わっていることの裏返しでもある。

　改めてカントの名言、「人間は教育によってはじめて人間となることができる」という言葉を噛み締めると、教育とは何か、教育を施す場としての学校とは何か、学校での教育的関係と教育的必然性の営みとしての学校教育の意味が徐々にその輪郭を現してくるように考える。

3．教育における人間発達と人格的成長の考え方
（1）教育における発達の意味

　人間にとっての教育、あるいは学校教育が果たす役割とは、一人の人格をもった社会的存在として人間が生きていく上で必要不可欠なものを身に付けることを支援する手法ないしはシステムであることは既にここまで述べてきた。

　教育における人間発達の考え方は、教育の力によって一人の人間を成長させるという見方もできようし、視点を違えて捉えるなら、教育の力によって一個人が覚醒し自らを変容させる契機として教育あるいは学校教育の場が作用するとも説明ができよう。もちろん、学校教育に限定するなら、そこでの営みとしての具体的な教育活動が子供自身の内面的な変容へと導くことにその意義があ

り、目的そのものでもあるのである。

　また、その方法論的な手法は「文化の継承・発展」を目的とするといった外的教化作用によって連綿と引き継がれてきた人類遺産を後世へ伝達するシステムとしての「教育可能性」という側面と、自律的な個の内的精神作用を機能させる手立てによって促す「成長可能性」という側面、その両面からの人格形成に向けた意図的な働きかけとして「教育」の社会的機能は取り敢えず説明できるのである。

　ただ、教育における発達（development）といった場合、それは人格形成という「個としての人間性発達」を意味するものである。また、発達と同様の用語としては、成熟、成長、発展、開発、展開等々の類似した意味を有するものもあり、それらの様相は一様なものとして統一的に捉えられるような性質ではない。ちなみに「発達」と対比的に用いられることが多い用語としての「成熟」とは、人間の器官ないしは身体機能や構造が成長の過程を通じて完全に完成した状態に到達することを意味し、個の心理的側面や精神的側面での成長ではなく、身体的・生物的側面を説明するのである。よって、ここでは心理学的知見も織り込みながら、教育学あるいは本書で述べている学校教育学といった視点から連なる「発達」概念について少し定義付けていきたい。

　「発達」とは、一人の人格をもった人間の誕生からその死までの一生涯の時期に顕れるすべての成長と減退を意味している。乳児期、幼児期、児童期、青年期、壮年期、中年期、老年期といった人間の一生涯における発達区分の中で、それぞれが固有の人格を有する人間がどのように心理的側面や精神的側面で変容の道筋を辿っていくのかという人格的成長プロセスを意味している。

　この人格的成長プロセスを踏まえつつ幼児期、児童期、青年期にある幼児・児童・生徒等とどう向き合うことが個としての人格的成長に寄与するのかという視点を明確にしていくことは、広い意味での教育概念も含めて学校教育の大切な視点となるのである。

　要約するなら、人間はただ日常的社会生活の拡大や学校教育作用によって発達させられるのではなく、自分が外的環境との相互関係を保ちつつ「内的経験」を重ねながら自ら質的に変容していく人格的成長プロセスを意味するので

ある。

(2) 発達の過程における発達課題とは何か

学校教育では、発達課題を踏まえた適切な指導や援助が不可欠である。なぜなら、子供一人一人の人格的成長・発達プロセスにおいて様々な支援をすることで自発的・主体的な社会化促進を促す営みであるからである。

よって、学校教育は子供にただ望ましい行動内容を教えるといった一方向的かつ教師主導の主知主義的な指導ではなく、子供自身が自らの問題に気付き、教師の力も借りながら主体的に思考することを促すような指導・援助が重要なのである。その際に求められるのが、教師の受容的かつ支援的な態度と発達課題への正しい認識である。

子供と教師の信頼関係（仏／rapport：心の通い合い）は、親子関係とは異なり、学校教育という社会制度の中で成立する特別な人間関係で、子供の発達段階によってもその関係構築の特徴は一様ではない。表 4-1 は、教育心理学者の岸田元美（1983 年）による先行研究論文「子どもの教師認知と態度」を要約してまとめたものである。

教師と子供との信頼関係は変わらないが、その関係性を保持していく際の意味付けが発達段階によって変化してくる。子供は学齢の進行と共に他律的依存関係から、自律的信頼関係へと教師を一人の専門性に裏打ちされた人格として捉えるようになってくる。

表4-1 子供の発達段階による教師認知と態度

特徴 段階	教師へ期待するもの	教師に対する理解	教師に対しての態度
小学校低学年～中学年	母親的な教師像 （優しさ、包容力）	絶対視・偶像視 （教師は絶対的権威）	愛情的期待と畏敬 （親和的・依存的）
小学校中学年　高学年	父親的な教師像 （公平さ、熱心さ）	教師への批判視 （批判的態度の芽生え）	信頼と批判 （信頼、肯定、批判）
中学生～高校生	専門家的教師（厳正、熱心な学習指導者、人生の先達的教師）	理想像の追求と現実的ずれの発見、1人の人間としての受容	反抗と性愛的思慕 （反抗、批判、否定、独立、閉鎖、憧憬）

（小泉令三編 『よくわかる生徒指導・キャリア教育』 2010 年　ミネルヴァ書房　p.31 を参照作成）

子供と教師の関係は、子供の発達段階によって変化する。ここで用いる「発達段階」という用語は社会科学的知見からその年齢層に属する子供たちの一般的な傾向性を指している。よって、それは平均的な子供理解であり、現実に接する一人一人の個別的な理解とは一線を画すものである。その両者の違いは、平均的理解として捉える場合は「発達段階」と称し、個別的理解の場合は「発達の段階」と言い換えて区別することが多い。例えば、文部科学省からわが国の学校教育の国家基準として示されている小・中学校、高等学校、特別支援学校学習指導要領や幼稚園教育要領およびその解説編では適宜区別されていることからも頷けよう。

　さて、ここで問題とする「発達段階」や「発達の段階」を踏まえた「発達課題」という用語は、米国の教育学者ハヴィガースト（R. J. Havighurst, 1953 年）によって提唱された個人が健全な発達を遂げるために、それぞれの時期で果たさなければならない課題、つまり、個人の成長・発達過程で生ずる発達課題（developmental task）という概念である。

　発達課題は人生におけるそれぞれの時期に生ずる課題で、それを達成すればその人は幸福で充実した生活を手にし、次の段階の発達課題達成も容易になるが、そこで達成できなかった場合はその人は不幸さと挫折感を味わい、社会からも承認されず、次の段階の発達課題を成し遂げるのも困難になってしまうと、ステレオタイプに単純化すればそういった説明になるのである。また、それぞれの人生段階における発達課題とされるものはハヴィガーストによれば、歩行の仕方を学ぶといった A.「身体的成熟から生ずるもの」、読み・書き・計算といった学習や社会的に責任ある行動の仕方を学ぶといった社会から要請される B.「社会的・文化的なものから生ずるもの」、職業選択や社会的自立への準備、社会的・道徳的価値観形成といった C.「個人の望ましい在り方や生き方を規定する過程で生ずるもの」と大別されるが、これらの 3 要素は多くの場合において緊密に関係し合い、個の成長・発達過程でどうしても越えなければならないハードルとなって個人の人格的成長の前に立ちふさがるのである。

　学校教育にあって、教師が心身の変化が著しい子供たちを的確に理解し、各段階における最適な指導・援助を行っていくためには、各段階における発達課

題それぞれがもつ意味と顕在化される特徴を捉え、確実に達成できるように支援していくことが人格的成長においてはとても重要なのである。教師は学習活動を中心とした学校生活の展開において、このような発達課題への理解や臨床心理学的な知見、教育学的な知見を十分に理解しつつ指導・援助に当たっていくことが何よりも大切にしなければならない事柄なのである。

　なお、ハヴィガーストは、A．乳幼児期（歩く、食べる、話す、排泄、性差的慎み、人間関係、善悪・良心の学習段階）、B．児童期（日常の身体的技能、交友関係、社会的役割、基礎的学力の習得、良心・道徳性等の獲得、社会的適応学習段階）、C．青年期（対人関係スキル習得、性差による社会的役割達成、情緒的独立、経済的自立、職業選択・結婚・家庭生活の準備、市民、社会人としての価値観・倫理観の獲得等）、D．壮年期（職業生活、結婚、育児、家庭の心理的・経済的・社会的管理、社会的責任の遂行等）、E．中年期（市民的・社会的責任達成、経済力維持、子供の教育、余暇の充実、配偶者等との信頼関係、心身的変化の受容、老父母の世話等）、F．老年期（体力・健康の衰退、経済的減少、同年代との親密な関係性、社会的・市民的義務の遂行、老年生活への対応、死の受容と受入準備）と人生を6段階に区分した。

　それに対し、ドイツ生まれで米国を舞台に活躍した精神分析学者のエリクソン（E. H. Erikson, 1959 年）は人生を8段階に区分し、それぞれに発達課題と心理社会的危機（psychosocial crisis）、重要な対人関係、心理社会的様式を設定した。エリクソンは、人生の発達段階をⅠ期：乳児期（基本的信頼 VS 不信）、Ⅱ期：児童前期（自律性 VS 恥、疑惑）、Ⅲ期：遊戯期（積極性 VS 罪悪感）、Ⅳ期：学齢期（勤勉 VS 劣等感）、Ⅴ期：青年期（同一性 VS 同一性拡散）、Ⅵ期：前成人期（親密さ VS 孤立）、Ⅶ期：成人期（生殖性 VS 自己没頭）、Ⅷ期：成熟期・老年期（統合性 VS 絶望）という対語的な表現で発達課題を説明した。

　この中で特に中学生や高校生を対象にした生徒指導で関係するⅤ期の「青年期」段階は、生理学的変化と社会的な葛藤とによる自己概念混乱の時期でもある。自分がどんな人間なのかという自我同一性（ego identity）を確立することが課題となる。ここでの自我同一性の確立に失敗すると役割混乱が起こって同一性拡散（identity diffusion）という病理が生ずる。そうなれば、人格が統一さ

れず、社会への適切な関与ができない状態を生じてしまう。この青年期に位置する子供たちが自我同一性 identity の確立を目指して試行錯誤しながら、少しずつ自分の在り方や生き方・価値観・人生観・職業選択を決定したり、少しずつ自分自身を社会の中に位置付けたりしていく（社会化）のを生徒指導では指導・援助することがとても重要になってくる。

表4-2　発達課題の意義とその特徴

《発達課題を巡る学習の特徴的分類》
A．発達課題は、自己と社会に対する健全な適応を促す不可欠な学習である。
B．発達課題は、一定の発達段階の期間内で学習されなくてはならない。その後も存在し続ける課題ももちろんあるが、その意義は減少していく。
C．発達課題は、幼児期から老年期に至るまでの各成長段階にある。

先にも述べたが、発達と類似したものとして用いられる「成熟」という用語との違いは、身体的な諸器官や運動機能等の成熟はある一定の段階に達するとピークを迎え、その後は退行する。だが、発達は一生涯にわたって継続される性質をもつものである。このような発達の意義と特徴をもつ子供一人一人の発達課題を踏まえつつ、学校教育の機能概念に照らした適切な指導や支援を行うことで子供の人格的成長が促されるのである。また、認知的側面のみでなく、道徳性や社会性といった社会的側面における発達については、ある一定の傾向的特質を伴っていることが確認される。

表4-3　発達における一般的な法則性

《発達に係る一般的な法則性》
A．発達は、他律的段階から自律的段階へと一定の方向性を辿る。
B．発達は個別的であり、辿る道筋は個々人によって異なる。
C．個別的に発達した人格的特性は停滞要因が生じても低下することはない。
D．発達は、その停滞要因が生じてもそれが解消されれば生涯継続される。

このような社会科学的な知見を勘案しながら展開していく視点が今日の学校教育では不可欠なのである。

4．教育的社会化という用語の意味と子供理解の考え方
（1）教育的社会化とは何か
　学校教育は目の前にいる子供を対象とし、それを受け止めることからすべてが出発する。ならば、その教育活動の主人公とも言うべき子供をどう理解し、どう育み育てていくのかという基本的な考え方を共有することなしに各学校で掲げる学校教育目標は達成されない。各学校の教育活動を進めるに当たって、子供にとっての社会化（socialization）の意味、教育的社会化を促進するための留意点等について以下に考察していくこととする。

　まず、教育的社会化についてである。教育的社会化とは、個としての子供が自分の所属する集団や社会での望ましい行動様式を取り入れることによって、その所属集団・社会に適応することを学ぶ過程である。

　子供が所属する集団や社会の文化、特に価値と規範等を身に付けることを指すが、それは遺伝子により先天的に獲得されたものではなく、学習により後天的に獲得されるものである。その後天的に学習する過程としての教育的社会化は生活様式全般のみならず、精神的活動としての文化や価値観にまで及ぶ。その子供を社会化する役割の多くを担うのは、言うまでもなく学校教育の場である。もちろん、その前段階としての家庭教育の場も重要である。このような教育的社会化については、第1次社会化、第2次社会化と区別することも多い。

《第1次社会化》
　主に担うのは家庭教育の場である。幼児期から児童期にかけて行為、言語や基本的な生活習慣を習得する。この時期に社会化された事柄は、その後の第2次社会化を展開する学習の基本となる。この段階の社会化の担い手は、主に家族であり、特に乳児と母親との1対1の関係が出発点で、そこから徐々に子供の社会が広がっていく。

《第2次社会化》
　児童期から青年期、成人期と発展していく。この時期では、主に社会的役割・人生役割（life roll）等を習得する。社会化の担い手は、家族集団から拡がる学校・仲間・地域社会・職場・メディア等々である。

前出の社会学者デュルケームは、社会化という概念について「社会的拘束理論」を提唱した。デュルケームによれば社会化とは価値の習得であり、社会化される人を強制する契機（拘束）があり、モデルは社会化される人にとって尊敬の対象であると同時に社会的権威の代理であるとしている。

　思い起こしてほしい。なぜ子供たちは疑うことなく毎朝学校へ行き、教室で教師を待ち、その指示に従って学習するのであろうか。米国の教育学者P・W・ジャクソン（P. W. Jackson）は、「潜在的カリキュラム（hidden curriculum：*Life In Classrooms*, TEACHERS COLLEGE PRESS, 1968)」という概念を提唱し、学校や教室という集約的な場所における教師と子供との服従・支配関係を「群れ」、「賞賛」、「権力」という三つの用語で描いて見せた。このような子供たちが学校内の教室に置かれた教育環境や教育条件、教師と子供との関係性等々を分析するなら、そこには子供たちにとって絶大な影響力をもつ教師の教育観、子供観が及ぼす影響は計り知れない。

（2）子供を理解するとはどういうことか

　学校教育において、「子供を理解する」とは極めて日常的で当たり前の言葉である。しかし、果たしてどれだけの教師が、どれだけ本来的な意味で「子供理解」という用語を受け入れているのであろうか。子供理解とは古くて新しく、当たり前なようで難しいことなのである。

　子供の発見者として知られるスイス出身でフランスの思想家として活躍したルソー（J. J. Rousseau, 1712〜1778年）は、著書『エミール』の中で、「人は子どもというものを知らない。子どもについてまちがった観念をもっているので、議論を進めれば進めるほど迷路にはいりこむ。このうえなく賢明な人々でさえ、大人がしらなければならないことに熱中して、子どもにはなにが学べるかを考えない。かれらは子どものうちに大人をもとめ、大人になるまえに子どもがどういうものであるかを考えない」[10] と指摘している。

　このようなルソーの子供観を、どう受け止めたらよいのであろうか。子供たちを前にした時、教師は「今は、この子供たちにとってかけがえのない時間であるから、あまり将来的なことばかり早手回しに心配するのは止そう」と簡単

に割り切れるであろうか。子供はいずれ大人になる存在である。よって、そこに至る過程ではその時々に社会人として求められる資質・能力を身に付けていかなければならない。そんな存在の子供を前に、つい親や教師は老婆心で、「今これをやっておかないと」とか「こんなことができないと、きっと大人になって困る」と気を揉んでしまうのである。その状態は、まさに眼前にいる子供の姿を見つめながら、実はその背後に幻像となって見え隠れするその子自身の未来を見ているようなものである。子供を理解することの難しさを教師は常に自戒すべきであろう。

① 子供を理解することの意味

　子供に対して適切な指導を行えるということは、その対象をよく理解していることの裏返しでもある。教育的営みにおいては、眼前の子供への理解がまずもって大前提である。

　子供の「主体的・対話的で深い学び」を第一義とする今日の学校教育にあっては、子供と教師の関係、子供相互の関係に基づく「子供理解」が何よりも重要である。しかし、年齢的にも、生活経験的にも子供とは異なる豊かさを有していることが仇になって、教師に果たして的確な子供の姿など見えるのであろうか。諺に「子供叱るな来た道じゃ、老人笑うな行く道じゃ」という知られた一句があるが、それは子供と教師の相互理解の関係に例えることもできよう。大人は自分が辿ってきた人格的成長のプロセスにもかかわらず、知っているがゆえに一言申さずにいられなくなるのである。そして、そのために眼前の現実をつい見落としてしまうのである。高齢者に対しても、やはりそれは未知のことで頭では自分の将来と分かっていても、やはりその現実を冷静に受け止めて見ることはできなくなるのである。教師が子供を理解すること、簡単なことのようで実は大変難しい課題でもあるのである。

　しかし、子供を理解しなければ、適切な教育指導はできない。ならばどうするのかということになるが、ここは現実的対応をするしかないであろう。つまり、「育み育てられることを必要とする個性」をもった目の前の子供のために、教師は善意をもってその個性に応えて理解すればよいのである。善を志向する

教師の姿勢こそ、人格形成を意図する特別活動における子供理解の最善の方策であろうと考えるものである。

② 子供の全体的理解と個別的理解とは

教師が子供を理解する時、その方法は二通り考えられる。一つは、その発達段階にいる子供についての心理学的、運動学的、教育学的立場等から理解する平均的理解の方法であり、もう一つは子供一人一人の個性について理解する個別的理解である。

> 《子供理解の視点》
> 平均的理解：科学的見地から進める子供理解の視点
> 個別的理解：かけがえのない存在としての個を理解する視点

さらには、子供理解を妨げる心理学的な予備知識も教師には必要である。これは実際の社会生活における他者理解においても共通することであるが、そのような教師の誤解や偏見が個々の子供の本質を歪める要因ともなるので、十分に配慮しなければならない。

③ 子供理解に及ぼす心理効果

教育の世界でよく語られる用語にピグマリオン効果とゴーレム効果というのがある。ピグマリオン効果（pygmalion effect）とは、教師期待効果と呼ばれるもので、これは、子供が教師を逆に理解する影響を指すものである。子供が教師や親からの何らかの期待を感じ取って奮起し、期待以上の効果を生むような場合である。しかし、その期待の根拠が乏しい場合、両者間の信頼関係が良好である時はよいが、その関係が歪むと反動は大きい。
★「～なら、きっと出来るに違いない。大いに期待しているよ」といった働きかけ。

一方、ゴーレム効果（golem effect）とは、ピグマリオン効果と正反対の意味をもつ。つまり、相手に対し悪い印象で接することによってその印象が良印象を打ち消して悪影響の方が勝ってしまうことである。結果的に実際はそうでな

いにもかかわらず、ネガティブ・イメージが実際になってしまうことを指す。
★この子は成績が良くないと期待度が低いままに接すると、その期待通りに子供の成績が下がったり、上向かなかったりすることがある。

　その他にも、子供理解を歪める心理効果の要因は少なくない。以下に具体例として示していきたい。

《子供理解を歪める要因》
ア．寛容効果（tolerance effect：寛大効果）
　当事者がもっている望ましい特性はよりよいものと受け止め、望ましくない特性もそれほど悪くないと過小評価してしまう教師、保護者の主観的な歪められた子供理解。
★教室では、教師の好みや好印象で左右される「えこひいき」である。
イ．ハロー効果（halo effect：背光効果）
　ある特定の望ましい特性のみに関心が向き、盲目的な思い込みで過大評価してしまう。教師にありがちな背光効果による誤った子供理解である。
★〜が出来るのだから、きっと〜や、〜も出来るに違いない。
ウ．初頭効果（primacy effect：対概念は最後の印象が残る親近性効果）
　子供理解や生徒指導で教師が陥りやすい歪みで、初対面での子供の印象をステレオタイプに感情・感覚的に単純化して思い込んだり、恣意的な類型基準で判断したりしてしまうこと。初対面で会った時の第一印象が大きな影響を与える心理効果である。
★〜君は、きっと〜できる。〜さんなら、期待に応えてくれるに違いない。
エ．単純化（tabloid thinking：タブロイド思考）
　個としての成長やその育ちのプロセスといった複雑な背景を皮相的に、単純化・類型化して理解しようとする思考の有り様である。寛容効果と同様、子供に特定のレッテルを貼ってしまいがちになる。
★この地域の子供は、みんな〜だ。〜小学校の子は、昔からこうだ。

④　子供理解を進めるための原理

　教師には、目の前にいる子供のよさを見いだし、そのよさや資質・能力を最大限に引き出していくという機能的な役割と社会的な使命とを負わされている。それは、至極納得できる当然なことであり、教職に就く者はそのような使

命感を抱いて教壇に立つのが前提なのである。しかし、それにもかかわらず、眼前の子供の姿を見失ったり、歪んで捉えたりしてしまうことも往々にして生ずるのである。教師が生身の人間である以上、これは仕方のないことではあるが、それを回避する最大限の努力を惜しんではならない。以下に示す事柄は、子供理解を進めるための原理である。

《子供理解の原理》
  ア．客観的理解
    ●主観や偏見に囚われない情報（心理テスト等）で理解・判断する。
  イ．内面的理解
    ●表に現れた言行やその特徴から、その内面を推し量って理解する。
  ウ．共感的理解
    ●個の喜怒哀楽等に寄り添って、感情共有を量りながら理解する。
  エ．独自性理解
    ●子供一人一人の独自的存在理解、かけがえのなさを理解する。
  オ．全体的理解
    ●「知情意」といったバランスで子供の人格全体を理解する。

現職の教師であれば、「子供理解の難しさ」を思い起こす場面が幾つかはすぐに想起されよう。また、教職課程を学ぶ学生であれば、過ぎし日の教室風景を思い起こすと当時の懐かしい教師の顔や名前が浮かんできて「子供理解の意義」について大いに納得することがあろう。かく言う著者も言うが易しである。

■第4章引用文献
(1) I.カント 『教育学講義他』 勝田守一・伊勢田耀子訳 1971年 明治図書 pp.12～15
(2) 稲川明雄 『山本五十六のことば』 2011年 新潟日報事業社
(3) 横山利弘 『道徳教育とはなんだろう』 2007年 暁教育図書 p.38
(4) E.デュルケーム 『教育と社会学』 佐々木交賢訳 1976年 誠信書房 pp.58～59
(5) J.デューイ 『学校と社会・子どもとカリキュラム』 市村尚久訳 1998年 講談社学術文庫 pp.97～98
(6) 鈴木博雄編 『原典・解説 日本教育史』 1985年 図書文化 pp.132～133
(7) 福沢諭吉 『学問のすゝめ』 1942年 岩波文庫版 p.106
(8) V.E.フランクル 『夜と霧』 霜山徳爾訳 1961年 みすず書房 p.183
(9) 小泉令三編 『よくわかる生徒指導・キャリア教育』 2010年 ミネルヴァ書房 p.31

を参照作成
(10)　J.J. ルソー　『エミール』　上巻　今野一雄訳　1762 年　岩波文庫　p.18

■第 4 章参考文献
(1)　井上義巳　『広瀬淡窓』　1987 年　吉川弘文堂
(2)　田中加代　『広瀬淡窓の研究』　1993 年　ぺりかん社
(3)　O.F. ボルノウ　『教育を支えるもの』　森昭・岡田渥美訳　1989 年　黎明書房
(4)　吉野源三郎　『君たちはどう生きるか』　1982 年　岩波文庫版
(5)　R.J. ハヴィガースト　『人間の発達課題と教育』　荘司雅子監訳　1995 年　玉川大学出版部
(6)　E.H. エリクソン　『アイデンティティ』　岩瀬庸理訳　1973 年　金沢文庫
(7)　E.H. エリクソン　『ライフサイクル、その完結』　村瀬孝雄・近藤邦夫訳　1989 年　みすず書房
(8)　J.J. ルソー　『エミール』　上巻　今野一雄訳　1962 年　岩波文庫
(9)　M.W. アップル　『学校幻想とカリキュラム』　門倉正美他訳　1986 年　日本エディタースクール出版部
(10)　宮野安治・山崎洋子・菱刈晃夫　『講義　教育原論』　2011 年　成文堂
(11)　小澤周三他　『現代教育学入門』　1982 年　勁草書房

第 5 章

学校教育を支える教育思想を概観する

1．学校教育で教育思想がもつ意味について考える

　「教育思想」と聞くと、それだけで敬遠する人も少なくない。堅苦しいとか、古びた考え方であるとか、教育の理想を語っても現実は変わらないといった反応はよく散見されるところである。事実、今日的諸課題解決という視点での実用性といった部分での即効力のある最適解は見いだせないし、時代的背景もあってそれを語る言葉も難解である。ならば、先人の教育思想は無に帰するのかというと決してそうではない。むしろ、現代の教育、学校教育が抱える諸課題の根本的解決やこれから歩むべき道標としての役割を果たすのは、やはり累々と引き継がれ、蓄積されてきた教育思想である。この教育思想を抜きにした今日の学校教育などあり得ないという問題提起から本章を進めていきたい。

（1）教育思想を学ぶことの意味を考える

　学校教育を語る時にまずイメージするのは、「読み・書き・計算」といった伝統的な 3R's であろうか。文字を読むこと、文字を書き表すこと、計算できることといった内容やそれに伴う方法は、人類の文化遺産として引き継がれ、発展してきたものである。それらを身に付けることで各々の時代を生きる人々の生活を豊かにしてきただけでなく、かけがえのない人生をいかに生きるべきなのかと思索する力を与えてきたのである。教育とは日々の生活の糧を得るための道具（tool）としての役割を果たすだけではなく、生きる道標（navigate）としての機能も担うのである。

　今日の教育思想の源流は、はるか昔の紀元前 5 世紀頃の古代ギリシャ時代にまで遡ると言われている。自分の子供や自分が所属する社会の子弟をどう教育すればよいのか、どのような内容や方法を誰が教え導くのか、どう国家・社会

の制度として確立すべきなのか等々が自覚され、公に議論され、記録として残されたのが古代ギリシャ時代で、多くの都市国家が群雄割拠する時代だとされているのである。それを支えたのは政治的・経済的・文化的な社会水準の高さばかりではなく、豊かさを背景にした社会の知的欲求への関心やそれに応えようとするソフィスト（sophist：ギリシャ語の知者・賢者の意味）の出現であった。ソフィストの活躍は単なる知識の伝播のみに留まらず、人々が人生を生きる意味やより善く生きることにまで言及した。つまり、生きることを思索すること、哲学することのできる人間の育成を意図したのである。

　言わば、教育を語るということは、人間が一人の独立した社会的存在としてどう集団や社会と関わって社会参画し、その中でどのような人間関係構築を進めながら自らの在り方や生き方を問い、一生涯にわたる自らの人生にどのような意味を見いだしつつ自己実現を図るのかという、「善く生きる」ことの価値追求プロセスそのものでもある。事実、これから取り上げる現代の学校教育へ大きなインパクトを及ぼした教育思想家の誰一人として「人が人として善く生きること」、つまり道徳教育を語らなかった人物はいなかったことからも大いに頷けることである。ここに学校教育に携わるために学校教育学を学び、教育思想を学ぶ意味が見いだせるのである。

（2）今日の学校教育に影響を及ぼした教育思想の系譜

　学校教育と聞くと、その歴史は随分と長いという先入観に囚われがちである。しかし、教育史を繙くなら、今日のような教育制度や学校組織運用システムが一般化した歴史はそれほど古くはない。本項では、今日の学校教育やその教育課程編成に影響を及ぼした教育理論提唱者を概観してみたい。

　まず、教育史の中から今日の学校教育制度の底流に流れている教育思想を唱えた人物を取り上げることとする。そして、それが今日の学校教育システムの中にどう息付いているのか、そんな基本的な部分を概観してみたい。次に、教育カリキュラムに影響を及ぼした主たる人物や思想的潮流、さらにはそこから独自の教育カリキュラム論を展開した人物の系譜を辿ってみたい。そして、その潮流の中から今日の学校教育の教育課程編成に影響を及ぼしたカリキュラム

諸理論を再考してみたい。

　結論的には、1920〜30年代に提唱された教育カリキュラム論の様々な要素が、今日の学校教育における教育カリキュラムとして違和感なく定着しているのである。よって、近代以降の学校に関わる教育思想や教育カリキュラム開発論を概観することで現代の学校教育の望ましい姿、望ましい教育カリキュラム編成の在り方を見据えることができるのである。その様な観点から大まかにまとめたのが、図5-1の教育思想の系譜図である。以下、順次述べていきたい。

図5-1　教育思想の系譜

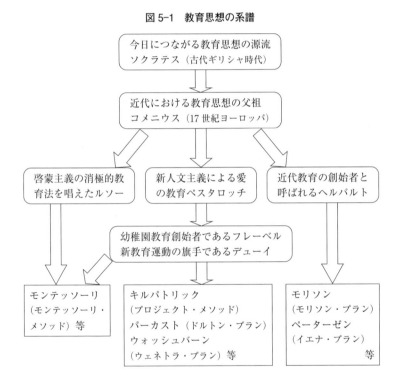

2．わが国に影響を及ぼした教育思想の系譜を辿る
（1）ソクラテス（Sōcrátēs, B.C. 470？〜399年頃）の教育思想
　☆「対話法」で真理を追究した古代ギリシャの偉大なる教育思想家

第5章　学校教育を支える教育思想を概観する　149

> プラトン『ソクラテスの弁明』[1] より
> 「とにかく俺の方があの男よりは賢明である。私達は2人とも、善についても美についても何も知っていまいと思われるが、しかし、彼は何も知らないのに、何かを知っていると信じており、これに反して私は、何も知りもしないが、知っているとも思っていないからである。されば私は、少なくとも自ら知らぬことを知っているとは思っていないかぎりにおいて、あの男より智慧の上で少しばかり優っているらしく思われる。」
>
> プラトンの対話集『クリトン』[2] より
> ソクラテス：一番大切なことは単に生きることそのことではなくて、善く生きることであるという我我の主張には今でも変りがないかどうか。
> クリトン：むろんそれに変りはない。
> ソクラテス：また善く生きることと美しく生きることと正しく生きることとは同じだということ、これにも変りがないか、それともあるのか。
> クリトン：変りはない。

① 無知の知

　知恵者を自称するソフィスト（sophist：弁論術を教える教師）よりも、知らない自分を自覚している自分がより優れているとして「無知の知」を唱えた古代ギリシャの哲学者ソクラテス（Sōkrátēs、ラテン語）は、問答（産婆術）によって論破された政敵等によって公開裁判にかけられ、不正な死刑宣告を受け、70歳を越えた高齢ながら「悪法もまた法なり」と自ら毒杯を仰いで獄中でその波乱の生涯を閉じた。

② 魂の世話

　その死の間際、ソクラテスが老友と交わした対話をまだ20代の若者であった弟子のプラトン（Platon, B.C. 427～B.C. 347年）が対話集『クリトン』として書き残している。そこでは上記抜粋のようなやり取りがされている。
　また、ソクラテス最期の時という設定で描かれているプラトンとの対話集『パイドン』[3] では、永遠不滅のイデア（idea：ものの形）として人間を支配する魂の世話について以下のように述べている。

> もしも魂が不死であるならば、われわれが生と呼んでいるこの時間のためばかりではなく、未来永劫のために、魂の世話をしなければならないからである。そして、もしもわれわれが魂をないがしろにするならば、その危険が恐るべきものであることに、いまや思いいたるであろう。なぜなら、もし死がすべてのものからの解放であったならば、悪人たちにとっては、死ねば肉体から解放されると同時に、魂もろともに自分自身の悪からも解放されるのだから、それは幸運な儲けものであっただろう。しかし、いまや、魂が不死であることが明らかな以上、魂にとっては、できるだけ善くまた賢くなる以外には、悪からの他のいかなる逃亡の道も、また、自分自身の救済もありえないだろう。

　人間の魂は、例え肉体が滅んでも不滅である。よって、個々人の魂については死後もその在り方が問われるのであるから、生きている間により善く生き、より賢く生きるという魂の世話、つまり道徳的に生きる必要があることをプラトンはソクラテスの言葉を借りて語っているのである。

　ソクラテスにとっての「魂の世話」について村井實（1972年）は、「『魂の世話』というのは、もちろん個人が善悪を知りわけて生きることではあるが、それがそのまま社会的な営みとして、国家にとっての重要な機能」[3]と考えられたのであった。つまり、個人が善く生きるということは、即ち国家も善くあるということを意味するのである。このソクラテスの思想を引き継ぎ後世に遺したプラトンは、個人の正義モデルを国家の正義を論ずることで解き明かそうとした『国家』という代表的な著作を残している。よく「徳治国家」といった言葉を耳にするが、これは法律によって国の政治を進める法治主義に対し、道徳によって国民が国家統治する理想政治を目指す徳治主義の考え方である。

③　徳は知なり

　教育とは、「徳（アレテー／英：virtue）の教育」である。徳とは、人間としての卓越性といった意味を有する。この徳の教育の在り方については、古代ギリシャのソクラテスの時代から問われ続けてきた古くて新しい命題でもある。もし、仮に教えられないとするなら、学校での道徳教育は成り立たないことになるし、教えられるということであれば道徳教育を徹底することで、この世の

中から不道徳な人を簡単に無くすことができるに違いない。では、いずれなのであろうか。

この根源的な問いについて、プラトンは対話集『メノン』[4]において師であるソクラテスと他の都市国家より訪れた青年メノンとの問答を通して語っている。ソクラテスは、メノンとの対話を通してその本質にじりじりと迫っていく。「徳は知なり」とソクラテスは語り、①徳は教えられ得るもの、②徳は知識、③徳は善きもの、という3命題を極めていく。『メノン』における結論は、真の知としての徳を確実に備えた哲人政治家のみが徳を教えられるとして、「誰か徳の教師がいないかと何度もたずねて、あらゆる努力をつくしてみたにもかかわらず、見つけ出すことができないでいることはたしかなのだ」という一言で語られている。つまり、そのような知を備えた人はこれまで存在しなかったから、徳は教えられたことがなかった。それは、道徳は教えられないという解を意味しているのである。

道徳は教えられないとなると、ならばどう学校でそれを教育するのかという新たな課題が生まれ、その教育内容や教育方法の在り方を模索していかなければならないことが容易に理解できるのである。

④ 知行合一

古代ギリシャの都市国家アテナイの市民であったソクラテスは、理性によって導かれた良心によって徳性とは何かを探求し続けた。ソクラテスは「知行一致（知の知恵である徳を探求し、徳に従って自らの生き方を導く）」「知徳合一」という「自分の魂の世話をすること＝善く生きる」の大切さを主張した。

⑤ 対話法（産婆術）

ソフィスト（職業教師）が博識の伝承を「教育」と見なしたのに対し、ソクラテスは「私は、少なくとも自ら知らぬことを知っていると思っていないかぎりにおいて、あの男より智慧の上で少しばかり優っているらしく思われる」という名言「無知の知」を掲げ、問答による対話を通してドクサ（教条）から解放し真理へ接近させるフィロソフィー（智を愛する）を探求した。ソクラテス

は、その過程において対話者を共通の問題を追求する仲間と考える「対話法」を教育活動の主要な方法と考えた。対話法では、話者が真理だと信じている見識を矛盾に導き、そこから自らの力で真理へ辿れるように必要な助言を与えるといった方法論を重視する。それをソクラテスは、苦しみ抜いて新たな生命の誕生を迎える妊婦の手助けをする産婆（ソクラテスの母は産婆であった）になぞらえ、自らを魂の産婆と称する「産婆術」を駆使するのが自らの教育的使命であると考えた。

このような相手の偽善を白日の下にさらすような問答は、知識層の反発を招き、青年たちを堕落させ、国家の奉ずる神を信じないという濡れ衣で訴えられる。そして、毒杯を自らあおって刑死する。ソクラテスは一切著作を残さなかったが、当時20代の弟子であったプラトンがソクラテスの思想を後世に伝えたことで、その思想や足跡を辿ることができるのである。

教育の原点としての「対話法」は、未だに重視され続けている。ソクラテスの対話法には、その前提となるものがある。それは、対話者が真・善・美を求めようとして生きる存在であることである。そして、普遍的なものとしての正しい知（episteme：エピテーメー）を求める人間の本質的な働きが知であるとした。よって、人間の善さとしての行為、生き方というのは倫理的な認識に基づく意識的行為であるから、徳は知であるという帰結に至り、徳は教えられるとしたのである。ただ、ソクラテスと他の都市国家から訪れた若者メノンとの対話を描いたプラトンの『メノン』によれば、徳は知であるので教えられるが、自分は徳を教える教師を未だ見たことがないと語るのである。そこでの「道徳は教えられるか」という命題は、古代ギリシャの時代から現代に至るまで常に問い続けられてきた本質的問題でもある。

ソクラテスの名言としてよく引用される「よりよく生きる道を探し続けることが、最高の人生を生きることだ」という一文は、その思想をすべて物語っている。その思想はソクラテスの若き弟子プラトンへ、さらにプラトンの弟子であるアリストテレス（Aristotélēs, B.C. 384〜B.C. 322年）へと引き継がれ、古代ギリシャ哲学の黄金時代を築いたのである。

(2) コメニウス (J.A. Comenius, 1592～1670年) の教育思想
☆教科書による事物主義（汎知学）を展開した近代教育の始祖

> コメニウス『大教授学』(5) 第10章「学校に於て授けられる教授は一般的でなければならない」より
> 1. 我々は今や、学校に於て、すべての人が、すべてのことを教えられなければならないということを証明しようと思う。併しさればとて、我々はすべての人があらゆる技術と科学の知識を学ぶべしと要求するのではない。これはそれ自身有用なことでもないし、それに人生には限りがあるから、可能なことでもないのである。（以下略）
> 2. ゆえに我々はすべて、我々の全生涯を通じて、学校で、その援助の下に、この目的を達成することに全勢力を傾注しなければならない。（以下略）
> 3. 学校は人間性の工場であるとは、誠に賢くも言われた言葉である。なぜならば、人が真に人になること、即ち1、理性的動物であり、2、あらゆる被造物と彼自身との主であり、3、被造物の喜びであるところの人間になることは、疑いもなくただ学校の働きによってのみ可能であるからである。

① すべての事を、すべての人に（教刷術）

　学校教育が注目され始めた時代に、「すべての事を、すべての人々に教えるための普遍的な技術を論述したる」と喝破したのが、チェコスロバキアのヨハネス・アモス・コメニウスによる『大教授学』（1632年）である。

　コメニウスが近代教育の父と呼ばれる所以は、A. 一般の民衆に一般教育を施すことを理想としたこと、B. ラテン語で組織された学問を母国語に翻案して特権階級からの知識の解放を標榜したこと、C. あらゆる学問知識を一般教養「汎知学（ありとあらゆる知識を国民に普及させるという思想）」として体系化したこと、D. 挿絵付き教科書を編纂したこと、E. ベーコンの帰納法的認識論（具体事例から原理・原則を導き出す手法）を基に先入観や偏見・言語主義を克服しようとしたこと、F. 多数の人に大量の知識を迅速にという「教刷術（didacographia）」をモデルとしたこと、等である。

② 教師はインク、子供は白紙

　コメニウスのよく知られた考え方の一つに、「教師はインク、子どもは白紙」という名言がある。含意は、子供という「白紙」に教師の声（＝インク）を一斉に刷り込むという「一斉授業」方法論の提唱である。コメニウスの時代にそれは普及することはなかったが、近代になると世界各国が義務教育制度を整備する過程で、その効率性や経済性に着目し、急速に普及していった。今日ではあまりにも当たり前となっている「一斉授業」方式によるメディア・リテラシー（media literacy：情報収集活用能力）の実現を最初に構想した人こそ、コメニウスである。

③ 認識は感覚から始まる

　コメニウスの教育思想は感覚主義であり、感覚は根源性や真実性、的確性の根拠であり、認識の出発点であること、視覚や聴覚等の外部感覚だけでなく、記憶力、認識力、判断力、意思力といった内部感覚までも教育によって形成しようと考えた。そして、その感覚の認識は事物主義から始まること、つまりあらゆる事柄を汎知学的に的確、平易、着実、敏速に一定の事物の体系に従って構成されたものを教授するという「自然的方法」に立脚している。一見、コメニウスの教育手法は伝統的な言語主義、注入主義と捉えられがちである。だが、その教育の究極的目的は来世で神と合一するために現世で学術、徳行、敬神を深めることであり、神の創造した事物を知り、支配・活用し、神に返すために教授があるという事物主義を貫くのである。

④ 理想としての汎知学（世界図絵）

　コメニウスの教育教授思想が体現されたとする『世界図絵』（1658年）では、教授内容が自然界、技術界、人間界、宗教界からその構成原理によって体系化された自然的方法で抽出された事柄が150項目にわたって記されている。それを母親学校（1～6歳対象）、国語学校（7～12歳対象）、ラテン語学校（13～18歳対象）、アカデミー（19～24歳対象）において的確に順序立てて身に付けていく

ことで汎知学の理想は実現されると考えられたのである。そこには、今日の学校教育の底流となっている特徴が少なからず垣間見られるのである。

コメニウスの思想は、不安定で激動の時代でもあった17世紀ヨーロッパを背景にしている。混乱した社会情勢を克服し、安定した社会を実現するための力を学問に求めたのである。提唱した「汎知学」の汎は至る所至る場面にを意味し、知はバラバラな無秩序で役立たない知ではなく、体系化された知をイメージしているのである。よって、主著『大教授学』の冒頭では「すべての事を、すべての人々に教えるための普遍的な技術を論述したる大教授学」として宣言し、「男女両性のあらゆる若者が、ただ一人も除外されることなく、迅速に、愉快に、徹底的に科学を学び、徳性を養い、敬虔の心に充され、かつまたこのような仕方で、青年が現在及び将来の生活のために必要なすべての事物を学び得るところの学校を建設するようにとの勧告の書そして勧告しようとするすべての事柄に関しては、その根本原理は物の本性から導き出され、その真理は極めて適切な機械技術の実例に立証せられ、その正しい順序は年、月、日、時に従って明示せられ、さらにまたそれによってこの勧告を快く実現されるところの容易にして確実なる方法が示されている。この我々の教授学の目指す目的は、専ら教師は教えること少なくして、生徒はそれによって学ぶことが却って多いような教授法、学校が在来のように喧噪、嫌悪、徒労の場所とならずして、享楽及び堅実なる進歩の場所となるような方法」[(6)] というコメニウスの教える側、学ぶ側の理想を『大教授学』33章で綴ったのである。

⑤ 平易なものから難解なものへ

コメニウスの教育思想は、段階的教授という考え方が前提にある。学校は学習者が苦痛を感じたり、押し付けがましく感じたりする場所ではなく、心誘われ、喜びを見いだす場所であるという理想に彩られている。

コメニウスの考え方は、学びの認識は感覚から始まるのであるから、まずは感覚を訓練し、そこから理性を磨くという段階を踏みしめることが大切であるという教育観が前提となっている。その点で、『世界図絵』はその基礎を培う教材集であるという世界で初めての教科書の試みであると説明付けられよう。

⑥ 単線型の学校体系

　キリスト教によって人類社会を統一し、世界平和と秩序を実現しようと理想教育を掲げて奔走したコメニウスであるが、宗教的迫害と 30 年戦争とに翻弄された生涯は苦難に満ちたものであった。そんなコメニウス教育思想の最大の功績は、貴賤貧富の別なく進学できる単線型の学校体系を構想したことである。当たり前のようであるが、母親学校⇒国語学校⇒ラテン語学校⇒大学という 4 段階の単線型教育体系を構想したことによって、近代学校教育の礎を築いた功績は大きい。

（3）ルソー（J.J. Rousseau, 1712～1778 年）の教育思想
☆児童中心主義教育思想—子供の発見

> ルソー『エミール』(7) 第 1 編より
> 　万物をつくる者の手をはなれるときすべてはよいものであるが、人間の手にうつるとすべてが悪くなる。人間はある土地にほかの土地の産物をつくらせたり、ある木にほかの木の実をならせたりする。風土、環境、季節をごちゃまぜにする。犬、馬、奴隷をかたわにする。すべてのものをひっくりかえし、すべてのものの形をかえる。人間はみにくいもの、怪物を好む。なにひとつ自然がつくったままにしておかない。人間そのものさえそうだ。人間も乗馬のように調教しなければならない。庭木みたいに、好きなようにねじまげなければならない。
> 　しかし、そういうことがなければ、すべてはもっと悪くなるのであって、わたしたち人間は中途半端にされることを望まない。こんにちのような状態にあっては、生まれたときから他の人々のなかにほうりだされている人間は、だれよりもゆがんだ人間になるだろう。偏見、権威、必然、実例、わたしたちをおさえつけているいっさいの社会制度がその人の自然をしめころし、そのかわりに、なにももたらさないことになるだろう。
> 　「教育」ということばは、古代においては、わたしたちがその意味ではつかわなくなっている別の意味をもっていた。それは「養うこと」を意味していた。「産婆はひきだし、乳母は養い、師傅はしつけ、教師は教える」とワローは言っている。このように、養うこと、しつけること、教えることの 3 つは、養育者、師傅、教師がちがうように、それぞれちがう目的をもっていた。しかし、この区

> 別はよい区別とはいえない、よく導かれるには子どもはただ一人の指導者に従うべきだ。

① 子供の発見者

　スイス・ジュネーブ生まれでフランスの思想家として活躍したジャン・ジャック・ルソーは『エミール』において、「人は子どもというものを知らない。子どもについてまちがった観念をもっているので、議論を進めれば進めるほど迷路にはいりこむ。このうえなく賢明な人々でさえ、大人が知らなければならないことに熱中して、子どもにはなにが学べるかを考えない。かれらは子どものうちに大人をもとめ、大人になるまえに子どもがどういうものであるかを考えない」[8]とあまりにも有名な言葉を残している。つまり、子供は大人になるための存在、「小さな大人」ではなく、子供には子供固有の世界があり、その世界に生きる存在として子供の論理に従った教育をしなければならないという必然性を主張したのである。

② 理想としての自然─消極教育

　ルソーの教育思想は「自然に帰れ」という名句でも知られるように、大人が子供に大人の準備をさせるのではなく、自然の法則に従って子供自身の固有の成長論理に立って考え、支援することが大切という「消極教育」の立場を強調している。その思想の基底にあるのは、子供の独自性や主体性を尊重した教育、子供の心身の発達に即した教育、経験から直接に学ぶ教育を重視するという自然の摂理を重んずる啓蒙主義である。

③ 自然法則に従っての教育書『エミール』

　ルソーはその生涯の名著『科学芸術論』『人間不平等起源論』『新エロイーズ』『社会契約論』『告白』『孤独な散歩者の夢想』等々が物語っているように、本来的には思想家であり、教育の専門家ではない。また、その生涯は波乱に富んだもので、周囲の自分に対する理解者への激しい非難といった矛盾の人でも

あった。事実、ルソーは内縁の妻テレーズとの間にもうけた5人のわが子を養育することなく、すべて孤児院に送って、その後の消息にすら興味を示さなかったといったエピソードも語り継がれている。

　当時の社会において、このような慣行は特段珍しいことではなかったとする見方もあるようであるが、ルソーはこのような自らの行為を悔恨し、『エミール』に注ぐ子供への愛情となって顕れているといった指摘もある。その点で、子供の教育の在り方を論じた啓蒙思想家としてのルソーへの高い評価は格別なものではあるが、思想家即教育家ということではない。ただ、ルソーの唱えた子供観、教育手法は、その後の世界中の教育界へとても大きな影響を及ぼしたことは紛れもない事実である。以下に概要を述べたい。

《『エミール』の要約》

　ルソーは『エミール』の冒頭で、「植物は栽培によってつくられ、人間は教育によってつくられる」という名言をしたためている。ルソーによれば、人間の教育というのは「自然」「人間」「事物」から成り立つが、自然は人間に内在する心身を発達させる力、人間とは他者から意図的・無意図的に働きかけられる教育的な力、事物は人間を取り巻く物質的環境であると説明する。そして、その中で人間が介在することのできない力が「自然」であると述べている。ならば、自然、人間、事物という三者が調和的に教育として機能していくためには、人間や事物による教育を「自然」による教育に合わせていくしかないというのが、ルソーの言うところの「合自然の教育」である。

　よって、子供の教育は子供の本性に従った教育、つまり、大人があれこれと介入して直接指示して教えるような教育ではなく、直接事物と関わり、自分の身の回りで豊かな体験を積み重ねていくことでさらなる好奇心を呼び覚まし、自ら学ぶことの重要さと知識を得ることの有用性をしっかりと学んで身に付けていくのである。このような教育を、ルソーは「消極教育」と呼称したのである。よって、大人が介入することなく放置しているといったニュアンスでは決してない。

　『エミール』では、第3編までで「教育の本質的条件」「消極教育の時期」「教育の有用性」といった事項に触れ、子供自身の体験を通して学ぶ重要性を

語っている。そして、第4編では「青年期における理性の教育」を取り上げている。いわば、感性的存在としての子供期の消極教育から、青年期における理性教育への移行を論じている。この15歳の時期は感性的存在から理性的・道徳的存在へ移行する時期で「第2の誕生」と呼ばれている。この理性を通して学ぶ時期に理論的、抽象的な真の学習を可能にしていくのは、子供時代に十分に感覚を鍛え、実感の伴った学習を積み重ねておくことが必要であるとルソーは主張する。さらに、第5編ではエミールが恋人ソフィーと恋愛し、結婚に至る過程を通してその在り方が語られている。

このような一人の人間の成長過程に寄り添う形で論じられた教育論がルソーの『エミール』であるが、そこでは画一的に発達期を区切って述べてはいない。おおよその年齢的なものは記されているが、その期間の区切りは画一的ではない。つまり、子供の成長・発達を量的な拡大過程と捉えるのではなく、質的変化と捉えていたところにルソーならではの斬新な人間教育観を窺い知ることができるのである。

（4）ペスタロッチ（J.H. Pestalozzi, 1746～1827年）の教育思想
☆児童中心主義―合自然・教育愛の実践者　＊ペスタロッチーとも表記する。

> ペスタロッチ『隠者の夕暮れ』[9] より
> 15　高貴なる自然の道よ、汝が導き行く目標である真理は、力であり、行ひであり、陶冶の源泉であり、人類の全本質の充実であり整調である。
> 19　自由に静かに待ち徐ろに進む自然に先立って、至るところで無理やりに言語の順序を推し進める学校のこの人為的な方法は、人間を教育して、内面的な本性の力の欠乏を覆ひ、そして現世紀のような浮薄な時代を満足させる人為的な虚飾なものとしてしまふ。
> 20　生活の立脚点よ、人間の個人的使命よ、汝は自然の書で、汝のうちには自然といふこの賢明な指導者の力と秩序とが横たはっている。そして、人間陶冶のこの基礎の上に築かれていない学校陶冶はすべて指導を誤る。
>
> ペスタロッチ『白鳥の歌』[10] より
> 　わたしの人間的な心情、わたしの人間的な精神、わたしの人間的な技術力の素質、これこそわたしの本性の人間的なもの、いいかえればわたしの人間的な本性

そのものを構成すると、わたしは認めなければならない。ここからして当然また、基礎陶冶の理念とは、人間の心情、人間の精神、および人間の技術の諸能力と素質とを合自然的に発展し形成する理念のことであるとみなさなければならなくなる。したがってこの理念がわれわれのもろもろの能力および資質の発展と陶冶との手段において求める合自然性は、疑いもなくまた同様に、いつでもわれわれの動物的な本性の要求を、われわれの心情、われわれの精神、われわれの技術のもろもろの素質および能力の内面的な心的な本質の高尚な要求に従属させることに外ならない。

① 生活が陶冶する

ルソーの教育観は観念論であった。それに対し、スイス・チューリッヒ生まれのヨハン・ハインリッヒ・ペスタロッチは、優れた教育実践家であると同時に近代教育思想の確立者でもある。「玉座の上にあっても木の葉の屋根の蔭に住まっても同じ人間、その本質から見た人間、そも彼は何であるか」[10]といった人間観に立脚するペスタロッチの教育論は、「生活が陶冶（本来的にもっている資質・能力を望ましい方向へ育むこと）する」という名言に凝縮されるように、実際生活に即して自分で活動（自己活動）し、自分で考え、自分で感じる（直感原理）という生活教育が基本原理である。

ペスタロッチが生まれた時代のスイスは、封建的な政治・経済・教育制度下にあり、下層社会の生活は極度に貧しく疲弊していた。このような人々に知識と新しい技術を授けることで貧困を改善しようと教育改革に乗り出したのがペスタロッチである。ただ、ペスタロッチは優れた教育実践家でその教育思想や教育的知見等は書籍となって多数残されているが、農場経営をはじめとして、学校や戦禍で行き場を失った子のための孤児院を設立したが、その経営手腕の欠如によってことごとく徒労に帰している。

ペスタロッチの教育思想は論理的一貫性をもっていないため、その全体像を認めることは困難であるが、『隠者の夕暮れ』『リーンハルトとゲルトルート』『ゲルトルートはいかにその子を教えるか』『立法と嬰児殺し』『母の書』『直観のイロハ』『数関係の直観教授』『白鳥の歌』等々の著作から、ア．「子供の自

発性尊重」、イ.「直観からの事物認識」、ウ.「頭・胸・手の３領域の調和的発達」、エ.「生産労働の教育的価値」、オ.「生活と教育の結合」、カ.「家庭生活が人間形成上に果たす役割」といったキーワードが浮かんでくる。わが国の教育界に残した影響力は限りなく大きい。

② 直観教授

　ペスタロッチもコメニウスやルソー等と同様に、教育のスタートは抽象的な文字や数概念ではなく、子供たちの具体的体験の中に見いだされる生き生きとした経験への直接的所与であると考えた。ただ、この具体的な事物に体験的に触れたり、興味・関心をもって事象に関わったりする中での経験こそ、真の意味での知識を獲得することであるとしたルソーとは立場を異にし、事物・事象への直接的所与の中から求められる学びの要素を抽出し、その要素を意図的に組み立てることをもって「直観教授」としたところにペスタロッチの「開発教授法」という特徴が見いだせるのである。具体的体験から体験知を獲得し、客観的要素を踏まえた経験知へと高めようとするところに直接教授としての開発教授法の意義があり、後述するＪ・Ｆ・ヘルバルトの系統主義的な教授法とは対極的に捉えられているのである。

③ メトーデ（開発主義教授法）

　ペスタロッチの教育原理が確立したのは、スイスが独立国として民主化を進める拠点となった街、シュタンツで戦災孤児の教育に奔走した実践経験を踏まえてのことである。ペスタロッチ教育の前提は、どんなに貧しくても、どんなに不良な子供であっても、その中には神が与えたもうた人間性の力が必ず内在しているという「メトーデ（独／Methode：体系的方法）」に基づく人間信頼の思想である。

　直観主義の教育方法「メトーデ」は、開発主義教授法とも称される。このメトーデとしての「直観」とは、直接モノを観て教えるという実物主義の考えであり、「数・形・語」を教える教授方法として普及した。例えば、果実でその数、形体、名称や性質を教えるといった基礎陶冶（焼き物を作るための陶土を

しっかりと吟味して選別し、それを慎重に焼き物に仕上げていくこと）を重視し、その上で開発主義教授法としての問答法で事物認識を深めていくことを提唱した。つまり、「メトーデ」とは直観教授のことであり、知識を言葉によって教えるのではなく、実物や絵を子供たちに見せて、感覚器官を通じて知識を習得させていく方法で、ペスタロッチは誰しもがもっている基本的諸力である精神的な力（head）、道徳的な力（heart）、身体的な力（hand）、これらを調和的に発達させることで、人間の内面に愛と信頼を中心に全体的・調和的に統合された人間性（「聖なる力」）へと高められるとし、子供の教育可能性を主張したのである。

④　教育の原点としての家庭

また、ペスタロッチは「人類の家庭的関係は最初の且つまた最も優れた自然の関係である」[11]と述べて、家庭的な愛情が教育の基盤にあってこそ「生活が陶冶する（晩年の著書『白鳥の歌』で自らの教育方法メトーデを、すべての人にとって教育「基礎陶冶」という理念へ発展させた）」という思想を展開した。

すべての子供に「人間力」があり、それを開花させる基盤が「愛情ある家庭的雰囲気」であるとする新人文主義（近代の主知主義・合理主義に対し、人格の全体的・調和的形成を唱える思想）による愛の教育思想を提唱したのがペスタロッチその人であった。

また、学習指導法としては具体的物事に対する直観が子供の認識を明瞭概念に発展させる直観教授の理論を唱え、教育は子どもの内部から開発するもので外部から注入すべきではないという開発主義の教育思想は、ヘルバルトやフレーベルといった教育学者への影響に留まらず、主知主義から実物教育や体験教育による生活教育へという合自然性に基づく教育方法改善の潮流を世界中へ広めることとなった。

⑤　3層の家に例える教育観

冒頭に挙げたペスタロッチの人間観は、本来平等であるはずの人間に差別が厳然と存在するが、それを改善するのは教育であるとする思想である。ペスタ

ロッチは、社会現実を3層の家に例える。最上階に住まう少数の人々は学問の恩恵を受けているが、その下の階に住まう最も多くの人は上階への梯子を外されているためにその恩恵を受けることができない。さらに最階下に住まう最も多くの人々は劣悪な環境でうごめいている。そこから子供たちを救うには教育しか方法がなく、それを抜きにして国家の繁栄・発展はあり得ないとするのが児童中心主義を標榜したペスタロッチの教育思想である。

　この思想は明治初頭のわが国の近代教育制度確立期、20世紀初頭に世界中を席巻した新教育運動、さらには戦後日本の新教育制度にも大きな影響を与えた。また、今日の「生きる力」に象徴される子供自身が自らの課題に気付き、考え、判断し、より主体的に問題解決していくという小学校生活科や総合的な学習の時間等での学習方法の源流はペスタロッチの開発主義に端を発している。

（5）ヘルバルト（J.F. Herbart, 1776～1841年）の教育思想
☆国民国家制度としての教育方法論——一斉授業の普及と制度化

> ヘルバルト『一般教育学』[12]より
> 10　人格は意識の統一、集成、致思に依存する。—専心は互い排斥しあい、したがってまたそれがそこにおいて結合されなければならない致思を排斥する。われわれが要求しているこの2つのことは同時に存在することはできない。だから、継続的に連続して存在するよりほかはない。まず1つの専心が、次に他の専心が続き、次いで致思においてそれからの結合がなされるべきである。人がゆたかな致思とすべての専心を十分に所有することによってみずからを多面的と呼び得るに先立って、専心から専心へ、専心から致思へというこの種のどんなに多くの移行を心情はなさねばならないことだろうか。
>
> 13　多面性の名においてわれわれにゆるされていることは、致思が一般に必要であるということを展開することであり、それ以上のことではない。致思があれこれ専心からそのつどどのように構成されるか、ということを前もって知るのは心理学の事柄であるだろうが、それを前もって感知することは、教育的技術にとって最高の宝である教育的タクトの本質的なものである。

① 教育学を科学として体系化

　ドイツのヨハン・フリードリッヒ・ヘルバルトは、科学としての教育学を倫理学と心理学を基底に理論構築したことから、近代教育学の創建者として知られている。イエナ大学で哲学を学んだヘルバルトは、スイスで家庭教師を務めながら教育経験を積み、やがてケーニヒスベルク大学でカントの後任として哲学と教育学を講ずることとなった。そこで教育学研究室を創設し、実習学校を開校するなどして一学問領域としての教育学を体系付けた。その後、講師として勤めたことがあるゲッチンゲン大学に戻って著作活動を展開した。ヘルバルト教育学は、『一般教育学』（1806年）、『教育学講義綱要』（1835年）等で概観することができる。

　ヘルバルト教育学は、恩師であるドイツ観念哲学者のフィヒテ（J.G. Fichte, 1762〜1814年）や、スイスで訪ねたペスタロッチの人間観および世界観に影響を受けている。そして、その教育学は二つの学問原理、つまり、教育の目的は哲学的倫理学によって決定され、その目的実現の方法論は心理学によって基礎付けられるという理論的基礎の下、個人教授を立脚点として構想された。

② 道徳的品性の陶冶

　ヘルバルトは教育の目的を必然的目的と可能的目的とに分類した。必然的目的とは道徳的品性であり、道徳的判断の前提となるのは直感的判断や美的判断といったものでそれらは意志によってなされると説明する。そして、その道徳的意志の在り方について、「内的自由の理念」「完全性の理念」「好意の理念」「正義の理念」「公正の理念」といった5類型で関連付けている。もう一方の可能的目的とは、子供の多方面的な興味・関心であるとしている。

　ヘルバルトの教育思想は、ペスタロッチが行った直観教授法による教育実践の理念的完成を目指すことから出発している。ペスタロッチ教育論の限界は、数・形・語の基礎力訓練と道徳性の育成は初等教育レベルに留まるためにそのメトーデは高度な民衆教育に発展しないことを指摘し、教育の目的は哲学的倫理学によって、教育の方法は心理学によってそれぞれ意味付けられるとした。

ヘルバルト教育学における教育の目的は道徳性の育成にあり、美的感覚の涵養や知識の教授は道徳性の育成において切り離せない「教育学的教授」であると説明した。

③ 管理と訓練と教授

次に、ヘルバルト教育学ではこのような目的を実現するため、「管理」、「教授」、「訓練」という三側面から教育を捉えている。まず、「管理」とは教授や訓練をするための予備的な内容を指す。子供の無秩序な面を愛と権威という簡潔な力（作業、監視、威嚇、懲罰）によって抑制し、秩序を取り戻すことである。また、「訓練」とは、教材等を媒介としないで直接的陶冶を行う教育方法で、外部的方法と内部的方法とに大別されて「A. 保持」→「B. 規定」→「C. 規制」→「E. 助成」という4段階の訓練プロセスを挙げている。

次に「教授」であるが、ヘルバルトの思想としての教授は、子供たちの既習知識の拡充・深化を図ることで道徳的品性を陶冶し、その品性の発展への方向性を与えるものであるとしている。

④ 4段階教授法

ヘルバルトは、このような教育と陶冶の一体化を図る有意味な「教育的教授」を支える子供の興味の多面性を「知識」と「同情」に分類した。そして、知識については経験的興味、思弁的興味、趣味的興味に、同情については同情的興味、社会的興味、宗教的興味とそれぞれに細分化した。それらを前提に、ヘルバルトは個々の子供の専心没頭する側面と、そこから得たものを人格に統合させるための教授プロセスを開発した。その教授プロセスは、「専心（実在である精神が物事に没頭する作用）」と「致思（専心によって獲得した事柄を再考して統一する作用）」に大別される。さらにそれらは、一つの事柄を明確に捉える働きとしての「静的専心」、一つの事柄から他の事柄へと移行する働きとしての「動的専心」、それぞれの事柄を秩序立てて統一する働きとしての「静的致思」、知識として統一されたものを応用する働きとしての「動的致思」と4段階に区分した。つまり、ヘルバルト教授法として世界中に普及した「A. 明瞭」

→「B. 連合」→「C. 系統」→「D. 方法」という「4段階教授法」である。

⑤ わが国におけるヘルバルト教育学

この4段階教授法は、ヘルバルト教育学を受け継ぐヘルバルト学派のチラー（T.Ziller, 1817〜1882年）の「A. 分析」→「B. 総合」→「C. 連合」→「D. 系統」→「E. 方法」と中心統合理論に基づいた5段階教授法、ライン（W.Rein, 1847〜1929年）による5段階教授法の開発へと発展し、わが国には明治20年代に雇われ教師として来日したハウスクネヒト（E.Hausknecht, 1853〜1927年）によって伝えられ、教育学者である京都大学の谷本富（1867〜1946年）等によって全国へ広められた。

そのラインによる5段階教授法とは、「A. 予備（学習目的の明示）」→「B. 提示（学習展開のための教材等提示）」→「C. 比較（教材から派生した学習内容を比較・検討して吟味）」→「D. 概括（比較・検討した学習内容を統合的に体系化）」→「E. 応用（学習内容を応用できるよう一般化）」の教授プロセスである。このようなプロセスは今日の学校においても日常的に活用されているポピュラーな指導過程論でもある。

⑥ 教育と教授の往還

ヘルバルトは前掲書『一般教育学』において、「教育学は、教育者にとって必要な科学であるが、しかしまた教育者は、相手に伝達するための必要な科学知識を持っていなければならない。そして、私は、この際、教授のない教育などというものの存在を認めないしまた逆に、少なくともこの書物においては、教育しないいかなる教授もみとめない」[13]と述べている。

ヘルバルトの生きた19世紀ドイツにおいて、児童労働禁止、犯罪防止等を背景に急速に発展した近代学校教育制度の下では一斉教授法の開発は必然だったのである。同時に、教授理論が未だ存在しなかった各国教育界に教育学的視点から物事を捉えようとする「教育学的心術」や、教師の子供への応答力である「教育的タクト」といった考え方が及ぼした影響力は計り知れないものがある。それは後の新教育運動での教授法、カリキュラム開発の布石ともなって

いった。

（6）フレーベル（F.W.A. Fröbel, 1782～1852年）の教育思想
☆児童中心主義教育思想—幼稚園の創始者

> 『フレーベル自伝』[14]より
> 　子供は常に木や石に人間の生命を付与するだけではなくて、深い根拠のある感覚で実際それを直観するのであるが、そのやうに私もまた自ら動く人間の姿のうちに生き生きとした、少なくとも生き生きとせらるべき人間精神が見いだされるものと信じていた。何故かと言へば私は直観されたものや努力の目標となるべき真理は、人間にいとも近く横はつているので、たとひ大衆とは言へないにせよ、大衆の本質的な部分は説得され得るもの、而もまたこの本質的な部分はたとひ言葉や言説に依らずとも、実績が物語る時は必ずや実行に依り生産物に依つて説得され得るものと信じていたからである。
>
> 『人間の教育』[15]より
> 　意識し、思惟し、認識する存在としての人間を刺戟し、指導して、その内的な法則を、その神的なものを、意識的に、また自己の決定をもって、純粋かつ完全に表現させるようにすること、およびそのための方法や手段を提示すること、これが人間の教育である。

① 幼稚園教育の創始者

　幼稚園の創始者として知られるドイツの教育者、フリードリヒ・ヴィルヘルム・アウグスト・フレーベルは、ペスタロッチが唱えた直観教授による教育法の影響を受け、幼児の成長の論理を探求し、1840年にバット・ブランケンブルク（Bad Blankenburg）で世界最初の幼稚園モデル施設キンダーガーデン（独／Kindergarten：キンダーガルテン＝子供の園）を開設したことから、幼稚園教育の創始者と称されている。

② 重要な活動「遊び」

　フレーベルの教育思想は、その著『人間の教育』の中から垣間見ることがで

きる。フレーベルの教育思想は、当時の思想的背景が反映された汎神論的性格を帯びているが、幼児の遊戯中心という考え方である。フレーベルは、「教育は、人間が、自己自身に関して、また自己自身において、自己を明確に認識し、自然と調和し、神とひとつになるように、人間を導くべきであり、またそうでなくてはならない。それゆえ、教育は、人間として、自己自身および人間を認識せしめ、さらに神および自然を認識せしめ、そしてかかる認識に基づいて、純粋神聖な生命を実現せしめるように、人間を高めなければならない」[16]と、人格的成長の初期段階における幼児教育の重要性を指摘した。

③ 子供の活動衝動

フレーベルの幼児教育思想の斬新さは、知育中心であった当時の幼児教育諸学校に遊戯を中心とした子供の活動衝動を基底にする方法論的発想を持ち込んだことである。その中心的役割を担ったのが、幼児教育における子供の主体的な活動としての遊戯、お絵かき、生活体験等を引き出し、社会性を育むための方法論として開発したのが恩物（英／Froebel Gifts、独／Fröbelgaben：授かり物）と称される子供が楽しく遊びながら、表現力や認識力、想像力を自然に学べるような教具である。この積み木や球等の第1恩物から第20恩物まである様々な恩物と呼ばれる独自の幼児教育用教具は1838年に開発され、今日の幼児教育現場においても日常的に目にすることができる。

④ 恩物と呼ばれる教材

恩物の内容は、第1恩物「六球」、第2恩物「三体」、第3恩物「立方体積み木」、第4恩物「直方体積み木」、第5恩物「立方体と三角柱の積み木」、第6恩物「立方体と直方体の積み木」、第7恩物「色板」、第8恩物「棒」、第9恩物「環」、第10恩物「粒」、第11恩物「穴あけ」、第12恩物「縫う」、第13恩物「描く」、第14恩物「組む・編む・織る」、第15恩物「紙折り」、第16恩物「紙切り」、第17恩物「豆細工」、第18恩物「厚紙細工」、第19恩物「砂遊び」、第20恩物「粘土遊び」である。これら神によってもたらされたとするフレーベルの恩物は、万物の諸法則的な深遠な意味をもち、幼児の個性的な創造力を

引き出す役割を果たすとされている。また、恩物は個々の子供の自由で主体的な活動としての「遊び」も引き出すが、それが組織化されれば心身を助長し、社会性を育む源になると考えられたのである。

子供の「遊ぶ」という活動衝動を引き出し、活動そのものを通して人間の本質と物事の本質を体験的に体得するというフレーベルの教育思想は、そこに内意された汎神論、つまり、万物には神が宿っており、一切が神そのものであるといった宗教・哲学観ゆえに、当時の国家からは危険思想として弾圧された。しかし、近代教育思想の成熟は幼児教育の必然性を後押しし、フレーベルの幼児教育思想はやがて世界中に普及していくこととなった。

（7）モンテッソーリ（M. Montessori, 1870～1952 年）の教育思想
☆児童中心主義思想—幼児の権利擁護

> モンテッソーリ『自発的活動の原理』[17] より
> 　大人は子どもをオモチャに委ね、内的発達を促すための練習を全面否定し、『私と同じにしなさい』と自分の模倣を促すことで道徳的な躾をしようとする。発達や教育ではなく模倣によって人間になれと言うのだ。これは例えて言うと、父親が朝出かけに幼児に『お父さんがどれくらい大きいか見なさい。夕方帰ってきた時には1フィート大きくなっているように』と言うのと同じである。
>
> モンテッソーリ『モンテッソーリの教育』[18] より
> 　教育が生命に対する援助であるとすれば、2つの結論が必然的に出てきます。第1の結論とは、教育は生命そのものの出発から始めなければならないということです。第2の結論は、教育がこれまで久しく、当然のこととしてきたものとたいへんちがった見地を仮定しなければならないということです。すなわち、教育はもはや、今日までの単なる教えられることと同義語であることにとどまることは赦されないということです。

① モンテッソーリの思想的位置付け

図5-1の潮流を前提にするなら、イタリアの医師であるマリア・モンテッソーリが開発したモンテッソーリ教育方法（Montessori method）について述べ

るためには、その思想的位置付けについて新たに項立てすることが適切かとも思われる。ただ、モンテッソーリの教育思想に少なからぬ影響を及ぼしたのがルソーの啓蒙主義、フレーベルの児童中心主義である点を考慮するなら、敢えてこの部分で取り上げることが妥当であろうと判断した。その前提に立って先へ論を進めることとする。

② モンテッソーリ・メソッドの要件

モンテッソーリ教育法の前提は、子供が自発的に行動できるような自由な環境を提供することである。その具体的な教育活動が展開されるためには、以下のような4点の整えられた環境が必要であるとした。

ア．子供が自由に教具を選べる環境
イ．子供の興味関心を引く教具
ウ．3歳の幅をもたせた異年齢混合クラス
エ．子供一人一人の発達段階に応じた環境を整えて個々の自己形成をサポートする教師

モンテッソーリ教育では、子供が自発的に好きなだけ思う存分に遊ぶことが尊重されている。そして、それをサポートする大人は子供が興味関心を引く教具を揃えたり、自由に選べる環境を整えたりすることが求められている。

子供は、整えられた環境の中で、集団行動を強要されることなく、やりたいことを自由に選び、個別あるいは集団で好きなだけ活動を展開する。

また、異年齢混合のクラス編成をすることにより、年上の子供は年下の子供の世話をして、年下の子供は年上の子供を見て学ぶという環境が意図的に創出される。そのような教育環境を意図的に醸成して提供することで、異年齢混合クラスに所属する子供の協調性や社会性の育成を図るのである。

その際の教師の役割は子供に命令や指示を与えることではなく、自力で成長する力をもつ子供をサポートすることと自らが環境の一部としての分担を担うことである。

第5章　学校教育を支える教育思想を概観する

③ モンテッソーリ思想体現としての「子供の家」

　モンテッソーリの教育理論は、現在でも世界中の多くの幼児教育現場で支持されているが、そこでの考え方は「教育を発達のそれ自身の法則に従って子供の生命を助成することである」と定義付けられている。つまり、「教師が自分自身を子どもの心に押しつけるのではなく、子どもの発達を共感的に見守るとき、子どもはよりよく学ぶだけでなく、そこには子どもの人格の拡張があります」[(19)]とモンテッソーリ自身が述べているように、子供の自主性、独立心、知的好奇心等を育み、社会貢献できる人格形成をその目的としているのである。

　このモンテッソーリ教育法は、欧米ではオルタナティブ教育として、わが国においては子供個々の潜在能力を引き出す、知的能力を高めるといった早期教育として注目されている。事実、モンテッソーリが運営した「子供の家（Casa dei bambini）」には貧しい家庭の女性がわが子を預けて就労できるよう3〜7歳の幼児が集められ、1日に8〜10時間程度整えられた環境下で生活させる中で、園芸、飼育、体操、食事、入浴、粘土遊び等々の活動が展開された。自分で行う喜びを味わう実用生活の練習とはめ込み木材、ピンクタワー等の教具を使った感覚教育はともすると、早期教育や英才教育といった幼児教育法だと誤解されがちである。だが、モンテッソーリが目指したのは子供たちの欲求に沿って進める教育の重要性である。それゆえに、子供の自発性を引き出す心遣いや集中して活動する際の教師の関わり方等ができる技術をもった独自の教員育成に力を注いでもきたのである。

④ モンテッソーリの発達観

　モンテッソーリ教育法やそれを可能にする教員養成方法は現在も世界各国で実践されているが、このような広範な支持を得た背景には「感覚の敏感期（sensitive period）」という一生に一度だけの特別な感受性が働く発達期を捉えて全身や身体の各機能を用いる活動をすることで感覚器官や運動気管の発達を促したり、「秩序の敏感期」、「言語の敏感期」、「数の敏感期」等を上手く活用したりして……という発達観に基づく視点が明確だからである。

この知的活動欲求充足への爆発期を有効に活用することで知的・発達障害の治療教育法として、あるいは貧困家庭の子供たちの知的能力を引き出す教育法として支持され、発展してきた経緯があることも忘れてはならない。

　⑤　モンテッソーリの教育思想

　この幼児教育法（構想としては24歳までを対象とした開発教育法である）の創始者であるモンテッソーリは、イタリアで最初の女性医学博士となった精神科の医師であった。モンテッソーリは、当時の精神病院や精薄児施設で治療に当たりながら教育学的な研究を同時に進めてきた。その過程で学んだのは、精神遅滞児の教育と治療の必要性と可能性であった。また、1907年にローマ優良建築協会の依頼によって開設した「子供の家」で貧しい家庭の子供たちに教育を施したことも踏まえて得た結論は次のようなものであった。

　その結論とは、A「子供のある特定な心機能を一定の時期に敏感に環境へ反応させて学習させるということ」、B「早期教育による知育偏重教育ではなくて全体的な人格形成を意図していること」である。これはつまり、この時期に感覚運動機能を十分に鍛えれば、その後の知育や徳育といった諸能力の発達に大きく寄与するという「敏感期の理論」に則っている。子供の知的好奇心に基づく自発性で子供の自己活動の自由と個々のニーズに合わせた環境下、モンテッソーリ教具と呼ばれる感覚練習教材を使用することで感覚運動能力に働きかける「構成された環境」を実現するなら、子供の発達に関わる生命現象として「集中現象」や、「敏感期」の特質活用ができると唱えたのである。そして、このような幼児期における子供の自由で自発的な活動と活動環境を保証し、感覚教材を効果的に活用させるためには、その指導スキルを身に付けた教師の養成が不可欠な要素であるとしたのである。

（8）デューイ（J. Dewey, 1859～1952年）の教育思想
☆進歩的経験主義―学びの個性化と協同化の教育

> デューイ『民主主義と教育』より[20]
> 　学校はそれ自体社会生活の一形態、小型の社会となり、また学校の堀の外の、学校とは違った共同経験の様式と密接な相互活動ができるものとなるからである。社会生活に有効に参加する能力を高める教育はすべて道徳的である。そうした教育は、社会的に必要な特別な行為を果たすばかりでなく、また成長にとって絶対に欠かすことのできないあの絶えざる再適応に興味を抱くような品性をも形成するのである。人生のあらゆる触れ合いから学ぼうとする関心は、真の道徳的関心である。
>
> デューイ『経験と教育』[21]
> 　私は教育を生活経験であるとみなしているので、教育計画や教育企画は、知的理論、あるいはもしよろしければ経験の哲学を構成し、それを採用することまで約束するものである。このように述べてきた。そうでなければ、それら教育の計画や企画は、たまたま起こってくる知的な波風の立つがままに漂うばかりであろう。私はこのような理論の必要について、経験を構成する基本的な2つの原理に注意を払うことによって、説明しようとしてきた。そのさいの2つの原理とは、相互作用の原理と連続性の原理である。

①「なすことによって学ぶ」経験主義教育

　ジョン・デューイは、20世紀の米国を代表するプラグマティズム（pragmatism：知性は問題を解決する道具という立場）の哲学者であると同時に、戦前、戦後を通じてわが国の教育界に最も大きな影響を与えた偉大な教育思想家でもある。米国のみならず、世界を席巻したデューイの教育思想は、道具主義、実験主義、経験主義等々と称される。その由来は「経験の拡大」という点に集約される。「なすことによって学ぶ（Learning by Doing）」という名言は、まさにそれを体現しているものである。

　デューイは、人間が様々な活動によって得る「経験」の発展性に着目した。人間は、何かをする時に道具を使う。そして、その結果を踏まえて道具も徐々に扱いやすいように改良される。それは、知性も同様である。例えば、人は自分の知性を活用して導き出した結果によって、その都度修正を加えなければならない。つまり、知性は具体的（実験的）に経験することで、その都度新たな

ものへと修正されるのである。このような経験に基づいた知性が活用され、行動に適切に反映されるところに人間の自由と進歩の道筋を見いだしたのである。このような人間の主体性に基づく自由と知性によって導かれる行動の自由とを確保することで、他者への寛容さと思考の柔軟さを与え、社会の調和と発展のための協同を実現するとデューイは唱えたのである。

② 子供の興味・関心とオキュペーションによるシカゴ実験学校

　このような経験主義の思想を教育へ援用したのが、1896年から1903年まで続けられたシカゴ大学での実験学校（別名「デューイ・スクール」）での教育実践である。デューイは、1894年にシカゴ大学教育（哲学・心理・教育学が統合された）学部の学部長として招かれる。そこで、デューイは「生きた人間の社会生活を実験材料とする実験室」としてのシカゴ大学付属小学校つまり、デューイ・スクールを開設するのである。この学校では暗記と試験に明け暮れる受動的な一斉授業はなく、子供の興味・関心を出発点に手仕事によるオキュペーション（occupation）と呼ばれる「知的側面と実践的側面の連続的・全体的発達バランス」で構成した活動的な学習経験で構成される個別的な授業が展開される。

　このラボ（laboratory：実験室）と呼ばれる実験学校の試みは、子供というのは遊びを通して無意識のうちに自発的に学習するので、それを助長してやるのが学校教育の役割であるとしたパーカー（F.W.Parker, 1937～1902年）の教育思想を発展させた進歩主義教育運動（progressive education movement）と称され、デューイはその理論的指導者と仰がれるに至った。デューイの、学校とは子供たちが自発的な社会生活を営む「小社会」でなくてはならないという主張は、伝統的な学校教育関係者へ突きつけた大胆な挑戦状でもあった。そこでの3年間に及ぶ教育実践を、保護者やデューイの思想に賛同する協力者の人々に報告した内容を収めたのが、教育三部作（『学校と社会』1899年、『民主主義と教育』1916年、『経験と教育』1938年）として知られる中の1冊、『学校と社会』である。

③ 学校における重力の中心移動

デューイは実験学校の取組みを取りまとめた著書『学校と社会』の中で、「旧教育は、これを要約すれば、重力の中心が子どもたち以外にあるという一言につきる。重力の中心が、教師・教科書、その他どこであろうとよいが、とにかく子ども自身の直接の本能と活動以外のところにある。それでゆくなら、子どもの生活はあまり問題にはならない。子どもの学習については多くのことが語られるかもしれない。しかし、学校はそこで子どもが生活する場所ではない。いまやわれわれの教育に到来しつつある変革は、重力の中心の移動である。それはコペルニクスによって天体の中心が地球から太陽に移されたときと同様の変革であり革命である。このたびは子どもが太陽となり、その周囲を教育の諸々のいとなみが回転する。子ども中心であり、この中心のまわりに諸々のいとなみが組織される」[22]と新教育の考え方を明確に語っている。デューイの意図する学校とは、「子どもが実際に生活する場所であり、子どもがそれを楽しみ、またそれ自体のための意味を見出すような生活体験が得られる場」[23]なのである。

④ 協同的探求による学習経験の連続性

デューイの実験学校では、子供が興味・関心のある学習活動に知的に集中させ、その過程で意図的に努力させたり、様々な工夫をさせたりすることを重視した。子供が集中して取り組み、その過程で必然的に努力・訓練・創意工夫をしながら多くの知識や技能の習得を可能にする学習活動をオキュペーション（仕事）と呼んで重視した。

オキュペーションには実際に具体的なものを取り扱ったり、行動したりする経験を通じて知的能力を高めること、他者と協同的探求活動経験を通じてコミュニケーション能力を高めること、これら二つの目的が含意されていたのである。このような実験学校での学習内容や方法は個性化と協同化によって組織化され、直接経験に潜む可能性が体系的学問経験と社会経験との連続性をもつ学習経験となるよう意図したことから「なすことによって学ぶ」という経験主

義を象徴する言葉で称されるようになったのである。

　このようなデューイの新教育思想の原点には、「成長としての教育」という考え方がある。つまり、「成長は生命の特質であるから、教育は成長することと全く同一である。すなわち、成長には成長そのものを越えたどんな目的もない。学校教育の価値の基準は、学校教育がどこまで連続的成長への欲求を生み出し、しかもその欲求を実際に有効なものにするための手段をどこまで提供するか」[24]ということなのである。

⑤　デューイ教育思想と日本の学校教育

　デューイの教育思想は、大正時代から昭和初頭の時代に隆盛を極めたわが国の新教育運動期、さらには戦後期の民主主義教育草創期に「這い回る経験主義」と揶揄されつつも子供の生活経験から興味・関心を引き出して主体的な問題解決学習による学びを具体化した新教育の主な理論的バックボーンとして大きな役割を果たした。デューイの他にも、独の哲学者・教育学者であるE・シュプランガー（E. Spranger, 1882〜1963 年）が提唱した文化教育学もわが国の学校教育に大きな影響を及ぼしたが、その教育思想を体現した田島体験学校（現在の川崎市の田島小学校での体験教育や郷土教育を主軸とした新教育実践は全国的によく知られている）は戦時下で中断されてからわが国教育界で大きな潮流となることはなかった。

　戦前・戦後のわが国の学校教育に大きな影響を及ぼしたデューイの経験主義教育思想であるが、留意しなければならないのはデューイ自身が自著『経験と教育』の中でも述べているように、新教育対旧教育といった捉え方ではなく、それぞれいずれの教育の中でも実現されている子供の教育的経験の質をどう維持し、次へつなげていけるのかという教師の力量を問うている点である。わが国の戦後民主主義教育草創期の経験主義教育、平成元年学習指導要領改訂で創設された小学校生活科の教科目標となっている「具体的な活動や体験」の教育的経験の質、平成10年学習指導要領改訂で小学校第3学年から高等学校までを対象に新設された「総合的な学習の時間」の進め方を巡る混乱ぶり等々を勘案すると、やはり、そこにはそれらの教育活動を体現するための教育課程編成

や教育カリキュラム開発に必要な教師力の脆弱さが課題として浮かび上がってくるのである。

3．教育思想を体現する教育カリキュラムの考え方

　前項では、今日の学校教育推進の理論的背景となっている教育思想や教育理論の代表的な先駆者について概観してきた。本項ではそれを受け、それらの教育思想や教育カリキュラム理論を具体的な学校教育運営の場に敷衍する役割を果たした先駆者について考察していきたい。

　教育は具体である。よって、様々な教育理論は教育実践の場としての学校において活用され、血を通わせることでその意味をもつ。学校という実践の場で具体的な教育課程編成論、さらには教育カリキュラム開発論を展開し、理論と実践を往還させる役割を果たした代表的な教育者を取り上げていきたい。その意図は、これから述べる1世紀近く前の20世紀前半に提唱され、実践的に積み重ねられてきた新教育改革運動家の取組みが、今日のわが国の様々な先進的教育実践、学校教育改革施策と呼ばれるもののベースとなっている場合がほとんどであるからである。

　よく、「歴史は繰り返す」といった表現が用いられるが、教育の世界とて同様である。時空を一気に越えて再び蘇る教育理論、教育カリキュラム論を数え上げたらそれこそ枚挙に遑がないのである。つまり、教育の本質に関わる不易な部分をどうその時代の状況にアレンジしつつ援用するかが問われるのである。それは、「不易」という概念的な括りの中に含意される「流行」という部分でもあるのである。

　ちなみに、今日の学校教育に諸々の影響力を及ぼし続けている新教育運動とは、20世紀初頭あたりから各国で問題視されるようになった教育の質的改善を目指す国民レベルでの改革運動である。19世紀から20世紀初頭にかけて多くの国々では公教育制度が整備され、量的なシステムは完成する。しかし、その教育内容の質的な面においては、あくまでも知識伝達優先で、その教育方法は知識を教え込んでいく注入的、画一的なものが支配的であった。このような教育制度整備の延長線上に連なる教育の質的改善要求の高まりが新教育運動と

して全世界的に展開されたのである。

　新教育運動で提唱される内容は、おおよそ以下のような四つの立場や理論的立ち位置を有している。

　Ⅰ．児童中心主義

　それまでの教科中心型の教育でなく、子供の成長を教育の中心に据えて何をどのような方法で教えていくのかという発想の立場に立つ。

　Ⅱ．全人教育主義

　学校では知識のみを教えるのではなく、子供の道徳性や社会性といった人格形成に関わる部分も含め、知育・徳育・体育を調和的・統一的に教育していこうとする立場に立つ。

　Ⅲ．活動中心主義

　座学を前提に、言葉を介して知識や技術を伝達していく教育手法に対し、子供の興味・関心を前提にしてその主体的な活動を中心に教育展開しようとする立場に立つ。

　Ⅳ．生活中心主義

　学校をただ単に知識伝達の場と捉えるのではなく、子供自身が他者と関わり、その中で互いが協同し合いながら自らの力で成長し合っていく場と位置付けていく立場に立つ。

　このように新しい教育の在り方を模索していく「新教育運動」は、児童中心主義、全人教育主義、活動中心主義、生活中心主義といった幾つかの要素で区分されるような特徴性に裏打ちされた教育の在り方運動であると言えよう。

　本項ではすべてを取り上げるわけにはいかないので、先に挙げた図5-1の流れで二大潮流となっているデューイの経験主義教育思想に連なる教育課程編成論・教育カリキュラムの系譜、ヘルバルトの教育的教授思想に連なる教育課程編成論・カリキュラム開発論の系譜、この両者の体表的な理論を紹介していきたい。

4. 教育思想が体現された教育カリキュラムプラン
(1) デューイの経験主義教育思想に連なる教育カリキュラムプラン

① プロジェクト・メソッド（1918年　米国）

★キルパトリック（W.H. Kilpatrick, 1871～1965年）

（Key Word）

①講案法、②問題解決学習原理、③作業単元

　ウィリアム・ヒアド・キルパトリックは、マーサー大学卒業後にジョンズ・ホプキンス大学大学院に学び、高等学校の数学教師になった。その後、マーサー大学で教鞭をとることとなるが、シカゴ大学での教師のためのサマー・セミナーでデューイと出会い、1907年にデューイが異動したコロンビア大学の教育学部に再入学する。デューイの下で教育哲学を志す決心を固め、1952年のデューイの死に至るまで共に緊密な共同研究を進めることとなった。特に1919年、デューイとキルパトリックは「プロジェクト・メソッド」という新しい教育方法論を構想し、その基礎理論と実践方法を次々と発表したことで世界的に反響を及ぼすこととなった。

　このプロジェクト・メソッドという教育手法は1920年代に米国教育界で大きな広がりを見せた。キルパトリックは、この教育法を「社会的環境の中で行われる全心的目的活動」と定義し、個の内面的態度に委ねている部分から別名「構案法」とも称されている。構案という発想は、学習者である子供自身が学習計画を立て、その計画に従って現実生活の中で生じた自らの問題解決をするという実践的活動を重視するからである。つまり、学習を計画（構案）するのは他ならぬ子供自身であるところに方法論的な特徴が見いだされるのである。

　このプロジェクト・メソッドは、A. 漠然とした困難の知覚→B. 問題の整理→C. 問題解決のための仮説設定→D. 推論による仮説の吟味→E. 作業実行による研修、というデューイの経験主義の問題解決学習原理に基づき、実践的な作業を通して子供自身が学習課題となる問題を発見し、様々な仮説に基づいて計画的かつ主体的な問題解決を目指す教育方法である。その学習プロセスは、A. 遂行目的設定→B. 見通しと解決方法の計画立案→C. 計画に基づく実

践活動→D. 評価による活動の見取り、という4段階の過程をもつ「作業単元」として構想される。つまり、環境に対して自己の能力を「適応」させるのである。

このプロジェクト・メソッドは、マサチューセッツ州の農業学校で試みられた実践が有名であるが、そこで指摘された問題点は、経験の連続の原理に基づいて子供の日常生活の中から問題を発見し、解決するという際の学校と学校外の生活との遊離であった。このメソッドでは、デューイの唱えた実際的生活における反省的思考（reflexive thinking）を標榜しつつも、生活経験を学校での学習活動と見なさなければならないという特殊な問題解決型学習にならざるを得なかった部分が課題として指摘されている。ただ、キルパトリックの指摘した学習者自身の目的意識や課題意識に支えられた学習活動というのは、学習者に内発的動機付けとなるだけでなく、学習プロセスにおける課題やその解決のための教材との関わりが豊かになり、学習内容の定着をより確かなものにできることは間違いのないところである。

大正期に日本にも導入されたこの教育法は、目的的活動を通して付随的な学習が可能となり、自立心、協同的態度、私心からの脱却、他者への配慮といった望ましい社会的態度形成といったメリットから、戦後の職業高校等でホームプロジェクトといった形で取り入れられた。この精神は、今日の「総合的な学習の時間」の趣旨や指導の在り方にも通底している。

② ドルトン・プラン（1920年　米国）

★パーカスト（H. Parkhurst, 1887～1973年）
（Key Word）
①個別の学習指導、②自由の原理、③協同の原理

ドルトン・プラン（Dalton laboratory Plan：ダルトン・実験室プランとも称される）とは、ヘレン・パーカストが米国マサチューセッツ州ドルトン（ダルトン）市のハイスクールで実施した教育実践方法である。

パーカストがこの教育法を考案するきっかけとなったのは、大学卒業後に勤務した小さな単学級小学校で、一人で40人の児童を教えるという経験をした

ことである。そこでパーカストは、子供たち一人一人に個別の課題を与え、それぞれがそれぞれのペースで学習するのを支援したことで想定外の教育成果を収めるという貴重な経験をすることとなった。そこで得た学習スタイル、つまり、個別の学習指導によって子供一人一人の能力に応じた学習計画が作成され、それに基づいて子供が個別に自学・自習することで自分にとって最適な学習を可能にするという教育方法論である。

パーカストは、その後にイタリアに渡って学んだモンテッソーリの自発性、自主性を重視する教育観やデューイの問題解決学習等のメリットを柔軟に取り入れ、クラスの人数が多くとも子供一人一人の能力を伸ばすことを可能にする目的で新教育法としてのプロジェクト・メソッドを考案したのである。この教育法の根本原理となるのは、「自由の原理」と「協同の原理」という考えである。

A．自由の原理

「自由の原理」とは、子供が教師と「契約」して学ぶことを意味する。子供は、自分が立案した学習計画に従って教師と約束を取り交わす。1ヶ月といった一定の期間内に、どの科目をどこまで学習するのかというコントラクト（contract：契約）をするのである。学校では、学級単位の一斉指導による教科教育は廃止され、数学、歴史、科学、英語といった教科毎の実験室（つまり教室でラボと呼ばれる）に分けられ、助言者（つまり教師）のサポートを受けながら自己学習を進めるのである。ラボには、そこで学習する問題の解答や教師からの支援を受けるための質問カードが置かれている。子供は自分の学習進度の進行に応じて自学し、その結果を助言者に提出して合格すればポイントを獲得できる。このポイントはアサインメント（assignment：学習進度表）として貼り出され、教師はそれで学習状況確認しながら助言を重ねることとなる。このような子供の主体性に基づく個別化された学習方法は、個々の能力や理解度に応じた学習スタイルを実現しやすく、世界中の国々における初等教育で改良されながら活用されている。

B．協同の原理

次に「協同の原理」であるが、これはハウス（house：ホームルーム）での議

論や話合い活動を通して、子供が所属している集団との関わりから他者との協調性、集団の一員としての立ち居振る舞い等を週1回、クラスで会議が行われ、クラス全員が興味をもてるような話題を選ぶために議論・討議をすることで協調性を身に着けることを目的としている。

このドルトン・プランでは、子供の自学・自習という自由と協同の原理に基づきながら進める教育方法論としての斬新さと裏腹に、カリキュラム論としては伝統的な教科カリキュラムを採用している。教科は大科目と呼ばれる主要教科群としての数学、歴史、科学、英語、地理、外国語等と、小科目と呼ばれる副次的教科群である音楽、芸術、手芸、家事、手工、体操等に大別される。それらは、午前中には助言者である教科担任教師が契約仕事として課すアサインメントに従って実験室で学習し、最後の数十分で互いに学習進度表で確認しながら問題点の点検を行う。そして、午後はハウスでクラス単位の集団活動を通して他者と関わり合いながら小科目を学習するといった基本的な日課に従って展開される。

ドルトン・プランでは、ハウスとアサインメント、ラボラトリーが機能すれば、子供たちの自発的態度、責任感、信頼感等が円滑に育つはずである。しかし、それを実現するための教師の技量や資質・能力が問われるという問題点も内在している。なぜなら、教師が相互に学習内容について関連性をもたせたり、個々の子供を次段階の学習計画へ移行させるためのテーマ設定や教材を準備したりする方法を常に模索し続けていかなければならないからである。そして、何よりも子供の一人一人の興味・関心を学習へ動機付けるための観察力や的確な指導力が必要とされるからである。

日本では、大正期に創設された沢柳政太郎の成城小学校、赤井米吉の明星学園での教育実践が知られている。

③ ウィネトカ・プラン（1919年 米国）

★ウォッシュバーン（C. W.Washburne, 1889〜1968年）
（Key Word）
①並行的学習領域化、②自学自習教材、③個別記録カード

カールトン・ウルジー・ウォッシュバーンは、イリノイ州ウィネトカ市の教育長として市内小・中学校における一斉教授法を画一的なものとして排し、能力別個別学習と集団的共同学習を並行的に組織し、自学自習教材と記録表の利用によって徹底した個別学習を行ったことで知られている。
　このウィネトカ・プランと呼ばれる教育方法論の基本的な枠組みの特徴は、教育課程を共通必修教科と集団的・創造的活動に大別し、個々の個人差に対応した個別学習を重視するのと並行して、集団学習活動によって人間形成も同時に実施できるような教育指導体制を実現しようとしたことである。つまり、画一的かつ集団的な一斉指導だけに頼るのではなく、共通必修教科では能力別個別学習を徹底して行い、集団的・創造的活動では共同学習によって人間形成を効率的に進めるという異なる教育活動を並行的に組織しているのである。
　このような個人差に応じた教育活動を実現しようと発想したのは、確かに教育長という立場にあったウォッシュバーンその人であった。しかし、ウィネトカ・プランで留意したいのは、ウォッシュバーンが教育長として市内教員組織を指揮したのではあるが、具体的な改革プランを練り上げ、実践したのはそこに所属する一人一人の教師たちであるという事実である。ウォッシュバーンは教師たちと研究会を組織して話し合い、学年別と学年を超えた研究会を組織して、教育内容の個別化、自主教材開発、学習診断テスト開発、自己訂正用教材の開発等を鋭意進めたのである。その着目点は、カード化された自学自習教材と個別記録表の活用によって徹底した個別学習を行うというものであった。
　このウィネトカ・プランによる教育課程の大きな特徴は、共通必修教科（core essentials：主に系統的・体系的に学ぶ必要がある読・書・算等の3R's）と集団的・創造的活動（音楽・美術・体育等）に分けて意図的に編成されたこと、共通必修教科では個別指導による学習内容の完全習得を目指しつつ、集団的・創造的活動では集団活動学習によって子供の社会化が効果的に促進されたこと等である。さらに、共通必修教科で系統的にカード化された教材、学習診断テスト、未定着な内容理解を補強するための訂正用教材等を詳細に検討・分析したものを次々と出版していったことも、この教育方法論を広く知らしめる結果となっている。このような教員組織が一丸となって取り組む工夫は各教科での

成果に留まらず、学校行事等の人格形成教育においても大きな役割を果たしたのである。

　敢えてこの教育方法論を批判的に捉えるなら、系統的な教材化という教科カリキュラムを前提にしていることから、どうしても必然的に知識偏重型になってしまう点は否定できない。また、教員組織の協同作業によって創造的に作成されたカリキュラムであるだけに、教育内容の質的な担保がなされているわけであるが、一度体系化されてしまったものはいくら実践による検証で不都合が生じてもおいそれと改編、修正がしにくい面もある。まだ社会状況変化が比較的緩やかな時代では多少の許容度も仕方ないが、今日のような目まぐるしく変化する時代にあってはやや援用が難しい現実もあろう。

　このウィネトカ・プランはわが国をはじめ、世界各地に広く普及したが、米国では1940年代になると教科カリキュラムよりも経験カリキュラムに視点を置いたラディカルな新教育運動が盛んになってきて、次第に重視されなくなってきた経緯がある。しかし、自学自習教材と個別記録の活用という個別完全学習を目指した手法はカリキュラムの柔軟性を実現できるなら、今日の学校教育でも大いに取り入れたい教育方法論である。

（2）ヘルバルトの教育的教授思想に連なる教育カリキュラムプラン

①　モリソン・プラン（1920年　米国）

　　★モリソン（H.C. Morrison, 1871～1945年）
　　（Key Word）
　　　①モリソン単元法、②教授過程、③完全習得

　1920～30年代の米国において単元論を展開し、新しい教授方式を発展させたのが、シカゴ大学教育学部教授のヘンリー・クリントン・モリソンである。このモリソン・プランと呼ばれる学習指導方法は、シカゴ大学教育学部付属の実験学校での教授実践を踏まえた教授法で、「モリソン単元法」と称されることもある。

　モリソン・プランの大きな特徴は、デューイが主張した経験や環境への適応

というプラグマティズムに依拠した問題解決型学習の教育手法を含意しつつ、ヘルバルト学派の形式的段階教授法を時代の要請に応える教育方法論として発展させたところに教育改革プランとしての意義を有している。つまり、プロジェクト・メソッド等に見られる児童中心主義の立場と、ヘルバルトの教科カリキュラムを効果的に指導するための教授段階法の立場、この両者の長所をうまく取り入れたところに教育プランとしての斬新さを見いだすのである。

このプランでは、科学型の教科目について、学習単元（learning unit）を組織し、その単元に従っての各授業を5段階の教授過程によって指導することに特徴がある。その5段階の教授過程とは、以下の通りである。

A．探究（exploration）
　授業の導入に当たり、学習者の既習経験と今後学ぶ学習経験との関係性を予備テストや問答法で知り、学習を動機付ける。

B．提示（presentation）
　新たな学習展開をするための教材提示、単元の概要を教師が説明する。

C．同化（assimilation）
　クラス全体で到達目標に向かって学習を展開し、学習者の資質・能力、学習への関与態度、学習スキル等を育て、単元内容の理解を図る。

D．組織化（organization）
　学習単元の内容についてまとめ、整理する。

E．発表・反覆（recitation）
　学習単元で身に付けた内容について発表し合い、習熟の問題と練習を行う。

モリソン・プランの究極の目的は、学習内容の完全習得である。よって、予備テストや各時間での評価、不十分な部分の補完指導を繰り返すことで、個々の子供の完全習得を図り、学力の向上をねらおうとするものである。よって、計画的かつ系統的な学習の積み重ねという機械的な押し付けによる学習内容の完全習得を目指す教授法といったイメージが先行しがちである。しかし、そのプロセスとしての「探究」→「提示」→「同化」→「組織化」→「発表・反覆」においては、教師の役割活動もあるが、何よりも重視されているのは学習者である子供自身の主体的な学習活動である。その点でヘルバルト学派の段階

的教授法と一線を画している。

　例えば、「同化」や「発表・反覆」の段階で個々の子供の主体的関与がない限り、当然のことであるが学習深化は望めない。それでは、「探究」段階の予備テスト等で既習学習経験や生活経験を掘り起こしという、後に完全習得学習（masterly learning）を提唱したB・S・ブルームの「診断的評価」のようにいくら丁寧にやっても、学習内容を正確かつ発展的意図の下に「提示」したとしても、「組織化」段階でブルームの言うところの「形成的評価」のように個々の学習習熟度を見取る努力を重ねたとしても、完全習得といった理想は潰えることとなる。よって、モリソン・プランの大きな特色は、教師中心的な指導から始まり、児童中心的な学習で終わるという重心移動が挙げられよう。また、教科という枠組みを堅持しつつも、直観教授法の援用や学習者相互の協同的な学習活動を通じて子供個々の人格形成が最終的に図られることも挙げられよう。

　このようなモリソン・プランは、わが国においては戦後すぐに開始された経験主義教育への批判が高まった昭和20年代後半～30年代にかけて影響を及ぼした。ただ、デューイの問題解決型学習の手法とヘルバルトの段階的教授法の融合によって、一方で子供の主体的な学びを尊重し、もう一方で学習内容の完全習得を目指す教育手法は斬新ではあったが、伝統的教科枠組みや一斉授業による学習単元といった方法論的視点が旧式教育といったイメージを払拭できず、顧みられないようになっていった。

　しかし、伝統的教科枠組みと揶揄されつつも、各々の教科の特性によって①科学型、②鑑賞型、③言語型、④実技型、⑤反覆練習型の5分類で区分し、それぞれ固有の教授段階を設定する等、今日の教育方法論につながるものも少なくない。例えば、科学型であれば、「探究」→「提示」→「類化」→「組織化」→「発表」という教授段階プロセスを辿ることとなる。このような教科特性に応じて学習単元論を展開し、その新しい教授方法を発展させたモリソンの教育方法論には学ぶべき点が少なくない。

② イエナ・プラン（1924年　ドイツ）

★ペーターゼン（P.Petersen, 1884～1952年）
（Key Word）
①異年齢基幹集団、②基礎的教育活動、③生活共同体としての学校

　イエナ・プラン教育（独／Jena Plan）とは、ドイツのイエナ大学教育学教授だったペーター・ペーターゼンが、同大学付属実験校で実施した学校教育方法論である。その方法原理は、子供たちを「根幹グループ」と呼ばれる異年齢のファミリー・グループでクラス編制し、その中で教えられる立場、教える立場、それぞれを体験することで人格形成にまで促進しようとするところにある。1927年にスイスで開催された新教育連盟の国際会議で提案され、教育改革に取り組む各国関係者に注目された。

　ペーターゼンの実験学校では、「学校は生活共同体の縮図でなければならない」という教育理念に基づき、年齢別学年・学級編制を廃止し、知的段階や人間性等のトータルなバランスを考慮して低学年集団（1～3年）、中学年集団（4～6年）、高学年集団（7～8年）に全校の子供を編制した。そして、各集団は25～35人程度の小規模な異年齢構成の基幹集団に編制した。子供はその基幹集団での共同生活を通じて自分の興味・関心に基づいた自己活動を展開するが、異年齢集団という環境の中で相互に教える側と教えられる側の両面を経験することで人格形成に寄与する高い社会性の育成を目指すという意図によるものであった。

　イエナ・プランによる教育は、現在でもオランダのオルタナティブ・スクール（alternative school：公教育制度の中で独自教育カリキュラムの実施が容認された学校）では盛んにその実践が展開されている。わが国でも、近年試みがなされている。教育の特徴として、以下の点が挙げられる。

A．異年齢で編制するクラス

　イエナ・プランでの教育で重視されるのは、クラス編制である。基本的に35人以内程度で編制されるクラスは、異年齢の子供たちによって構成される。例外的に2学年で編制するような場合もあるが、通常は3学年の子供たちに

よって組織化され、運営される。

そのクラスは、根幹グループ（ファミリー・グループ）と呼ばれ、学級担当教員は「グループ・リーダー（基本的にその根幹グループに固定されている）」と位置付けられる。そこでは、最年長の子供が学級委員として下級生を統率するシステムが採られ、学校は現実社会を反映したものであるべきであるという主張が貫かれている。よって、軽度の障害児等も積極的に受け入れられ、子供が相互に違いを認め合いながら学び合うことで成長することが期待されている。よって、保護者が学校の教育活動に参加することも、ごく自然なこととして受け止められているし、子供も優秀な子とか、そうでない子といった区分けをするのでなく、「落ちこぼれ」する子供を出さないことを前提にグループの組織化をするところに特徴がある。

このようなクラスも、年度が変わると子供たちは次のクラスに進学し、新しく年少の子供たちがそのクラスへ編制されてくる。

B．「話す」「働く」「遊ぶ」「祝う」の基礎的活動循環

イエナ・プラン教育による学校では、主な基礎的教育活動として、会話する、仕事（学習）をする、遊ぶ、祝う（催し）という四つの基本的活動を重視することが多い。そして、それらの活動を循環的に行うことで様々な学びを引き出してくる。

会話は、10人程度のサークルを単位にグループ・リーダーも子供と共に参加して行われる。互いが身近な距離で話したり、説明したり、発表したりすることを通して、学習動機を刺激するのである。

働く、つまり学習は、それぞれの子供が自分の興味・関心に基づいて調べたり、まとめたり、といった主体的な活動として機能する。働くには、自立学習と共同学習とが設定されるが、子供の興味・関心や主体性が尊重される。

遊ぶとは、最年少、年中、最年長という異年齢の子供たちが共に関わることで、できないことを教えてもらったり、リーダーを助けて活動したり、リーダーとして下級生を統率したりという人間関係を学ぶ場でもある。遊びは自分たちで企画したもの、もちろん、その関係は学習場面でも発揮され、教えられたり、教えたりと双方の立場を経験することで学習内容の定着をより確実なも

のにするための機能をも果たす。

　祝うとは、行事や誕生日を祝うことで、週のはじめの会や終わりの会、年中行事、子供や教員の誕生日等を主に構成され、互いが喜怒哀楽の感情を共有しつつ学校における共同体意識を育てることに目的が置かれている。

　なお、この「話す」「働く」「遊ぶ」「祝う」の基礎的活動を循環させるため、イエナ・プランによる学校での時間割は教科別で作られず、四つの活動の自然な移行を前提にして意図的に編成される。

C．生活共同体の縮図として環境整備

　イエナ・プランでは、学校を社会の一員として生きることを学び、仕事（学習）することを学ぶ場として位置付ける。よって、学校は、そこに学ぶ子供と保護者、そして教員とから構成される共同体と見なし、1日の多くの時間を過ごす子供たちの共同体における生活の場、共同体の一員として学ぶ場と捉えるのである。よって、イエナ・プランによる学校では、学校そのものをリビングルームとして機能させるために、その環境づくりに配慮する。よって、その小社会には障害がある人も、ない人も共に違いを認め合い、共によりよく生きるインクルーシブ（inclusive：調和的な）な社会の実現を目指す。そして、「学ぶことを学ぶ」のである。

　イエナ・プランによる学校では、学校の中核として「ワールド・オリエンテーション（World　Orientation：学びを方向付ける時間）」を設定している。まさに異なる教科と教科を横断し、統合していく「学ぶことを学ぶ」ための総合的な学習のための時間が最重視されるのである。このイエナ・プランによるカリキュラムは、今日の学校教育で体現されていることを理解しておきたい。

5．わが国における学校教育の変遷

（1）近代教育制度以降の学校教育の足跡

　わが国において今日のような近代教育制度が整えられたのは、明治5（1872）年のことである。それまでのわが国の教育は、古代では真言宗開祖の空海（774～835年）による綜芸種智院、中世では鎌倉幕府の北条実時（1226～1276年）創設の金沢文庫、室町時代の関東管領上杉憲実（1410～1466年？）による足利学

校等が知られるが、一般の武士や庶民の中には子弟を寺院等に預けて往来物等を用いた教育を施していた。

　近代に入っても幕府直轄の昌平坂学問所とか藩校（例えば、米沢の興譲館、会津の日新館、水戸の弘道館、長州の明倫館、熊本の時習館、岡山の池田光政が儒学者の熊沢蕃山等を招いて藩士の子弟教育を初めて行ったとされる花畠教場等）、藩士や庶民のための郷学（例えば、岡山藩の閑谷学校）、初等教育機関の役割を果たした寺子屋よりも高等教育機関としての性格を帯びた私塾・家塾（例えば、近江の中江藤樹が陽明学を講じた藤樹書院、京都の伊藤仁斎が古学を講じた古義堂、荻生徂徠が江戸で儒学を講じた蘐園塾、広瀬淡窓が豊後で儒学を講じた咸宜園、吉田松陰が萩で幕末の志士を輩出した松下村塾、伊勢で本居宣長が国学を講じた鈴屋、シーボルトが長崎で西洋医術を講じた鳴滝塾、緒方洪庵が大阪で医術・蘭学を講じた適塾等）が人材育成に当たってきた。しかし、それは組織化されたものでは

表5-1　近代・戦前学校教育の略年表

年	事　項
明治 5 (1872) 年	「被仰出書」布告および「学制」公布
明治12 (1879) 年	「学制」を廃止し「教育令（自由教育令）」公布
明治13 (1880) 年	「教育令（就学率改善令）」改正
明治14 (1881) 年	「小学校教員心得」、「小学校教則綱領」制定
明治18 (1885) 年	内閣制度により森有礼が初代文部大臣に就任
明治19 (1886) 年	「教育令」廃止、「帝国大学令」「師範学校令」「中学校令」「小学校令」公布、教科書検定制度発足
明治23 (1890) 年	「教育ニ関スル勅語（教育勅語）」公布、「小学校令」改正
明治24 (1891) 年	「小学校教則大綱」制定
明治33 (1900) 年	「小学校令」改正（義務教育4年に統一、授業料廃止）
明治36 (1903) 年	小学校教科書の国定化
明治40 (1907) 年	「小学校令」改正で義務教育6年に延長
大正 6 (1917) 年	臨時教育会議開始（教育施策改革、学制改革等の審議会）
大正10 (1921) 年	八代教育主張講演会開催（各地で新教育運動が拡大）
昭和13 (1938) 年	「国家総動員法」成立（戦時下国策教育体制の強化）
昭和16 (1941) 年	「国民学校令」公布（尋常小学校から国民学校へ）
昭和20 (1945) 年	GHQ指令により修身、日本歴史・地理の授業停止

なく、限定された対象者に限定された教育を施すものであった。その点で、明治政府が明治4（1871）年に文部省を設置し、翌明治5年に「学事奨励ニ関スル太政官布告＝被仰出書」、続いて「学制公布（頒布）」が発布され、欧米をモデルとした小・中・大学の単線型学校制度体系を整えて国民皆学をスタートさせたのである。

（2）戦後教育草創期から現代に至る学校教育の足跡

それぞれの国における教育制度は、その国が置かれた状況や時代的背景によって当然異なってくる。しかし、近代教育制度成立以降にあって、そのバックボーンとなっている教育思想や教育カリキュラム思想の潮流を辿ると、同根であることが見えてくる。そこで問われるのは、それぞれの国が置かれた社会状況や時代的要請を前提に、そこで国民から求められる教育サービスをどう策定し、どう公的な教育制度として反映し、日々の教育活動として運用していくのかという国家的な合意形成の必要性であろう。そのための教育改革運動が、その時々の社会的要請を受けながら進められてきたことを理解しておきたい。

わが国の戦後教育に影響を及ぼしたのは、米国ヴァージニア州教育委員会と学校現場が協力して作成した小単元主義学習指導要領試案（Virginia Plan）であった。このヴァージニア・プランと呼ばれる義務教育諸学校の教育改善のために提案された教育課程案である。このヴァージニア・プランでは、民主的な社会実現とそれに貢献できる人材の育成に必要な教育経験を義務教育で重ねることが必要という教育目的に基づく、教育課程編成の原理が示されている。

そこでは、民主的な社会の実現に貢献する人材育成のためには、個が社会と持続的に関わりながら成長していくという相互成長過程として教育を位置付ける。そして、子供の「連続的な成長」という学校教育の目的に照らし、教科型カリキュラム主体の系統主義的教育を廃し、現実的な社会生活経験を中核とするコア・カリキュラムを提唱したのである。

わが国の戦後民主主義教育は、昭和22（1947）年の日本国憲法および教育基本法の制定によってスタートした。アジア・太平洋戦争後、連合国軍が日本占領中に設置した連合国最高司令管総司令部（GHQ：General Head Quarters）の

占領政策に基づき、占領下における教育の民主化、教育機会均等による6・3・3・4制の単線型学校制度体系の導入、小・中学校義務化による教育期間の延長、義務教育における無償化、教育委員会制度による地域教育運営システムの導入等が開始されたが、昭和22（1947）年に文部省より示された「学習指導要領（試案）」では、社会的問題を中心課程（コア）としてその周りに周辺課程を配置するヴァージニア・プラン型のカリキュラムモデルが示された。

　その試案時代から現代に至るまで国家的な教育基準としての役割を果たしてきた「学習指導要領」改訂の変遷を辿ると、そこにはその時々の社会的要請を背景にした学校教育の時代的特色を垣間見ることができる。

表5-2　戦後の教育改革とその特色

年	事　項
昭和21（1946）年	「教育刷新委員会」による戦後民主主義教育改革 教育基本法、学校教育法、教育公務員特例法、教育職員免許法、社会教育法等の法律整備案、6・3・3・4制の新学制、社会科の創設改革等
昭和22（1947）年	「学習指導要領（試案）」発表、新教育制度スタート
昭和26（1951）年	「学習指導要領」第1次改訂
昭和31（1956）年	「全国学力調査」実施
昭和33（1958）年	小・中学校に「道徳の時間」特設
昭和38（1963）年	義務教育諸学校を対象に「教科書無償措置法」公布
昭和54（1979）年	養護学校の義務化スタート
昭和59（1984）年	「臨時教育審議会」設置、最終答申は昭和62（1987）年。
平成元（1989）年	初任者研修制度（法定研修）開始、小学校「生活科」新設
平成2（1990）年	大学入試センター試験実施
平成4（1992）年	学校週5日制（第2土曜）実施、平成14年より完全実施
平成5（1993）年	児童の権利に関する条約の批准
平成15（2003）年	小・中・高等学校に「総合的な学習の時間」導入
平成18（2006）年	「教育基本法」改正
平成27（2015）年	「道徳の時間」が「特別の教科　道徳」へ

　わが国に限らず、教育改革は振り子運動とよく揶揄されるが、中道に留まることはない。どちらか一方に傾斜するのが通例である。戦後間もなく開始され

た児童中心主義・経験主義的な教育は、戦後復興から経済成長へという時代のうねりの中で社会の要請に応える形で主知主義的・系統主義的な教育へと大きく舵を切ることとなった。そして、その知識偏重主義の破綻を契機にまた個性重視の学びへと再び舵を切らざるを得なくなったのである。しかし、それに伴う混乱が教育現場では噴出した。学校がその時々の教育施策に対応して教育課程を編成すること、オリジナリティ溢れるカリキュラム開発をすることが至難の業であることを物語っていることの証左であろう。

　わが国の文教政策は戦前・戦後を問わず、国家がその教育基準を示し、教科書によって具体化し、それに従って各学校がアレンジしながら体現するという手法が営々と続けられてきた。その点で、国や地域の教育基準が大綱化されている所が多い諸外国に比べ、学校や教師個人のカリキュラムに対する柔軟な発想や裁量的扱いに対する認識にはやや乏しい面があろう。そのような背景から、教育課程編成やカリキュラム開発への主体性やそのスキル、ノウハウが不足するため、総合的な学習の時間創設時のような学校種を超えた全国的な混乱が教育現場で生ずるのである。

　ただ、各学校における現実的な教育課程編成を視座すると、そこには不可欠な要件や手続きが必要であることが見えてくる。まず、不可欠な要件としては、その編成において学びの範囲を規定し、学校種間の接続も考慮した学びの系統性を計画に規定するスコープとシークエンスとしての基準的役割を果たす学習指導要領および検定教科書といったものが挙げられよう。これら教育課程編成の前提となるものが明確になっているということは、画一的教育の弊害という両刃の剣的な批判は生じようが、公教育の質をあまねく担保するという公益性を重視した学校教育においてはとても重要なことである。また、その教育課程編成手続きというのは、学校の教育理念や目標を教職員全員で共有していくためのプロセスという意味合いもある。そのような学校運営に関わる視点からも、教育課程編成の手続きについて理解を深めていきたいものである。

■第5章引用文献
（1）　プラトン　『ソクラテスの弁明・クリトン』　久保努訳　1927年　岩波文庫　p.21
（2）　プラトン　同上書　p.74

(3) プラトン 『パイドン』 岩田靖夫訳 1998 年 岩波文庫 p.153
(4) プラトン 『メノン』 藤沢令夫訳 1994 年 岩波文庫 p.82
(5) J.A. コメニウス 『大教授学』 稲富栄次郎訳 1956 年 玉川大学出版部 pp.97〜98
(6) J.A. コメニウス 同上書 pp.13〜14
(7) J.J. ルソー 『エミール 上』 今野一雄訳 1962 年 岩波文庫 p.23, p.32
(8) J.J. ルソー 同上書 p.18
(9) J.H. ペスタロッチー 『隠者の夕暮れ・シュタンツだより』 長田新訳 1943 年 岩波文庫 pp.9〜10
(10) J.H. ペスタロッチー ペスタロッチー全集 12 『白鳥の歌』 佐藤正夫訳 1959 年 平凡社 pp.9〜10
(11) J.H. ペスタロッチ 前掲『隠者の夕暮れ』 p.19
(12) J.F. ヘルバルト 『一般教育学』 三枝孝弘訳 1960 年 明治図書 pp.68〜69
(13) J.F. ヘルバルト 同上書 p.19
(14) F.W.A. フレーベル 『フレーベル自伝』 長田新訳 1949 年 岩波文庫 p.158
(15) F.W.A. フレーベル 『人間の教育』(上) 荒井武訳 1964 年 岩波文庫 p.13
(16) F.W.A. フレーベル 同上書 p.15
(17) M. モンテッソーリ 『自発的活動の原理』 阿部真美子訳 1990 年 明治図書 p.64
(18) M. モンテッソーリ 『モンテッソーリの教育』 林信三郎・石井仁訳 1980 年 あすなろ書房 p.16
(19) M. モンテッソーリ 同上書 p.90
(20) J. デューイ 『民主主義と教育』 金丸弘幸訳 1984 年 玉川大学出版部 p.474
(21) J. デューイ 『経験と教育』 市村尚久訳 2004 年 講談社 p.47
(22) J. デューイ 『学校と社会』 市村尚久訳 1998 年 講談社 p.96
(23) J. デューイ 同上書 p.120
(24) J. デューイ 前掲『民主主義と教育』 p.98

■第5章参考文献
(1) 山﨑英則編 『教育哲学のすすめ』 2003 年 ミネルヴァ書房
(2) 三井善止 『教育の原理』 2002 年 玉川大学出版部
(3) 小澤周三他編 『教育思想史』 1993 年 有斐閣
(4) 伊藤良高他 『教育の理念と思想のフロンティア』 2017 年 晃洋書房
(5) 石村華代他編 『教育の歴史と思想』 2013 年 ミネルヴァ書房
(6) 藤井千春編 『西洋教育思想』 2016 年 ミネルヴァ書房
(7) 田沼茂紀 『再考—田島体験学校』 2002 年 川崎教育文化研究所
(8) 山住正己 『日本教育小史』 1987 年 岩波新書
(9) 土屋忠雄他編 『概説近代教育史』 1967 年 川島書店
(10) 鈴木博雄編 『原典・解説 日本教育史』 1985 年 図書文化
(11) 中野光 『学校改革の史的原像』 2008 年 黎明書房
(12) J.A. パーマー他編 『教育思想の50 人』 広岡義之他訳 2012 年 青土社
(13) 教育思想史学会編 『教育思想事典』 2000 年 勁草書房

第 6 章

今日の学校教育が向き合う課題とその解決

1．今日の学校教育が内包する諸課題
（1）現代の子供たちに立ちはだかる理想と現実

　学校教育を語る時、「なぜ、教育学を学ぶのか？」という払拭できない不可思議な問題が取り残されてしまう。教員採用試験においては必要な教育学や教育史等の知識であるが、それらは学校の教壇に立った時に無用のものとして忘れ去られてしまう場合がほとんどである。ならば、本書で取り上げる教育学的な知見や教育思想を背景にした教育課程・教育カリキュラム編成論、教師論等は不要なのかと言うと決してそんなことはない。事実、学校の実践現場で活躍している中堅教員が教職大学院や教育センター等で学び直しをすることは日常的な光景となっている。

　それは、学校教育という営みの中で日常的に発生する様々な諸課題に対して、単なる現実対応だけでは払拭できない学校教育臨床を背景とした学問的専門性の切実な必要感を実感するからであろう。大学の教職課程で学ぶ教育学、教育思想史、教育心理学、教師教育論等々は教壇に立ってすぐには不要であっても、教師が教育実践を多年にわたって続ける過程で必ず出会う教育学的な問題に対する葛藤、教育学的知見、教育学的方法論を模索した時に救いの手を差し伸べてくれるのである。それまで小難しいからと敬遠していたり、無視したりしていた教育学を軸とした社会科学的な知見が教師個々の前に立ちはだかる教育的諸課題を解決する大きな力となることに気付くのである。本章では、そんな視点から現代の学校教育を取り巻く諸課題について問題提起し、その具体的な解決に向けての視点や手立てについて検証していきたいと考える。

　本章を考察していく上でまず大切にしていきたいのは子供とは何か、子供にとっての学校とは何かという、古くて新しい課題である。

例えば、前出の近代教育思想の始祖と知られるルソーは、「子供の発見者」として知られる。ルソーは、『エミール』の中で「人間は教育によってつくられる」[1]として教育の主要素を自然、人間、事物を挙げ、その中で他人の力で動かすことのできない「自然による教育」の重要性を論じている。ルソーは、乳幼児期、児童期を通じて子供は自身が必要としない事柄を教育され、歪められると指摘する。子供に必要なのは、人間として生活することのできる力であり、それを学ばせるためには目の前の子供を小さな大人として理解するのではなく、子供には子供として今を生きている意味があることの指摘である。そんな子供たちに教育を施す学校を前出のフランスの社会学者デュルケームは、社会的存在を形成することが教育の目的であるから、未成年者の体系的社会化のためのところと位置付けたのである。

　また、スウェーデンの女性教育者エレン・ケイ（Ellen, K.S.Key, 1849～1926年）は著書『子どもの世紀』の中で、「子どもを教育するということは、子どもの精神を子ども自身の手のなかに握らせ、子どもの足で子ども自身の細道を進ませるようにすることである」[2]と述べている。エレン・ケイの教育思想は著名な言葉、「教育の最大の秘訣は教育しないことにある」に象徴されているように、子供を主体的な存在、自立的な人格を有する存在と位置付けるところにある。よって既成教育の問題点は、「子どもを『子ども』という抽象概念によって取扱うことである。これでは子どもは教育者の手のうちで形成され、また変形される無機物であり、非人格的な一つの物体にすぎない」[3]ことであると警鐘を鳴らすのである。

　エレン・ケイは、「20世紀は児童の世紀になるのである。これは二重の意味をもっている。一つは、大人が子どもの心を理解することであり、もう一つは、子どもの心の単純性が大人によって維持されることである」[4]と述べている。

　事実、20世紀はエレン・ケイの予言通りに子供の人権擁護の世紀となった。その根幹をなすのが、「子どもの権利条約（児童の権利に関する条約）」である。この「児童の権利に関する条約」は、基本的人権が子どもの保障されるべきことを国際的に定めた条約である。平成元（1989）年11月20日に国連総会にお

いて採択され、平成2 (1990) 年に国際条約として発効した。わが国も世界的な動向を踏まえ、平成6 (1994) 年に条約批准を行った。

そもそも、この条約は大正13 (1924) 年の「子どもの権利に関するジュネーブ宣言」、昭和34 (1959) 年の「子どもの権利宣言」を受けて成立した条約であり、前文と本文54条からなる内容は、子供の生存、保護、発達、参加という包括的な子供の権利保障となっている。

児童の権利に関する条約の主な条文 (抜粋)[5]

第2条 （差別の禁止）
　1　締約国は、その管轄内にある子ども一人一人に対して、子どもまたは親もしくは法定保護者の人種、皮膚の色、性、言葉、宗教、政治的意見その他の意見、国民的、民族的もしくは社会的出身、財産、障害、出生またはその他の地位にかかわらず、いかなる種類の差別もなしに、この条約に掲げる権利を尊重しかつ確保する。
第12条 （意見表明権）
　1　締約国は、自己の見解をまとめる力のある子どもに対して、その子どもに影響を与えるすべての事柄について自由に自己の見解を表明する権利を保障する。その際、子どもの見解が、その年齢および成熟に従い、正当に重視される。
第14条 （思想・良心・宗教の自由）
　1　締約国は、子どもの思想、良心および宗教の自由への権利を尊重する。
第16条 （プライバシー・通信・名誉の保護）
　1　いかなる子どもも、プライバシー、家族、住居または通信を恣意的にまたは不法に干渉されず、かつ、名誉および信用を不法に攻撃されない。
第19条 （親による虐待・放任・搾取からの保護）
　1　締約国は、(両) 親、法定保護者または子どもの養育をする他の者による子どもの養育中に、あらゆる形態の身体的または精神的な暴力、侵害または虐待、放任または怠慢な取扱い、性的虐待を含む不当な取扱いまたは搾取から子どもを保護するためにあらゆる適当な立法上、行政上、社会上および教育上の措置をとる。
第23条 （障害児の権利）
　1　締約国は、精神的または身体的に障害を負う子どもが、尊厳を確保し、自立を促進し、かつ地域社会への積極的な参加を助長する条件の下で、十分かつ人間に値する生活を享受すべきであることを認める。

学校教育を論ずる際に重要なのは、眼前で展開される子供たちの姿のみに目を奪われてはならないということである。教育的営みの本質的意味やその意義、「子供」が個々に有する人格に対する人権擁護なしに教育はあり得ない。

（2）学校病理という視点から捉えた諸課題

　今日の学校が様々な問題を抱えてのたうち回っている現実は、もはや看過できないものがある。

　文部科学省が毎年実施・公表している「児童生徒の問題行動・不登校等生徒指導上の諸課題に関する調査結果」の平成29（2017）年度版によると、小・中・高等学校における暴力行為の発生件数は63,325件（前年度59,444件）であり、児童・生徒1,000人当たりの発生件数は4.8件（前年度4.4件）である。また、小・中・高等学校および特別支援学校におけるいじめの認知件数は414,378件（前年度323,143件）と前年度より91,235件増加しており、児童・生徒1,000人当たりの認知件数は30.9件（前年度23.8件）である。さらに、児童・生徒1,000人当たりのいじめ防止対策推進法第28条第1項に規定する重大事態の発生件数は474件（前年度396件）である。

　また、小・中学校における、長期欠席者数は217,040人（前年度206,293人）である。このうち、不登校児童・生徒数は144,031人（前年度133,683人）であり、不登校児童・生徒の割合は1.5％（前年度1.3％）となっている。

　高等学校における、長期欠席者数は、80,313人（前年度79,391人）である。このうち不登校生徒数は49,643人（前年度48,565人）であり、不登校生徒の割合は1.5％（前年度1.5％）である。なお、高等学校における中途退学者数は46,802人（前年度47,249人）であり、中途退学者の割合は1.3％（前年度1.4％）である。

　その他、小・中・高等学校から報告された自殺した児童・生徒数は250人（前年度245人）である。

　これらの教育的現実をどう受け止めればよいのであろうか。現代における「学校病理」という用語で一括りにして済ませてよいのであろうか。

　まず、ここで言う「学校病理」という概念について述べておきたい。学校病理とは、学校教育において出現する様々な諸課題を表す総称である。かつては学校教育の問題を社会病理として分析しようとする教育社会学の分野で主に用いられていたが、今日では学校教育という制度体制化の中で様々に生じる諸課題を「学校病理」という表現で一括りに説明する用語である。さらに言うな

ら、落ちこぼれや怠学といった病理的現象、少子化による学歴社会の終焉と言われつつも過熱化している受験競争の過熱化と低年齢化等も一要因としては作用するが、大本は学校という国家による押し付け体制が個人主義かつ未来志向的な現代社会においては適切に機能しなくなっている現実がある。学校教育を是として未来社会における人材育成を是とするのか、それとも個別的な興味・関心を前提にAI化時代を前に容認し重視するのか、単純に要因分析と結果を基にして議論すべきようなことでもない。近年の学校教育はこのような多様かつ未来志向的な要請を背景にして展開する営みの中で出現する社会現象を「学校病理」と一緒くたにして論じていこうと考える。言うなれば、不可分一体な教育学的事象を便宜的な解釈論で済ませたくない問題として捉えているということの宣言でもある。

① 「不登校」という言葉が内包する問題

憲法第26条「教育を受ける権利・教育の義務」には、「すべて国民は、法律の定めるところにより、その能力に応じて、ひとしく教育を受ける権利を有する」と述べられ、その保護者は「子女に普通教育を受けさせる義務を負ふ」こ

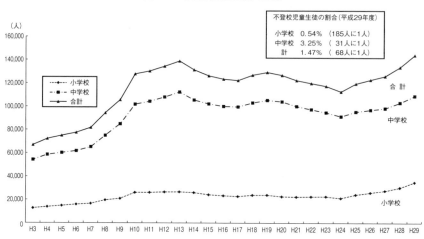

図6-1 不登校児童生徒の推移

（文部科学省「児童生徒の問題行動・不登校等生徒指導上の諸課題に関する調査結果」平成29（2017）年度版）

とから子供にとっても、保護者にとっても、社会全体のコンセンサスとして「学校へ行くこと、そこで学ぶこと」が正しいことというステレオタイプな図式ができあがっているのである。オルタナティブ（alternative：代替的な手段）な学びが容認されにくい社会風土の中で、不登校という烙印を押されて生きていく子供の心情は察するにあまりあるものがあろう。

　「学校絶対から子供中心の教育へ」というスローガンを掲げ、子供に対する多様な教育の在り方やそこで学ぶ個々の権利擁護運動に取り組んでいる奥地圭子（2005年）は、不登校の先につながりやすいという引きこもりやニートへの対応が「かつて登校拒否・不登校を個人病理として、あるいは親が悪いという家庭問題として対応し、当事者個人や家庭を治す対象にしていじくりまわした挙げ句、解決しなかったというのと同じ誤りをもたらす」[6]と警鐘を鳴らしている。

　奥地は不登校の生き方を子供の権利として認め、「学校のみ」という発想に縛られることなく不登校によって不利益を被らないで成長できる多様な教育システムを用意すべきと述べている。つまり、その前提は「学校だめ」ではなく、「学校以外のオルタナティブな教育方法でもよい」という発想が必要なのではという提案である。心して考えてみたい課題であろう。

②　教室そして社会の問題である「いじめ」

　後を絶たない「いじめ」に起因する子供の不登校や自殺。古くて新しい根絶できない問題が「いじめ」である。なぜ悲劇は繰り返されるのか、なぜ学校や社会は「いじめ」を予防・阻止できないのか、「いじめ防止対策促進法」（平成25（2013）年制定）第4条（いじめの禁止）には、「児童等は、いじめを行ってはならない」と定めている。しかし、学校現場での現実はその問題の見落としが許されない社会風潮の中で、「いじめ発見努力」がその発生件数を飛躍的に増大させている皮肉な結果となっている。

　わが国で「いじめ」がクローズアップされるようになってきたのは、1980年代である。いじめ問題が繰り返し社会問題化する中で、いじめ自殺という由々しき事案も顕在化してきた。なぜ自殺者がでるような悲劇を学校は食い止

表6-1　いじめの発生件数

区分		学校総数：A(校)	認知した学校数：B(校)	比率：B/A × 100 (%)	認知件数：C(件)	1校当たりの認知件数：C/A(件)	認知していない学校数：D(校)	比率：D/A × 100 (%)
小学校	国立	72	67	93.1	4,634	64.4	5	6.9
	公立	19,840	15,615	78.7	311,322	15.7	3,968	20.0
	私立	231	109	47.2	1,165	5.0	118	51.1
	計	20,143	15,791	78.4	317,121	15.7	4,091	20.3
中学校	国立	77	69	89.6	774	10.1	8	10.4
	公立	9,556	7,922	82.9	77,137	8.1	1,552	16.2
	私立	793	416	52.5	2,513	3.2	341	43.0
	計	10,426	8,407	80.6	80,424	7.7	1,901	18.2
高等学校	国立	19	12	63.2	205	10.8	7	36.8
	公立	4,131	2,539	61.5	11,212	2.7	1,586	38.4
	私立	1,535	664	43.3	3,372	2.2	843	54.9
	計	5,685	3,215	56.6	14,789	2.6	2,436	42.8
特別支援学校	国立	45	17	37.8	116	2.6	28	62.2
	公立	1,074	391	36.4	1,923	1.8	682	63.5
	私立	14	1	7.1	5	0.4	13	92.9
	計	1,133	409	36.1	2,044	1.8	723	63.8
計	国立	213	165	77.5	5,729	26.9	48	22.5
	公立	34,601	26,467	76.5	401,594	11.6	7,788	22.5
	私立	2,573	1,190	46.2	7,055	2.7	1,315	51.1
	計	37,387	27,822	74.4	414,378	11.1	9,151	24.5

(注1) いじめの定義
　　本調査において，個々の行為が「いじめ」に当たるか否かの判断は，表面的・形式的に行うことなく，いじめられた児童生徒の立場に立って行うものとする。
　　「いじめ」とは，「児童生徒に対して，当該児童生徒が在籍する学校に在籍している等当該児童生徒と一定の人的関係のある他の児童生徒が行う心理的又は物理的な影響を与える行為（インターネットを通じて行われるものを含む。）であって，当該行為の対象となった児童生徒が心身の苦痛を感じているもの。」とする。なお，起こった場所は学校の内外を問わない。
(注2) 調査対象は国公私立小・中・高等学校及び特別支援学校。小学校には義務教育学校前期課程，中学校には義務教育学校後期課程及び中等教育学校前期課程，高等学校には中等教育学校後期課程を含む。高等学校の全定併置校や通信制併設校等は，全日制，定時制，通信制それぞれの数値を合計したもの。
(注3) 学校総数は，高等学校の全定併置校は全日制，定時制をそれぞれ1校（計2校）として計上し，学校基本調査の数値と一致しない。
(注4) 休校等の学校があるため，認知した学校数と認知していない学校数の合計は，学校総数と一致しない。
(文部科学省「児童生徒の問題行動・不登校等生徒指導上の諸課題に関する調査結果」平成29（2017）年度版）

められないのか，国や地方自治体はなぜ手を拱いているのかといった批判の声は大きくなる一方であるが，それとは裏腹に根絶の術がない現実から目を背けてはならないであろう。

　いじめ問題の定義やいじめの国際比較調査等を考察している森田洋司（2010年）は「いじめ集団の4層構造モデル」として被害者，加害者，観衆，傍観者を位置付け，「いじめの性質は，加害者だけでなく，周りの子どもたちの反応

によっても決まる。いわば教室全体が劇場空間であり、いじめは舞台と観客との反応によって進行するドラマである」[7]とその本質を指摘している。

「いじめ」と同様に古くて新しい学校病理として、教師による子供への「体罰」の問題がある。学校教育における体罰禁止規定の歴史は古く、明治12 (1879) 年に制定された教育令の第46条に「凡学校ニ於テハ生徒ニ体罰一殴チ或ハ縛スルノ類一ヲ加フヘカラス」と示されている。その精神は脈々と引き継がれて現代に至っているが、未だに体罰が横行して社会問題化するのは戦前の危機管理としての国家主義教育や主要な教員養成機関であった師範学校における軍隊式教育方法が災いしているとする指摘[8]もある。

「いじめ」問題の本質的解決・根絶は子供に限定するのではなく、国民全体、わが国の社会問題として検討すべき事柄である。

③ スクールカーストという階層社会の問題

学校関係者の中では、「スクール（教室内）カースト」という用語が今日ではすっかり定着している。このスクールカーストという用語が一般化したのは、大学院での研究テーマとしてこの問題を取り上げた鈴木翔（2012年）の

表6-2 児童・生徒の自殺者数 （単位：人）

区分	S49	50	51	52	53	54	55	56	57	58	59	60	61	62	63	元	H2	3	4	5	6	7	8	9	10
総数	277	290	288	321	335	380	233	228	199	237	189	215	268	170	175	155	141	121	159	131	167	139	143	133	192
小学生	―	―	―	10	9	11	10	8	8	6	12	11	14	5	10	1	5	5	3	4	11	3	9	6	4
中学生	69	79	72	89	91	104	59	74	62	83	66	79	110	54	62	53	35	43	68	40	69	59	41	41	69
高校生	208	211	216	222	235	265	164	146	129	148	111	125	144	111	103	101	101	73	88	87	87	77	93	86	119

区分	11	12	13	14	15	16	17	18	19	20	21	22	23	24	25	26	27	28	29
総数	163	147	134	123	138	126	103	171	159	137	165	156	202	195	240	232	215	245	250
小学生	2	4	4	3	5	4	3	2	3	1	0	1	4	6	4	7	4	4	6
中学生	49	49	37	36	35	31	41	34	36	44	43	41	49	63	54	56	69	84	
高校生	112	94	93	84	98	91	75	128	122	100	121	112	157	140	173	171	155	172	160

（注1） 昭和51年までは公立中・高等学校を調査。昭和52年からは公立小学校、平成18年度からは国私立学校、平成25年度からは高等学校通信制課程も調査。
（注2） 昭和49年から62年までは年間の数、昭和63年以降は年度間の数である。
（注3） 平成29年度総数の内訳は、国立0人、公立196人、私立54人である。
（注4） 学校が把握し、計上したもの。
（注5） 小学校には義務教育学校前期課程、中学校には義務教育学校後期課程及び中等教育学校前期課程、高等学校には中等教育学校後期課程を含む。

（出典：文部科学省「児童生徒の問題行動・不登校等生徒指導上の諸課題に関する調査結果」平成29 (2017) 年度版）

『教室内カースト』の反響によるところが大きい。鈴木は学校内の子供集団の中で互いが値踏みし合い、ランク付けしていることが「いじめ」、「不登校」の誘因になっているとし、「決して何か表だって公式に発表されたり、数値で示されたりしたわけでないクラスメイトの『ランク』を、クラスのメンバーが、ある程度正確に共有していて、生徒がそれぞれに見えない力で『ランク』に見合った行動をとるように強制されている」(9)と指摘するのである。

　学校はデューイの言うように小さな社会であり、大人社会を如実に体現する独自の子供社会でもある。言うなれば、大人社会で日常的に展開されている強者の論理、もてる者ともたざる者との階級格差といった現実がはびこっている社会であるなら、不登校、いじめ等の学校病理など解消されるわけがないのである。今日よりも明日、明日よりも明後日は善く生きたいという「善性」が子供本来の特性であるなら、スクールカーストは由々しき問題である。さらに、この不条理な現実を正当化し、自らの学級経営や学習指導、生徒指導に取り込んで子供をコントロールする一部教師がいる事実からも目を背けてはならない。

2．学校教育が向き合う現代的な課題
（1）学校教育における現代的な課題とは何か

　小・中学校学習指導要領第1章「総則」第2「教育課程の編成」には、「豊かな人生の実現や災害等を乗り越えて次代の社会を形成することに向けた現代的な諸課題に対応して求められる資質・能力を、教科等横断的な視点で育成していくことができるよう、各学校の特色を生かした教育課程の編成を図るものとする」と述べられている。

　では、「現代的な課題」とはいったい何を指し、どのような教育的意味を有するものなのであろうか。「現代的な課題」とは、現代社会の中で、あるいはこれからの未来社会に向かって生きていく上で乗り越えなければならない様々な課題である。

　学習指導要領解説では「現代的な課題」の具体的な例示として、食育、健康教育、消費者教育、防災教育、福祉に関する教育、法教育、社会参画に関する

教育、伝統文化教育、国際理解教育、キャリア教育等を「持続可能な発展」という視点から取り上げていくことの必要性が述べられている。

これらの学校教育では現代的な課題を単なる社会事象として捉えるのではなく、人間の在り方や生き方といった道徳的諸価値と密接に結び付けて考えていくことが重要となってくる。

小学校では「持続可能な発展を巡って」について、環境、貧困、人権、平和、開発等を、中学校では「科学技術の発展に伴う生命倫理の問題や社会の持続可能な発展を巡る問題」を生命や人権、自己決定、自然環境の保全、公正・公平、社会正義等といった視点から子供が「自分事」として探求していくことが必要となってくる。現代的な課題は多様で統一性という点では心許ないが、これからの未来に生きる子供たちにとって不可避的で切実な問題として取り組むべき内容ばかりである。

以下、学校教育での取組みが期待されている現代的な課題としての「○△教育」の意図とその指導のポイントを示していくこととする。

(2)「現代的な課題」についての指導のポイント

現代的な課題は、大凡において教科横断的かつ総合的な内容であることがほとんどである。それだけに、指導に当たっては学校の教育活動全体を俯瞰した相互関連的・補完的な指導が不可欠である。また、その指導内容も教科等のように明確化された枠組みがあるわけではないので、学校としての統一見解や教師間での合意形成が不可欠である。

ここでは、各学校レベルで取り組まれている現代的な課題の内容とその指導ポイントを例示していきたい。

【人権教育】
人権教育指導のキーワードは、「多様性」である。一面的な視点からのみで内容を取り扱ったり、ワンパターン的な指導であったりしては正義を基調とした公正・公平さ、差別や偏見等の解消には結び付かないことに留意したい。

【平和教育】
世界情勢を見回すと、グローバリズムとは相反する偏狭なナショナリズムが

台頭している現実もある。そんな中で大切にしなければならないのは、「暴力ではなく、対話による合意形成力」である。そこで培う能力は、国籍や人種、性別を超えて多様な人々や社会と向き合って共生できることである。

【開発教育】

「南北問題」と称される国際間の地域経済格差による貧困、人権・ジェンダー、人口、教育、健康、環境等々の諸課題を国際的な視野から共有し、支援や国際協力を通じて解消しようとする1960年代からの息の長い取組みである。「持続可能な開発目標（SDGs）」を掲げて「誰も置き去りにしない」という理念を身近な具体的事例を通して感得できることが必要である。

【貧困問題教育】

貧困問題はわが国でも他人事ではない。片親家庭の増加といったことから生ずる経済的困窮、ネグレクト等の問題は、身近な現実である。近年は「子供食道」といった篤志家やNPO法人等による具体的な救済活動等も展開されているが、本来的には様々な事情による貧困問題解決の一方策として「ベーシック・インカム（BI：最低限の生活費を無条件で給付する社会的制度）」といった考え方が持続可能な社会発展を考える上では必要であることを、偏りなく意識化していくことが重要であろう。また、個々の子供の事情には十分配慮したい。

【環境教育】

地球環境の変化に伴う生物多様性の減少、異常気象の増加等々、既に自分たちの身近な環境変化が看過できない状況にあることは誰しも異論のないところであろう。この課題への取組みで大切なことは、問題をきちんと整理して指導する必要があることである。例えば、地球的課題と地域的課題を一緒くたに取り扱うことは適切ではないであろうし、「是か非か」といった二項対立的な指導も「持続可能な社会実現」という視点では望ましいことではないであろう。

【防災教育】

「東日本大震災を受けた防災教育・防災管理等に関する有識者会議」最終報告（2012年）では、現在の学校教育では防災を含めた安全教育指導の時間数が限られ、主体的に行動する態度の育成には不十分であることから教科等での指導時間確保が必要であると指摘している。特に防災教育においては物理的な要

因対応のみでなく、個人や集団の心理的要因（対人関係への葛藤や流言飛語への対処等）も含めたリスク・コミュニケーション型授業を考える必要がある。

【福祉教育】
　これまで「福祉」という用語は、障害者や高齢者といった対象者の理解という概念をもたれがちであった。それでは他人事で終わってしまうし、自らの生涯にわたる状況変化への視点にも乏しい。相手を理解し、相手と関わり共に生きていくという「共生能力」を培うことに指導のポイントを置きたい。その際、特に着目したいのは疑似体験等で相手を理解したような気になることではなく、「生活能力（何ができるのか）」という部分に着目して共感関係を構築し合うことである。

【健康教育】
　健康教育の主たる目的は、行動変容である。つまり、健康に関わる個人的な課題解決を目指すところに意味があるのである。そのような取組みは、ヘルスプロモーションと呼ばれる。その意図は、「自らの健康を自らよりよくコントロールできるようにしていくプロセス」という考え方である。それを実現できる人や集団のことを「ポジティブデビエンス」と呼んでいるが、日常生活の中で様々に生じている個別な健康上の行動変容課題をどう解決するのか、そんな視点を大切に指導する必要がある。

【食育教育】
　「食育」が学校教育で取り上げられるようになって久しいが、その現代的な課題は3点である。一つ目は「食と命」、二つ目は「学校園と食材」、三つ目は「食品ロス」である。望ましい食生活を身に付けることで健康を維持したり、日常生活の充実を図ったりと、食に関する指導がもつ意味は大きい。ただ、この指導は学校の教育課程のみに限定されたのでは閉ざされてしまうので、家庭や地域社会との連携も重要な要素である。

【消費者教育】
　消費者教育で重要なことは、エシカル（環境や社会へ配慮）な消費である。よりよい社会に向けて人や社会、環境等に配慮した消費行動を促すことが指導のポイントとなる。発展途上国の産品を購入するフェアトレードといったポジ

ティブ消費、子供労働や劣悪な労働搾取を行っているスウェットショップ製品を敢えて買わないネガティブ消費、社会貢献企業を応援するグリーン購入やベルマーク、エコラベル製品購入の推奨等、身近な問題から考えさせたい。

【社会参画教育】

　この教育的キーワードは、「参画」である。つまり、ただ参加するのではなく、意図的かつ計画的に社会活動に関わることを意味している。そこには当然ながら「社会活動へ関わる量的な問題」、「社会活動を通して得る質的充実」という二側面が見いだされるのである。ア．権利拡大のための社会参画、イ．義務履行としての社会参画、ウ．当事者の自立のための社会参画、エ．自己実現の場としての社会参画、といった持続可能な社会、知識基盤社会創造のための実践行動となるような促しをしていくことが重要であろう。

【キャリア教育】

　キャリア教育は、子供一人一人の社会的・職業的自立に向け、必要な基盤となる能力や態度を育てることを通して、キャリア発達を促す教育である。キャリア教育は、就学前段階から初等・中等教育・高等教育と一貫して実施され、学校から社会への移行に困難を抱える若者（若年無業者等）を支援する様々な機関において実践されるものである。そこで目指すのは、社会的・職業的自立を実現する中での個としての生き方に対する意欲・態度および価値観形成である。

【法教育】

　法教育とは、法律の専門家ではない人が法や司法制度の価値について理解し、法的なものの考え方や振る舞い方を身に付けるための教育と説明されよう。そこで重要なことは、「リーガル・マインド（法的なものの考え方）」を身に付けて日常生活に敷衍していくことである。例えば、自由であること、平等であること、公正・公平であること、正義であること等々、子供自身が自らの納得解を見いだす法的学的な教育を意図するのである。

【情報モラル】

　子供とネット社会の問題に関する報道は、今や日常茶飯事となっている。低年齢化、動画サイト等の多様化、犯罪等の温床化等々、情報活用のメリットと

デメリットが背中合わせで共存しているのが現代の情報化社会である。そんな中で多発しているのが、対人関係に係るトラブルや人権侵害事案である。ネットによる情報拡散の手軽さ、人権意識の希薄さがその大きな要因となっていることは疑いのないところである。指導にあって大切なことは、公正・公平な視点や正義に対する意識といった倫理的視点、他者への人権尊重意識の強化といった部分を子供一人一人に具体事例を通してきちんと正対させることである。

【伝統文化教育】

高度情報化社会、グローバル社会の到来で、世界は狭くなったと言われて久しい。しかし、その一方で自国の伝統や文化等に全く興味・関心を示さず、もっぱら海外に目を向け続けている人々がいるのも事実である。しかし、自国の伝統文化や歴史等を知らずして、果たして諸外国の人々に対等に渡り合えるものであろうか。主体性のある日本人として大切なことは、まず自国に誇りをもっていること、自国のよさについて諸外国の人々に語れることである。そんな自覚や態度を促していくことが大切である。

【国際理解教育】

かつての国際理解教育はどちらかというと諸外国に目を向けて理解し、フレンドリーに共存しようといったステレオタイプな指導が少なくなかった。しかし、今日では多様な価値観の中で互いの利害を乗り越えながら共存できる道筋を探ろうとする多文化共生の視点に変化してきている。それだけ理念先行の国際理解教育から生身の人間の現実的な視点で、国際問題、国際交流・親善を考えていこうとする現実路線型教育になってきたということの証左であろう。様々な現実的課題が山積する中で、どのように多文化共生を実現するのかという視点で取り組んでいきたいものである。

3．現代の学校教育が内包する諸課題

（1）ユニバーサル・デザインを基底にした教育

近年の学校では日常的に「ユニバーサル・デザイン」という用語を耳にするようになってきた。ユニバーサル・デザインとは国籍、年齢、性別、身体的状

表6-3 ユニバーサル・デザインの7原則

> ア．公平性（誰でも学ぶ権利を受益できる公平性がある。）
> イ．自由度（その学びの場にいる人にとって分かり易い。）
> ウ．簡便性（その知識・スキルの転移が容易で、理解しやすい。）
> エ．明確性（学びたい内容の情報が的確に獲得できる。）
> オ．信頼性（安心してその学びを享受することができる。）
> カ．継続性（継続して学びを構築していくことができる。）
> キ．空間性（どんな学習者でも快適に学べる要件が整っている。）

況、言語、知識や経験等々の差違に関係なく、すべての人を受け入れるという発想である。いわゆるインクルーシブな教育展開である。

　ユニバーサル・デザインという考え方を提唱したのは、1990年代に米国ノースカロライナ州立大学のロナルド・メイス（Ronald Mace, 1941～1998年）である。メイスは表6-3のようなユニバーサル・デザインの7原則を掲げ、社会実現を目指したのである。

　今日の開かれた学校教育では障害があるとか、高齢であるとか、外国人であるとかといった障壁（バリア）は取り除かれることが基本的な前提要件となっている。さらに、大学などでは世界中から来日する留学生に対して、的確かつ快適な学修保障をすることが当たり前の環境となりつつある。

　学校教育におけるユニバーサル・デザインの実現意図は、学ぶ側である子供のレディネス（readiness：学習準備性）に規定されず、可能な限りすべての学修者が習得できるよう分かりやすく、そして、その学びを共有し合うことでさらなる学びへ発展させようとする考え方の推進である。これからの学校教育推進に不可欠な考え方として、ユニバーサル・デザインを意識した授業展開を心がけていくことは必須要件である。

（2）ユニバーサル・デザイン化した授業展開へ

　学校教育の中でユニバーサル・デザイン化された授業と問われれば、そんなものに特化した授業というものは存在しないと言うのが適切な表現であろう。なぜなら、それは発達障害といった事情を抱えている子供だけに着目するので

はなく、教室で学ぼうとするすべての子供たちにとって参加しやすい、分かりやすい授業を創るのがユニバーサルな授業展開であるからに他ならないからである。それはすべての学校教育で当たり前のこと、すべての子供たちにとって分かりやすい授業を実現するのがユニバーサル・デザイン化することだからである。

　学校における授業展開は分かって当たり前、理解しにくい授業こそが問題なのである。昨今の学校では、「インクルーシブ教育（inclusive education：包括的な教育）」の実現が重点課題として取り上げられている。障害を抱えている子とか、障害をもたない子といった枠組みではなく、すべての子供をどう包み込んでそれぞれが学ぶことの意義や喜びを体感できるような教育環境を実現していけるかが学校教育では重要課題となっているのである。

① 環境面での合理的配慮

　各学校や学級では、合理的配慮を必要とする子供たちが少なからずいる。それは何ら特別なことではなく、それを前提に教育活動を展開することが今日の学校では求められているのである。そんな合理的配慮を必要とする子、それを体現する指導法、学級環境、学校環境、地域環境等々が密接に連動し合って相互補完的に機能しながら、特別支援教育や個別支援教育が展開されている。

　しかし、合理的配慮というのはあくまでも指導時の一方策であって、学習理解の根本的手助けではないのである。学級という学習集団での指導が安定すると、教師は個別的な教育支援を必要としている子供たちときちんと対面できるようになるのである。その点で、学級の子供たちの学習意欲を喚起し、その成果をより拡大することができるのは学級担任あるいは学年担当教師である。その教師集団の学校教育環境整備や個別的な児童・生徒指導の成果が地域や家庭へ波及することで、「個別な学び」の相乗効果を期待したいものである。その一助となるのが、ユニバーサル・デザイン化された授業創りの考え方や手法である。

　まず前提となるのは、学級経営の一環として行われる「暗黙のルール」の廃止である。問わず語り的な理解が困難な子供がいることを勘案すれば、その都

度明確に指示すべきである。次に、子供の「行動変容」を促すために環境へ働きかけ、「先行事象へのアプローチ」⇒「具体的行動化」⇒「後続（結果）事象」という基本アプローチを繰り返すことも必要である。例えば、授業創りという視点で言えば、子供が「授業に参加し・活動する」ことがなければ何も始まらない。次に「授業の内容が分かる」という段階が必要である。そして、「習得して身に付ける」という段階に辿り着ける。さらには、「日常生活の中で応用・活用できる」ステージへと高めることができるのである。

② 指導方法のユニバーサル・デザイン化

　学習理解が早い子、ゆっくりの子と様々な子供たちがいる教室で、どう学び機会の平等化を図っていくのか、これが課題となってくる。この改善のキーワードは「時間の構造化」、「情報伝達の工夫」、「参加促進」、「展開の構造化」である。

　「時間の構造化」とは、その時間での学習活動の見通しを示すことである。カードによる掲示等をして、今何をやっているのか、この後どうするのかが分かるように「読む時間」とか、「話し合う時間」といった流れを示すのである。

　「情報伝達の工夫」とは、教師の問いや指示が的確に伝達されるよう視覚だけでなく、聴覚、触覚等の五感や運動感覚を工夫することで意図が明確に伝わっていきやすくなる。

　「参加促進」とは、輪番制で必ず全員が役割を果たして成功体験をもてるようにするとか、分からないことを口にできる場にしてそれをサポートできる体制や解決のためのヒントカードといった手立てがすぐに講じられる体制がとられていることで、子供が学び体験を拡大しながら自信を深めてより積極的な参加をできるようにすることである。

　「展開の構造化」とは、子供が受け身になる時間を減らして「考える時間」が多くなるように授業を組み立てることである。ユニバーサル・教えられる関係性デザインというと「焦点化」、「視覚化」、「共有化」というキーワードが示されるが、要はその時間の山場が明確でメリハリのある授業構造を実現することである。

③ 授業展開の構造化

　様々な子供たちが受け身にならず、学びへの興味・関心を持続させていくためには、「分かった」「できた」という瞬間、つまり「授業の山場」をどう設定するのかがとても重要である。その授業の山場を決めることを「焦点化」すると表現し、そこへもっていくために教材をどのタイミングで、どう分かりやすく提示するか、どう身体性をも含めた活動の場を設定するかという「視覚化」された授業展開スモールステップを計画していくことを「展開の構造化」と呼んでいる。そして、そのようなプロセスを経て、一人一人の子供が「分かった」「できた」という学びの喜びを「共有化」できるようにすることこそ、ユニバーサルな授業展開そのものなのである。

　絵本作家である蒔田晋治（2004年）は、『教室はまちがうところだ』[10]という子供たちを勇気付ける作品を発表している。多くの教師が手にし、多くの教師が子供たちに読み語りかけている。その一節を引用紹介したい。

　　　　　　　教室はまちがうところだ　　　　　まきた　しんじ

　教室はまちがうところだ
　みんなどしどし手を上げて
　まちがった意見を　言おうじゃないか
　まちがった答えを　言おうじゃないか

　まちがうことを　おそれちゃいけない
　まちがったものを　ワラっちゃいけない
　まちがった意見を　まちがった答えを
　ああじゃあないか　こうじゃあないかと
　みんなで出しあい　言い合うなかで
　ほんとのものを　見つけていくのだ
　そうしてみんなで　伸びていくのだ

■第 6 章引用文献
- (1) J. J. ルソー 『エミール 上』 今野一雄訳 1962 年 岩波文庫 p. 24
- (2) E. K. S. ケイ 『児童の世紀』 小野寺信・小野寺百合子訳 1979 年 冨山房 p. 145
- (3) E. K. S. ケイ 同上書 p. 170
- (4) E. K. S. ケイ 前掲書 p. 202
- (5) 子どもの人権連編 『子どもの人権読本』 1990 年 エイデル研究所 pp. 93～97
- (6) 奥地圭子 『不登校という生き方』 2005 年 日本放送出版協会 p. 144
- (7) 森田洋司 『いじめとは何か』 2010 年 中公新書 p. 134
- (8) 若井彌一 「過去の教訓を生かした学校改革」 月刊『教職研修』2013 年 11 月号 p. 44
- (9) 鈴木翔 『教室内カースト』 2012 年 光文社新書 p. 24
- (10) 蒔田晋治 『教室はまちがうところだ』（絵本） 2004 年 子どもの未来社

■第 6 章参考文献
- (1) 山﨑英則編 『教育哲学のすすめ』 2003 年 ミネルヴァ書房
- (2) 三井善止編 『教育の原理』 2002 年 玉川大学出版部
- (3) 田沼茂紀 『豊かな学びを育む教育課程の理論と方法』 2012 年 北樹出版
- (4) 田沼茂紀 『小・中学校道徳科アクティブ・ラーニングの授業展開』 2016 年 東洋館出版社
- (5) 小貫悟・桂聖 『授業のユニバーサルデザイン入門』 2014 年 東洋館出版社

第Ⅲ部

学校教育推進力としての教師論

第 7 章

「教育は人なり」の本質的理解と教職専門性

1．学校教育を支える教師の自覚とその立ち位置

　近代日本において無教会主義キリスト教思想を支える思想を唱え、『代表的日本人』の著者としても知られる内村鑑三（1861～1930年）は、教育者としても知られる。内村は、「先生になる人は学問ができるよりも（中略）学問を青年に伝えることのできる人でなければならない」[1]と名言を残している。まさに、学校教育の世界で語り継がれる「教育は人なり」を体現するような言葉である。

　学校は、子供一人一人の人間らしい善さを引き出し、育み伸ばし、将来にわたって自らのより善い生き方を志向していくための資質・能力を形成する場である。その学校という空間で展開される教育的営みは、教師が学び手に教育内容と教育方法とを介在させて創出する創造活動である。しかし、それは生身の人間の為せる業である以上、一様ではない。

　戦前・戦後と国語教育の第一人者として74歳まで教壇に立ち続け、生涯一教師を貫いた大村はま（1906～2005年）は、「いい社会人の大人が、『一生懸命やったのですが、できませんでした』なんていったとして、それが何の言い訳になるでしょうか。どんなに一生懸命やろうと、結果が悪い責任はその人個人が引き受けなくてはならないのですから」[2]と、教師の世界でありがちな言い訳を厳しく戒めている。学校教育、特に義務教育諸学校では単に学力向上という側面だけでなく、子供の生涯にわたる人格形成の基礎を培う場でもある。そんな職務に携わる教師は一般社会で呼称する分野における専門家（specialist）であるだけでよいはずがなく、専門職（profession）であり続けるための職能成長（教師としての資質・能力啓発）を常に遂げていくことが求められる存在であろう。言わば、教師であるということは教育専門職＆人材育成による社会的

文化創造を担う公僕であり、教師＝労働者という画一的構図のみでは説明しにくい存在である。

　そんな社会的使命を帯びた教職であり続けるためのポイントは、学校教育を通じて子供たちに文化伝達と文化創造をどう機能させていくのかという教師としての自覚や職務を遂行する姿勢である。それは、自らの教職としての取組みを批判的に分析することそのものでもある。しかし、子供にとって最良の教育環境を維持しつつ、理想追求に向けた教育活動を展開していくためには避けて通れない教師の宿命でもある。

　このような自己省察的かつ創造的な教師であり続けるための真摯な教職スタンスをイメージするなら、以下のようにまとめられよう。

《自己省察的な教師の姿勢》
① 子供たちの前で、いつも豊かな教師であること。
② 一つ一つの教育活動に対して丁寧な教師であること。
③ 学び続ける子供たちに向けられる眼差しが温かな教師であること。

　一見すると当たり前のようではあるが、学校教育の充実にはどれを取っても必要不可欠な「自己評価活動を通して自ら伸びようとする教師」の必須要件でもある。それがなければ学校教育は機能しないし、単に教育カリキュラムを消化していく、あるいは自らの教育的取組みを自己欺瞞的に過大評価して終えるという貧困な発想に陥ってしまう。つまり、教師が自らの日々の教育実践を自己省察的に取り組むことこそ意味があるのである。曖昧な指導観で指導するなら、せっかくの教育課程も学校の教育活動全体としてバランスよく機能しないし、未来へ拓かれた教育活動にはつながらないのである。このようなことから、学校教育の前提は、「教育は人なり」なのである。

　学校教育の世界は、その指導成果が短期間に結実しにくい性質を有しているので短兵急に結果のみを求めることは適切ではない。しかし、教師が自らを教師という専門職として位置付け、自己成長することを自覚するなら、日々の現実的実践の中に身を置いて「行為の中の省察（reflective in action）」という経験を基礎にしながら幅広い見識と科学的根拠に基づく教育学的知見を有する反省的実践家（reflective practitioner）でなければならないのは必然であろう。

2．学校教育を基底で支える教師文化
(1)「教え込み型教育」と「滲み込み型教育」

　子供がいて、そして教師がいて、そこに何らかの意図的・計画的な学びの促しがあれば学校教育は成り立つ。もちろん、その学びを導き出すきっかけとして教育内容が体現された教科書等、教育内容を的確に伝える指導方法等は必要であるが、必ずしもそれがすべてを物語っているわけではない。ましてや、立派な校舎や教室、椅子や机、豊富な補助教材・教具等々、それらはあったらあったで有り難いが、決して学校教育の本質を決定付けるものではない。

　教育という営みを突き詰めていくと、そこには「教育的愛情」とか「教育的感化」といった理詰めでは説明の付かない影響力が少なくとも作用するからである。例えば幕末の思想家・教育家として長州藩で私塾「松下村塾」を主宰し、近代日本発展の礎となる幾多の有為な人材を輩出した吉田松陰（1830〜1859年）は「斉（ひと）しからざる人を一斉（いっせい）ならしめんとせず、所謂才なる者を育することを務むべし」といった名言を残しているが、同じでない人間を同じように教えるのではなく、それぞれの才能を伸ばすことにこそ教育の意味があるとする戒めである。ならば、そこには教え・教えられる関係性を取り結ぶ「教師力」といった一言では説明しにくい指導的力量が必要となってこよう。そこには、教育を施す側の基本的な姿勢も大いに関係してくるのである。

　1970年代に約10年間にわたって日米親子のしつけと教育方法について比較研究[3]を行った東洋（1990年）は、日本と米国の母親の育児態度を比較してその差異を突き止め、前者を「滲み込み型育児」後者を「教え込み型育児」と明確に区別して述べている。この日本的な「滲み込み型教育」について辻本雅史（1999年）は、日本でかつては一般的であった寺子屋と手習い塾での「徒弟教育が『教える』の過程ではなく、弟子が『学ぶ』過程を基礎に成り立っていることを思えば、弟子の側の学びたいという切実な意欲が、師弟教育でも中心をしめることも当然であった」[4]と述べている。明治以降に成立したわが国の近代教育制度下での学校教育での「教え込み型」教育にあっても、日本の教育文化としての「滲み込み型教育」が基底で脈々と続いていることを忘れてはな

らないであろう。そんな時に学習者へ多大な影響力を及ぼすのが、前章でも触れた顕在的カリキュラムと潜在的カリキュラムである。

（2）顕在的カリキュラムに潜在的カリキュラムが及ぼす影響

　学校において、明文化された教育課程ないしは具体的な子供の学びとしてのカリキュラム実施を想定した場合、その実効性を左右するのは一にも二にもそれを体現する教師の力量であると明言しても、それに異論を唱える人はあまりいないであろう。教師の指導力、力量と称される教師力は、子供の学びについてそれほどまでに明暗を分ける大きな要素なのである。

　このようなカリキュラムは、具体的な教科等として学習内容や指導対象、指導時間等の明示された公的なカリキュラムとしての「顕在的カリキュラム」とは異なり、教師の意図するしないにかかわらず学び手に大きな影響（特に人間性形成）を及ぼしてしまうもう一つのカリキュラムとしての「潜在的カリキュラム」と呼ばれるものなのである。

　潜在的カリキュラムは、学習者同士や教師と学習者との人間関係、教室や学習集団の雰囲気、学校風土や伝統、教師集団の個性や雰囲気、学校の物理的環境等々が複雑に交錯しながら、顕在的カリキュラムと共に知識・技能のみならず、個としての価値観、情操面にまで及んで人格形成に関わる様々な影響力を及ぼすものである。そのような性格から「暗黙知」と称されることもある。

　この潜在的カリキュラムが教育活動に及ぼす影響力は、地域の教育促進環境や学校の校是・校訓といったポジティブな側面で作用するものとして考察する先行研究も多くはなってきているものの、プラスにばかり機能するものではない。むしろ、負の側面で教育へ及ぼす影響力も見落としてはならない。

　米国の教育学者フィリップ・W・ジャクソン（P. W. Jackson, 1968年）[5]は、教室という集団的な子供たちの日常生活を観察する中で、「群れ」、「賞賛」、「権力」というキーワードから子供と教師の服従・支配関係を描出した。

　ジャクソンによれば、教室において発言を求める場合も、教師の助言を求める場合も、トイレや水飲みに行く場合も、絶えず受動的に列を作って順番を待つことを強いられる。そこで子供は忍耐強く待つこと、自分の行動を遅らせる

こと、自分の欲求を諦めること等を学ぶという「群れ」という服従的なカリキュラムが存在することを指摘するのである。また、教室はたえず「賞賛」という評価が伴う場所である。そこでは、教師からの評価だけでなく、子供も相互評価し合っている。また、自己評価もある。学習の達成度、学校という制度への適応、パーソナリティといった三側面への評価という涙と消耗が伴う評価から自分自身を守るにはどんなことに対してもクールに振る舞うという心理的緩衝法を同時に学んでいるのである。さらに、教室は大人（教師）が「〜してはいけない」という禁止を命令する「権力」を作動させている場所でもある。よって、子供は教室の中で権力への適応と対処の方略を学ぶのである。このようなネガティブな目に見えない隠されたカリキュラムは、教師が排他的であったり、教師と子供との関係が支配・服従的であったり、地域からの見えざる重圧がかかったりといったマイナス面で作用する場合も少なくないのである。

　よって、各学校が置かれた教育環境や教育条件、教師と子供との関係等々に関わる潜在的カリキュラム要因の分析を進め、顕在的カリキュラムと関連付けながら適切に教育活動が遂行されるよう教育課程や教育カリキュラムを編成し、ポジティブでプラスに作用するような側面を最大限に引き出せるよう努めていくことが大切なのである。

　このような視点から学校教育を捉え直すと、そこには教育課程や各々の教育カリキュラムへ知らず知らずに影響を及ぼしている教師集団固有の文化的特質という部分を見逃すわけにはいかない。次頁の図7-1は、教育方法学の視点から教師文化を研究対象としている佐藤学（1994年）が示した「教師像の類型とその文化」[6]の図である。

　ここで言う教師文化とは、学校や教室の問題対処を通して形成され、独自の規範的枠組みの中で醸成・保持されてきた特有の典型的教師像イメージである。

　図の4領域に位置する「公僕としての教師タイプ」、「労働者としての教師タイプ」、「技術的熟達者としての教師タイプ」、「反省的実践家としての教師タイプ」という規範類型は、縦軸としての「官僚化」VS「民主化」、横軸としての「専門職化」VS「脱専門職化」という2軸が交差する座標平面上に典型的教師

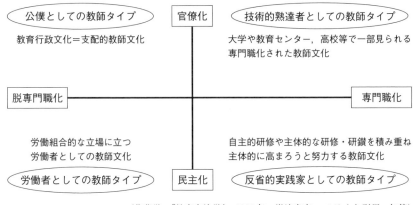

図7-1 教師像の文化的タイプ類型

(佐藤学 『教育方法学』 1996年 岩波書店 p.142より引用・加筆)

タイプ例として描き出したものである。

　まず、「公僕としての教師タイプ」であるが、公衆の僕タイプとして教師を位置付けるものである。言わば、国民に対する奉仕性と献身性という行政官僚的な、公務員タイプの教師像である。やるべきことはきちんとやるが、自分の裁量範囲を超えた部分については介入しないという教師スタイルが学校教育の場でどのように作用するのであろうか。保護者や地域だけでなく、施策を通した行政サイドからの理不尽とも思える過度な期待や負担を強いられる今日の学校現場で、「公僕としての教師タイプ」が良くも悪くも及ぼす影響力は少なくない。

　次に、「労働者としての教師タイプ」であるが、これは1960年代の教員組合運動と共に台頭してきた教師像である。「聖職としての教師像」を否定し、「労働者としての教師像」を掲げた理念は、むしろ「公僕としての教師タイプ」と拮抗するものとなっている。教職を他の勤労者と並列的に位置付け、連携することを重視した結果、専門職としてではなく、プロレタリアート的な「サラリーマン教師」としての社会的地位を相対的に低下させる要因となっている。ただ、昭和30年代には90%近くを誇っていた教員組織加入率も、社会状況の変化や教師の意識変化から今日では20%台で低迷しているだけでなく、教員

組織そのものに拘束されることを敬遠するアノミーな世代層の拡大でこのタイプは影を潜めつつある。

さらに「技術的熟達者としての教師タイプ」は、教師教育の科学化（教員養成システムの改革や新構想大学院大学、教職大学院等の創設等）と現職研修の制度化（初任者研修、10年経験者研修、教員免許状更新講習等）を基盤として普及した教師像である。旧文部省や都道府県教育委員会等による研究校指定、各行政単位で設置された地方教育センターでの教育研究が推進された結果として、有能な教師イコール技術的熟達者タイプという教師文化が定着してきた。この教師タイプの出現は、公僕としての教師タイプが専門職化していくことで学校の中の支配・被支配的関係を創出するという前提に立つものである。

そして最後が、縦軸と横軸の交点する右下領域としての「反省的実践家としての教師タイプ」[7]の存在である。この反省的実践家（reflective practitioner）という概念を規定したのは、哲学者ドナルド・A・ショーン（Donald, A. Schon, 1983年）である。ショーンは、専門家の技術的合理性の限界性と「行為の中の省察」の必要性を指摘した。

ここで言う反省的実践家を教職に当てはめて考えるなら、教育実践を行っている過程においても、その最中に常に自己モニタリングしながら反省的洞察を行えるような専門性や姿勢をもち続ける教師像である。このタイプの教師は、日常の教育活動において常に行為の中の反省としての反省的洞察を行っており、そのような教職としての姿勢が教育効果そのものを支えていると考えられる。授業研究といった研究・研修機会を通じて互いがその技量を高め合うことが日常化しているわが国においては、多くの教師がまさにショーンの言う「行為の中の反省」を自ら進んで行う反省的実践家であるとすることができよう。

改めて言及するまでもなく、学校教育の成否は教師次第である。保護者や地域社会から信頼され、広く社会から尊敬される教師としての資質・能力が高い教師の確保は今日の学校現場の喫緊の課題となっている。中央教育審議会答申「教職生活の全体を通じた教員の資質能力の総合的な向上方策について」（平成24年8月）にも述べられているように、「優れた教師の条件」は以下のような資質・能力である。そしてキーワードは、「学び続ける教師」である。

《これからの教員に求められる資質・能力》
① 教職に対する責任感、探求力、教職生活全体を通じて自主的に学び続ける力（使命感や責任感、教育的愛情）
② 専門職としての高度な知識・技能（教科や教職についての高度な専門性、新たな学びを展開できる実践的指導力、教科指導・生徒指導・学級経営等を的確に実践できる力）
③ 総合的な人間力（豊かな人間性や社会性、コミュニケーション力、同僚とチームで対応できる力、地域や社会の多様な組織等と連携・協働できる力）

3．今日の学校に求められる教師像
（1）教師であるということの要件

　ここで意図する教師の資質・能力は、中央教育審議会答申といった行政施策の側面から捉えるのではなく、教職とは本来的にどのような職業的特殊性をもっているのかという点についての言及である。少なからぬ年数を学校教育現場や大学の教員養成に関わってきた者として自負する著者の経験的教師論でもある。

　今さら断るまでもなく、近年の学校教育はかつての牧歌的な叙情論的文脈で語るにはあまりにもかけ離れた様相を呈している。学校教育の場には常に諸問題が山積しており、その無際限な解決の糸口すらつかめない状況の中で教師はその重圧と徒労感に喘いでいる。そのような状況下で審議会答申等を受けて行政施策的に教職としての資質・能力向上を目指すなら、教員養成段階のカリキュラム充実、法制研修を主軸とした現職研修等の充実に努めれば事足りるであろう。しかし、教師集団全体としての専門性担保に向けての取組みは評価されるであろうが、人格的な特性も資質・能力も異なる教師一人一人の教育活動を支える「教師力」は果たして大丈夫なのであろうか。せっかく念願だった教職への夢を実現しながらも、志半ばで教壇生活を断念せざるを得ない状況に追い込まれてしまう新規採用教員の離職率増加が問題視されている。中には、絶望して自ら命を絶ってしまう新任教師さえも出現している。一般社会から比べれば恵まれた労働環境にあるとする見方がある一方、ベテランと呼ばれる年

代、学校運営の要となるはずの中堅層と呼ばれる年代の中にも精神面での問題を抱えて休職・退職に追い込まれる教師が年々増加している現状もある。

換言すれば、教職という専門性を構成する諸要素を分析的に取り上げて各々の内容を底上げすることである程度は改善されるはずの「教師力」であるが、それが現実には額面通りに機能しない実情があることを物語っている。ここにこそ、制度的な行政施策だけでは資質・能力の向上が図れない教職の特殊性が含まれていると考えるべきであろう。

教職、即ち教師の理想像というのはいったいどのようなものであろうか。前出のドイツの教育哲学者ボルノウは、教師が一人の子供の人格を全面的に信頼することによって子供が自らもっている能力を最大限に発揮できるとして、「包括的信頼」という概念の重要性を述べている。また、少し時代は遡るが前節でも触れた同じくドイツのヘルバルトは、教師の要件として「教育学的心術（教育学的な論理性に基づく教育に対するものの見方、感じ方、考え方）」と「教育的タクト（子供に対する教師の的確で素早い応答力）」を挙げている。つまり、教師が生き生きとして「教育学的心術」を発展させ、自らのうちに「教育的タクト」を形成するなら、日々の教育実践を自在にする指導力を身に付けられるとしている。このボルノウやヘルバルトの主張に共通するものは何なのであろうか。そこには、教職を志す者の熱い思いや強い主体的意志が感じ取れるのである。

上述のことに関連するユニークな研究がある。メディアの素材としての教師に着目した佐藤晴雄（2013年）の理想的教師像に関する研究である。佐藤は、教師ドラマの中に描かれた教師像をその時々の社会が求める、あるいはイメージする教師像として捉えている。古くは江戸時代の寺子屋の様子が描かれた浮世絵、近代教育制度成立期以降の教師像として描かれた夏目漱石の『ぼっちゃん』（1906年）、島崎藤村の『破戒』（1906年）、田山花袋の『田舎教師』（1909年）、壺井栄の『二十四の瞳』（1952年）等にも触れている。それぞれの作品には当時の社会の知識階層の理想や苦悩が見事に描かれている。その中で特に注目したいのが、テレビが各家庭に普及した昭和40年代以降のテレビドラマに登場する「理想的教師像」である。メディア業界では、刑事ドラマと教師を主

人公とした学園ドラマは不滅といった神話が定着しているが、それぞれの時代の教師ドラマを分析してみると、その社会状況下での「理想的教師像」が炙り出されてくる。

佐藤晴雄は、昭和40年代から平成時代に至るまで6区分でテレビの中の理想的教師像を抽出した。

《教師ドラマの変遷に見る理想的教師像》[8]

(2013年　佐藤晴雄の分類を基に作成)

区分Ⅰ：昭和40 (1965) 年代初頭の教師像
　　　カッコよさをアピールしたスポ根型教師
区分Ⅱ：昭和40 (1970) 年代中頃からの教師像
　　　アイドル型教師
区分Ⅲ：昭和50 (1975) 年代はじめ頃の教師像
　　　生活者型教師
区分Ⅳ：昭和50 (1975〜) 年代前半の教師像
　　　友達型教師
区分Ⅴ：昭和50 (1980) 年代中頃の教師像
　　　熱中型教師
区分Ⅵ：昭和50 (1980〜) 年代後半の教師像
　　　人情型教師
区分Ⅶ：昭和60 (1985) 年代の教師像
　　　理想追求型教師
区分Ⅷ：平成 (1990〜) 年代初頭の教師像
　　　ハッスル型女性教師
区分Ⅸ：平成中頃 (2000〜) の教師像
　　　問題教師やスーパー教師

＊平成後半では教師をモデルにしたTVドラマが減少傾向にある。教師の多忙化、いじめ等生徒指導の複雑化、モンスターペアレントの出現等、教師への逆風が一段と強まったことも反映していよう。

人気テレビドラマ、話題になった映画等を参考にその時々の教師像を抽出し

た佐藤の先行研究から読み取れるのは、各時代区分の中で象徴的に描かれている教師タイプに共通する人間像である。学校の教育課程はどんなに立派に編成されても、それを運用・実施する教師の思いや願いがなければ、所詮それは画餅に過ぎないのである。そう考えると、教師の理想像の底流には普遍的な要件があるのではないだろうか。

例えば、教員養成系学部で教職を志望した動機をアンケートするようなことがある。それも、入学して間もない1年次生対象の導入基礎演習（必修科目）で、教職科目の履修が本格化する2年次生で、教育実習を前にした3年次生で、さらに副免許実習や教員採用試験を前にした4年次生でと、学年進行に従ってアンケートや課題レポートといった形で学生自身が目指す教師像を挙げてもらうことがよくある。そこで意外にも共通するのは、自らがそれまでの学校生活の中で関わり、印象が強く残った教師の姿に憧れてというのが圧倒的である。そして、基礎免許実習（教育実習）で実際に教壇へ立つと、その思いはますます膨らむ。つまり、理想的な教師像は等身大ヒーローなのである。

具体的なイメージで語れば、子供の立場に立って話をよく聞いてくれる先生、子供と一緒になって喜んだり悲しんだりしてくれる人間味のある先生、いいことと悪いことの区別をきちんとわきまえて接してくれる先生、最後まで信頼してついて行ける先生、等々の共通する人物像が浮かび上がってくる。そこに共通するのは性差、年齢、容姿、性格、特技等の要件よりも、一人の人間として全我的に関わろうとする「教師としての生きる姿勢（言動のみならず、ライフスタイルも含めた）」である。「そんな先生の姿に憧れて」とか、「自分も教師になったらあの先生のように」といった言葉が異口同音に語られるというのは、それが一つの典型的な理想的教師像となっているからであろうと推察されるのである。

（2）現代の教師に求められる資質・能力

子供たちが求める教師像や、その時々の社会が求める教師像は一様ではない。世相を反映して求められる資質・能力が変化する教職という仕事を全うすることは、容易なことではない。しかし、教育の世界には古くから「不易と流

行」という考え方がある。確かに「流行」としてその時代に求められる教職専門性は存在する。しかし、教え教えられるという関係性に着目するなら、ボルノウの唱えた「包括的信頼」といった概念、ヘルバルトの唱えた教師の要件としての「教育学的心術」と「教育的タクト」等は時代を超えても不変な「不易」と呼ばれる部分でもある。教職に就くということは、学び手との関係性の中で求められる多様な資質・能力が必要とされることの証左でもある。

　教職に求められる要件や「教職専門性」に言及する時に必ず引き合いに出されるのが、もう半世紀以上も前に唱えられたマイロン・リーバーマン（M. Lieberman, *Education as a Profession*, 1956年）の8項目にわたる「専門職性の特質と意義」[9]である。リーバーマンは、教職という専門職性について以下の項目を端的に挙げている。

《教師の専門職性の特質と意義》
① ユニークで限定的なかつ必要な社会的奉仕活動である。
② その奉仕活動を遂行するために、知的なテクニックを重視している。
③ 長期にわたる特別なトレーニングを必要とする。
④ 個人としてまた活動遂行のための組織全体としての両面における幅広い自主・自律性をもっている。
⑤ 専門的な自律性として許容される範囲内でなされる判断・行動について、広範な個人的責任を認めている。
⑥ 遂行する側の経済的な利益は考えていない。それより、実行グループに委託された社会的奉仕活動の遂行・組織化の基盤づくりに力点を置く。
⑦ 実行者たちに総合的な自治組織を認める。
⑧ 倫理綱領をもっている。それは具体的な事例に則し、曖昧なかつ疑問のある点を明瞭にしているし、きちんと解釈もしている。

　ここから見えてくるのは、子供を理解して最適な指導をする能力だけでなく、学校経営の立場から保護者や地域社会の要請を受けながらカリキュラム・デザインする能力、さらには幅広い教養と他者と協働しながら誠実に職務を遂行しようとする態度や生き方というものが、何よりも重要であることが理解される。確かに、教師は宗教者とは違って聖職といった位置付けではない。しか

し、未来を担う人間を育てるという極めて特別な、そして困難な職務であることは疑う余地のないところであろう。

　最後に触れたいのは、やはり半世紀も以前の1968年にイエイル・V・ピュリアス（Earl, V. Pullias）とジェームズ・D・ヤング（James, D. Young）が著した *A Teacher is Many Things*, Indiana University Press の和訳目次[10]である。

《教師の役割（『教師―その役割の多面性―』1970年）目次より》

第Ⅰ部　教育の背景　　　＊は著者による補説
　1．教えるとは
　2．教えることにおいて優秀性への成長を阻むもの

第Ⅱ部　教師とは（3～24節の構成）　　　＊印は解説
　3．ガイド（＊学びの旅の）である
　4．教える人（＊学習を助ける）である
　5．現代化（＊世代間を取り結ぶ）する人である：世代のかけ橋である
　6．模範（＊生き方モデル）である：お手本である
　7．探求（＊学び続ける）する人である：知らぬことのある人である
　8．カウンセラー（＊理解者）である：打ち明けて話せる人であり、友である
　9．創造（＊新たな時代や文化を）する人である：創造性を開発する人である
　10．権威者（＊リーダーシップ、先導者たる）である：知っている人である
　11．ビジョン（＊究極目標としての豊かな人生の生き方）を鼓舞する人である
　12．日常的（＊地に足が着いた）な仕事をする人である
　13．陣営（＊既成概念、偏見や現状維持の打破）をこわす人である
　14．話し家（＊自分のこととして受け止め、考えさせる技術）である
　15．役者（＊教室という舞台で学びに引き込む）である
　16．場面（＊様々な学びを体験させる）のデザイナーである
　17．コミュニティ（＊学びを介した人の関わり）をつくる人である
　18．学習（＊生涯学び続ける）する人である
　19．現実を直視（＊情報を介して的確に現状分析する）する人である

20. 開放（＊個々の劣等感を取り払い潜在的可能性を引き出す）する人である
21. 評価（＊個を肯定受容して可能性を膨らませる）する人である
22. 保護する人（＊目的達成を見守る人）である：取りもどし救う人である
23. 完結者（＊目的達成に向けての主体的な働きかけを仕向ける人）である
24. 人間（＊共に喜び、悲しみ、考え、悩み、感情を共有できる存在）である
    (1) パーソナリティと教えること
    (2) 知識の成長
    (3) 存在の成長

　如何であろうか。教師とはどのような存在なのか、ピュリアスとヤングは実に明確かつ的確な言葉で語っているのではないだろうか。各学校において地域や保護者の願いを受け、子供たちの実態を加味しつつ編成される教育課程であるが、それは教師という教育実践を担う存在の主体性が発揮されてこそ初めて体現されるものである。

　そのような視点に立つなら、学校教育や教育課程あるいは教育カリキュラム論というのは、教師論と一体で論ずるべきであろう。そして、これだけコンピュータやAI等の情報機器が発達しても、今後どれだけ情報化社会が進展しても、学校教育の世界だけは生身の教師以外に代替できないと確信する次第である。

4．学校教育改革推進力としての教師力
（1）学校幻想論から自立する教師

　近年の学校教育は、様々な学校病理を抱える現実の前に際限のない過重労働といった待遇面での劣悪さ、保護者や社会からのいわれのないバッシング等々、労働環境面では逆風に晒されることが常態化している。そして、教育という尊い職業に宿命的な困難がつきまとうのは仕方のないこと、それが嫌なら最初から教職を志すべきではないといった言わずもがな教師文化論、学校幻想論が根強くはびこっている。

　そんな中で、少なからぬ数の教師が憧れの教職についた喜びとは裏腹の厳しい現実に打ちのめされ、引き摺り回されて教壇を去っている。教師が子供に

「教える」という活動そのものがストレスフルな要因であること、例え「尊い教職」であってもそこは社会の一部であって聖域ではないこと、子供や保護者や同僚との人間関係の中で日々展開される教育的営みの中では当然ながら道徳性や社会性や人間性も含めた社会人基礎力が不可欠であること等、こんな当たり前の学校社会の中で教師はその職務を遂行している。

　確かに教師は様々な方法や教材を弄して日々子供たちに「教える」ことを職務としている。しかし、学び手である子供がその教師の努力に見合った「学びの理解」をするかというと、それは別次元の問題である。その意味で、教育活動の一方の主体者である教師の努力は、最終的にはもう一方の教育活動の主体者である子供の受け止め次第という実に心許ない条件下でのみ報いられるのである。ましてや、成熟した社会において、子供たちの教育を取り巻く環境はかつてのような「教育」を身に付ければ希望の将来が展望できるといった状況にはない。なぜ学ばなければならないのか、学ぶことにどんな価値が見いだせるのか、そんな根源的な部分に対する理路整然とした模範解答を示すことのできない現代社会において、教師はとても弱い立場に置かれやすい。その一因として、「子供の未知のものに対する知的好奇心はいつの世も尽きないものだ」という幻想のみが大人社会全体に健在だからである。同様に、学歴信奉主義も相変わらずである。子供たちは大人社会でそれがとっくに崩壊しているのを日常的実感として理解しているのに、大人の大半はその憂き目に遭いながらも未だ学歴信奉の幻想から抜け出せないで彷徨している。これが、学校幻想論というパラドクス的な学校社会の実態ではなかろうか。

　大人社会と子供の世界というその両者間の齟齬が顕著になれば、その批判の矛先はどこへ向かうのかは極めて明瞭なことである。学校教育、そして、教師の指導力に問題が内在しているから、わが国の教育は低迷しているのだという妄想に近い教育改革論が一人歩きすることとなる。こんな幻想論を幾度も繰り返しながら辿り着いた先が今日の学校教育という見方もできよう。

　こんな学校教育にしたのは、その中心的役割を担っている教育行政官や教師の責任であるという「である」論から、わが国の明日の教育を体現していくために理想の姿を関係者が互いに協働しながら模索していく努力が大切であると

いう継続的改革の視点からの「しよう」論へと転換していくことは必須であろう。教師の資質・能力の向上、それ自体は批判されるべきものではないし、教師の専門職性をより高めて信頼される職業としていくことに向けての改革は大いに歓迎すべきことであろう。しかし、その教師としての専門職性を学校教育理想の体現という視点から捉えるなら、そこにはこれまでと違った学校組織論が展開されなければならないであろうし、教育課程編成論が展開されなければならないであろう。

（２）個人プレーからチーム学校としての「協業」への転換

　多様に変化する学校教育環境を改善する有効な手立ては、「個人プレーからチームプレー」という一言に尽きよう。教育という世界は経済界と違って、成果が現れにくい。ましてや、短期的なスパンでの成果を拠り所にその処遇を決定したり、ペナルティを科したりするような功利主義的かつ、新自由主義的制度とは相容れない部分が少なくない。よって、教育活動の成果をもって教師個々人の資質・能力や業績を評価するとなると、それを見極めることは至難の業となってくる。ならば、それで保護者や地域社会はそれを許容するのであろうか。結論的に、それはあり得ないであろう。成果という物差しで社会のものごとを推し量ろうとする「評価の時代」に突入して久しいわが国において、教育界だけが逆行することなどとうていあり得ないことである。

　ならば、各学校がそれぞれの特色を生かしながらその限られた年度や学期というスパンの中で教育効果を測定可能な成果として披瀝するためには、学校全体としての取組みの成果、教師集団が一丸となって取り組んだ教育成果をアピールポイントとして示していくしかないのである。それを支えるのが各学校で創意工夫を凝らしながら編成される教育課程であり、学年部会や教科部会等で開発が具体化される単元カリキュラムなのである。それは教師の個人プレーとしての「個業」で行うには難しいし、成果は見えにくい。それ以上に保護者や地域社会が求める教育力は、決して教師の個人プレーの成果などではない。もっと地域社会全体に還元されるようなトータルな教育成果であろう。そのような成果を生み出すために必要な教育力を想定すると、そこで発揮されるのは

教師集団としての指導力、つまり「協業」の成果であろう。「個業から協業へ」、知識基盤社会への対応が喫緊の課題となりつつある今日の学校教育にあって、「個業から協業へ」という合い言葉こそが各学校の自己組織改革のキーワードになろう。

■第7章引用文献
(1) 小笠原喜一 『声に出して読みたい「教育者の名言」50』 総合教育技術別冊 2015年 小学館 p.16
(2) 大村はま 『灯し続けることば』 2004年 小学館 p.36
(3) 東洋 『日本人のしつけと教育』 1994年 東京大学出版会 pp.113〜116
(4) 辻本雅史 『「学び」の復権』 1999年 角川書店 p.175
(5) P. W. Jackson, *LIFE IN CLASS ROOMS*, TEACHERS COLLEGE PRESS, 1990を参照
(6) 佐藤学 『教育方法学』 1996年 岩波書店 p.142 原典初出は、稲垣・久富編 『日本の教師文化』 1994年 東京大学出版会
(7) ドナルド・ショーン 『専門家の知恵』 佐藤学・秋田喜代美訳 2001年 ゆみる出版
(8) 佐藤晴雄 『教職概論』 2013年 学陽書房 pp.43〜51
(9) 日本学校教育学会編 『学校教育の「理論知」と「実践知」』 2008年 教育開発研究所
(10) E. V. ピュリアス／J. D. ヤング 『教師―その役割の多面性―』 都留春夫訳 1970年 交文教書院

■第7章参考文献
(1) 高旗浩志 「『潜在カリキュラム』概念の再検討」 1996年 日本カリキュラム学会 『カリキュラム研究』 第5号 pp.53〜64
(2) O. F. ボルノウ 『人間と空間』 大塚恵他訳 1978年 せりか書房
(3) O. F. ボルノウ 『教育を支えるもの』 森昭他訳 1989年 黎明書房
(4) J. F. ヘルバルト 『一般教育学』 三枝孝弘訳 1960年 明治図書
(5) E. デュルケーム 『教育と社会学』 佐々木交賢訳 1976年 誠信書房
(6) 日本教育方法学会編 『現代教育カリキュラム研究と教育方法学』 2008年 図書文化
(7) 新井郁夫・牧昌見編 『教育学基礎資料 第5版』 2009年 樹村房
(8) 三井善編 『新説 教育の原理』 2002年 玉川大学出版部

あとがき

　学校教育の意味を突き詰めていくと、その根源的なものは「人と人との関係性」であることに気付いてくる。人が人と関わり、人が人と語らうことで何かが生まれ、人が人にそれを伝えていくことで文化が継承されていく。そんな視点に立てば、学校教育で何よりも大切にされなければならないのは、「有情活理」という言葉である。

　有情活理とは文字通り、どんなに主張が正しくても、そこに他者を思い労る情がなければ人は聞き入れないことを意味する。同義の意味で思い起こされるのは、「やってみせ、言って聞かせてさせてみて、誉めてやらねば人は動かじ」というかつての山本五十六海軍元帥の名言も浮かんでくる。

　教育学、とりわけ学校教育学を研究分野として定立させたいと願ってきた著者は、これまで学校教育や教員養成の仕事に多年携わってきた。そんな中で教育諸課題が浮上する度に思うのは、教育政策にしても、教員養成や現職研修にしても、すべてはそれに携わる「人の心の在り方」に尽きるということである。

　本文でも登場したカントは、200年以上も前に「人間は人間によってのみ教育される」、「人間は教育によってのみはじめて人間となることができる」と明快に言い切っている。「教育は人なり」とは言い尽くされた言葉であるが、学校社会に限らず、人間社会のすべての場面で「有情活理」という精神が生かされ、教育的営みは展開されていると実感する。

　人が人と支え合って生きるためには、まず相手と「話し合い、耳を傾け、承認し、任せてやらねば人は育たず」という気持ちが何よりも大切であろう。人を育てて自分も育つ、そんな「有情活理」の精神がこれからの変化の激しい時代にあっては何よりも大切であると確信する次第である。教育は人と人との支え合い、関わり合いから生まれることを改めて実感している。

　最後に、いつもながら本書執筆の機会と心温まる励ましを与えてくださった北樹出版編集部長の古屋幾子氏に感謝申し上げ、本書の結びとしたい。

2019年卯月　著　者

索　引

ア行

アカウンタビリティ　105
アクティブ・ラーニング　58
アセスメント　99
イエナ・プラン　188
生きて働く力　49
生きる力　47
いじめ　201
一斉授業　155
インクルーシブ教育　211
ウィネトカ・プラン　183
エバリュエーション　99
往還型フィードバック・システム　110
オキュペーション　175
教え込み型教育　218
恩物　169

カ行

開申制度　78
改正教育令　78
開発教育　205
学習経験の総体　27
学習材　33
学習指導要領　5
学習促進者　87
学習転移　16
学習内容の完全習得　186
学制頒布　3-4
学問的要請　34
学力　29
学齢主義　37
価値語　130
学科課程　27
学校化　130
学校教育　7
学校教育学　2
学校教育法　7
学校教育法施行規則　11
学校幻想論　229
学校知　16

学校評価　89
学校評価ガイドライン　45,91
学校病理　8,199
学校文化マネジメント　94
活動中心主義　179
活動内容　30
家庭教育　7
課程主義　36
カリキュラム　26
カリキュラム適合性　117
カリキュラム・デザイナー　39
カリキュラム・デザイン　39
カリキュラム・マネジメント　57
環境教育　206
観点別学習状況　105
寛容効果　144
管理　166
基準創出型ポートフォリオ　119
「逆向き設計」論　115
キャリア教育　208
教育　3
　　──の外的事項　25
　　──の機会均等　11
　　──の現代化　53
　　──の内的事項　25
教育愛　130
教育委員　23
教育委員会　22
教育課程論　6
教育学　2
教育学的教授　166
教育学的心術　224
教育課程　10,27
教育課程外教育活動　13
教育課程開発論　21
教育課程構成論　21
教育課程内教育活動　13
教育課程編成論　21
教育可能性　135
教育基本法　11
教育行政　24

235

教育計画　13
教育原理　6
教育水準の担保　12
教育長　23
教育的関係　126
教育的社会化　140
教育的タクト　39
教育的人間　133
教育内容選択原理　13
教育令　78
教科外教育　13
教科課程　27
教科カリキュラム　64
教科教育　13
教科教育学　29
教学聖旨　78
教科書　75
教科書検定制度　76
教科書採択制度　77
教科書無償給与　80
教科内容学　29
教材論　6
教刷術　154
教授　166
教授学　6
教師論　6
協同的探求　176
協同の原理　182
訓練　166
経験カリキュラム　69
経験の拡大　174
形成的評価　101
系統学習　53
健康教育　207
顕在的カリキュラム　40
現実的領域軸　61
現代的な課題　204
コア・カリキュラム　52,67
広域カリキュラム　67
広域採択制度　77
行為の中の省察　97,217
工学的アプローチ　41
公教育　7
校長のリーダーシップ　92
高等学校　10

高等専門学校　10
合理的配慮　211
ゴーレム効果　143
個業から協業へ　232
国際理解教育　209
国定教科書　78
個人内評価　100
5段階教授法　167
子どもの権利条約　197
子供理解　141
個別的理解　143

サ行

最良作品集ポートフォリオ　119
3軸統合型カリキュラム　61
シークエンス　12
自我同一性　138
私教育　7
思考力・判断力・表現力　58
自己実現　32
自己評価　99
持続可能な発展　204
実践的領域軸　61
質的評価　99
児童中心主義　179
指導と評価の一体化　117
指導要録　104
社会教育　7
社会参画　32
社会参画教育　207
社会的要請　34
社会に開かれた教育課程　49
自由の原理　182
主体的・対話的な深い学び　35
主体的に学習に取り組む態度　58
障害　10
小学校　10
消極教育　158
消費者教育　207
情報モラル　208
食育教育　207
初頭効果　144
新学力観　54
人権教育　205
真正の評価　114

診断的評価　101
心理的要請　34
スクールカースト　203
スコープ　12
スパイラル型カリキュラム論　71
生活が陶冶する　161
生活中心主義　179
成長可能性　135
制度としての学校化　47
絶対評価　100
潜在的カリキュラム　40,141
全人教育主義　179
総括的評価　101
相関カリキュラム　66
総合的な学習の時間　18
総合的な探究の時間　18
相互評価　99
相対評価　99

タ行

体育　47
大学　10
タイム・オン・タスク　39
対話法　153
確かな学力　55
他者評価　99
ダブルスタンダード　36
段階的教授　156
単純化　144
知育　47
チーム学校　92,231
知識・技能　58
知識注入型学習　82
知・徳・体　49
知の総合化　33
中学校　10
中等教育学校　10
伝統文化教育　209
同一性拡散　138
到達度評価　100
陶冶　126
徳育　47
特別活動　29
特別支援学級　11
特別支援学校　10

特別支援学校高等部学習指導要領　18
特別支援学校小学部・中学部学習指導要領　18
特別支援学校幼稚部教育要領　18
特別の教科　道徳　29
ドルトン・プラン　181

ナ行

内的経験　135
内容的目標設定　32
なすことによって学ぶ　55
納得解　60
滲み込み型教育　218
日本式教育　87
認可制度　78
人間関係形成　32
人間的要請　34
人間力　50,131
認定こども園　10

ハ行

這い回る経験主義　53
発達　135
発達課題　137
パフォーマンス課題　118
パフォーマンス評価　116
ハロー効果　144
反省的実践家　97,217
汎知学　154
PARサイクル　103
PDSサイクル　94
PDCAサイクル　94
ピグマリオン効果　143
標準時数　20
評定　101
開かれた学校　45
敏感期の理論　173
貧困問題教育　206
複合的目標設定　33
福祉教育　206
副読本　75
不登校　200
フリースクール　11
プロジェクト・メソッド　180
文化内容　30

文化の継承　12
文化の創造　12
平均的理解　143
平和教育　205
変容的様式　28
保育所保育指針　10
包括的信頼　224
法教育　208
方向的目標設定　31
防災教育　206
ポートフォリオ評価　100

　　　マ行

マッピング　69
学び続ける教師　222
学びに向かう力　52
学びの地図　49
見えにくい学力　120
見えやすい学力　120
未来知の創造　49
無償制　12
無知の知　150
メジャーメント　99
メトーデ　162

モデレーション　119
模倣的様式　28
モリソン・プラン　185
モンテッソーリ・メソッド　171

　　　ヤ行

融合カリキュラム　66
ゆとりと充実　54
ゆとりの時間　54
ユニバーサル・デザイン　209
幼児教育　10
幼稚園　10
幼稚園教育要領　16
予定調和論　63
4段階教授法　166

　　　ラ行

羅生門的アプローチ　41
理想の子供像の体現　94
理念的領域軸　61
量的評価　99
ルーブリック　100
ルーブリック指標　117
レリバンス　38

【著者略歴】

田沼　茂紀（たぬま　しげき）

新潟県生まれ。上越教育大学大学院学校教育研究科修了。
國學院大學人間開発学部初等教育学科教授。専攻は道徳教育学、教育カリキュラム論。
川崎市公立学校教諭を経て高知大学教育学部助教授、同学部教授、同学部附属教育実践総合センター長。2009 年より國學院大學人間開発学部教授。同学部長を経て現職。日本道徳教育学会理事、日本道徳教育方法学会理事、日本道徳教育学会神奈川支部長。
主な単著、『表現構想論で展開する道徳授業』1994 年、『子どもの価値意識を育む』1999 年、『再考－田島体験学校』2002 年（いずれも川崎教育文化研究所刊）、『人間力を育む道徳教育の理論と方法』2011 年、『豊かな学びを育む教育課程の理論と方法』2012 年、『心の教育と特別活動』2013 年、『道徳科で育む 21 世紀型道徳力』2016 年、『未来を拓く力を育む特別活動』2018 年（いずれも北樹出版刊）等。
その他の編著『やってみよう！新しい道徳授業』2014 年（学研教育みらい刊）、『特別の教科道徳　授業＆評価完全ガイド』2016 年（明治図書刊）、『小・中学校道徳科アクティブ・ラーニングの授業展開』2016 年（東洋館出版社刊）、『中学校道徳アクティブ・ラーニングに変える 7 つのアプローチ』2017 年（明治図書刊）、『道徳科授業のつくり方』2017 年（東洋館出版社刊）、小学校編・中学校編分冊『指導と評価の一体化を実現する道徳科カリキュラム・マネジメント』2017 年（学事出版刊）、小学校編・中学校編分冊『道徳科授業のネタ＆アイデア 100』2018 年（明治図書刊）、小学校編・中学校編分冊『道徳科授業スタンダード「資質・能力」を育む授業と評価「実践の手引き」』2019 年（東洋館出版社刊）、監修『個性ハッケン！5 巻組』2018 年（ポプラ社刊）等多数。

学校教育学の理論と展開

2019 年 5 月 15 日　初版第 1 刷発行
2025 年 4 月 30 日　初版第 2 刷発行

著　者　田沼茂紀
発行者　木村慎也

定価はカバーに表示　　印刷　中央印刷／製本　新里製本

発行所　株式会社　北樹出版
〒153-0061　東京都目黒区中目黒1-2-6
電話(03)3715-1525(代表)　FAX(03)5720-1488

© Shigeki Tanuma, 2019 Printed in Japan　　ISBN978-4-7793-0600-6

（落丁・乱丁の場合はお取り替えします）